Traudl Bünger

EISERNES SCHWEIGEN

Traudl Bünger

EISERNES SCHWEIGEN

Das Attentat meines Vaters

Eine deutsche Familiengeschichte

Kiepenheuer & Witsch

Dieses Buch beruht auf Recherche.
Einige der Auftretenden wurden anonymisiert.
Einige der Szenen wurden stellenweise fiktionalisiert. Schwärzungen in Originalquellen wurden übernommen, Tippfehler korrigiert.

Die Recherche für dieses Buch wurde unterstützt vom Fritz Bauer Institut.

Fritz Bauer Institut
Geschichte und Wirkung des Holocaust

Die Arbeit an dieser Publikation wurde durch ein Dieter-Wellershoff-Stipendium gefördert, außerdem durch ein Stipendium der Kunststiftung NRW, ein Arbeitsstipendium des Landes Nordrhein-Westfalen und durch Neustart Kultur.

Kunststiftung NRW
Stadt Köln
literaturhaus köln
Die Beauftragte der Bundesregierung für Kultur und Medien
NEU START KULTUR STIPENDIEN
VG WORT

Für meine Mutter und meine Schwester

»Das Vergangene ist nicht tot; es ist nicht einmal vergangen. Wir trennen es von uns ab und stellen uns fremd.«

CHRISTA WOLF

»Denn alles, was nicht ins Bewußtsein steigt, kommt als Schicksal zurück.«

CHRISTIAN KRACHT

Prolog

Mein Vater starb im Alter von einundachtzig Jahren am 21. November 2016. Sehr schnell und sehr plötzlich. Als hätte er noch mit seinem Tod deutlich machen wollen, dass er nicht sprechen wird.

Ich hatte einen Vater, auf den ich mich verlassen konnte. Wenn er versprach, mich um 0.30 Uhr von einer Tanz-in-den-Mai-Party abzuholen, stand sein blauer Polo spätestens um 0.35 Uhr vor der Kneipe auf der Straße. Wenn ich ihm ein Geheimnis anvertraute, war es bei ihm sicher. Wenn er mir eine Jahreszahl für eine Geschichtshausaufgabe sagte, war sie korrekt. Ich lernte, ihn nur nach Zahlen zu fragen, die Ereignisse vor 1933 betrafen. Und hielt vorsichtshalber einen Sicherheitsabstand von circa zwanzig Jahren ein.

Ich hatte einen Vater, der mit Trockenskiern in unseren schneearmen Rheinland-Wintern Skilanglauf trainierte. Der im Auto übte, Jagdhorn zu spielen, dabei drei Grünphasen verpasste und die hinter ihm hupenden Autos überhörte. Der einmal in Russland einen Bären schoss, wenn auch nur einen kleinen. Der von einem Jagdfreund in der lappländischen Tundra versehentlich in den Oberschenkel geschossen wurde und bis zu dessen Krebstod behauptete, er selbst habe sich verletzt. Der den Spott der anderen Jäger stoisch ertrug, um seinem Freund die Demütigung und den Verlust des Jagdscheins zu ersparen. Der über einen Hunde-Cartoon in der Tageszeitung Tränen lachen konnte.

Der die Leberwurstpelle erfand.

Der niemals zugab, im Unrecht gewesen zu sein.

Der in den 1980ern in einem der längsten Strafverfahren in der Geschichte der BRD wegen Sprengstoffverbrechen im Kontext des »Südtirol-Konfliktes« angeklagt war, aber nicht verurteilt wurde.

Kurz nach seinem Tod googelte ich seinen Namen und fand ihn, wie immer, in den »Antifaschistischen Nachrichten« und auf »Nach den Rechten sehen«. Neu war eine Online-Bildstrecke mit Fotos von Menschen aus seiner Stadt mit kurzen Bildzeilen, in denen sie berichteten, wie sie es mit der Fastenzeit hielten. Mein Vater trug einen grünen Mantel und einen grünen Schirm, die ich beide gut kenne, und gab zu meiner Überraschung an, er würde sich streng an die Fastenzeit halten und komplett auf Süßes und Alkohol verzichten. Ebenso überrascht war ich, als ich las, dass er ohnehin wenig Süßes und kaum Alkohol zu sich nehme.

Mein Vater war in meinen Augen ein Mensch, der nicht lügt. Nicht übertreibt, nicht strategisch, nicht um seinem Gegenüber zu gefallen, nicht aus Gründen des Taktes und auch nicht wegen der Performance. Auf mich haben Lügen immer eine Faszination ausgeübt. Ich habe meinen ersten Text über einen Hochstapler geschrieben, den zweiten über die größten Lügen der Menschheitsgeschichte, den dritten über einen Verschwörungstheoretiker.

Über die Geschichte, die ich hier schreibe, hat mein Vater nicht gelogen. Er hat geschwiegen. Auf keine Frage, sei sie dringlich, empathisch oder wütend, haben ich oder ein anderes Mitglied meiner Familie je mehr von ihm bekommen als ein sphinxhaftes Lächeln und ein tiefes Schweigen. Er hat geschwiegen über das Attentat, wegen dessen er angeklagt war. Er hat geschwiegen über das Verfahren, das sich über Jahre hinzog und schließlich mit einer Einstellung endete. Er hat nicht über Ort und Zeit gesprochen, nicht über seine Motive, nicht über die Umstände und nicht über die Folgen. Ich kenne inzwischen die Namen der Opfer. Aus dem Mund meines Vaters habe ich sie nie gehört.

Ich habe vier Jahre recherchiert, um dieses Schweigen zu brechen. Ich habe ein Familiengeheimnis gelüftet, das mich geprägt hat. Ich habe meinen Vater gefunden und weiß nun, dass es wahr ist, was ich immer geahnt habe. Ich habe ein Land kennengelernt, das die Schatten seiner Vergangenheit übersieht – bis heute.

TEIL 1

Herbst 2019, Rheinland

Sicher haben es schon Tausende Kinder vor mir erlebt. Sie haben Luken geöffnet und in staubigem Zwielicht die Requisiten der Leben ihrer Eltern gefunden: Fußballpokale, Langlaufskier, Röhrenfernseher, eine Kollektion Mineralien, eine komplette Sammlung Merianhefte, Schmetterlinge hinter Glas, ein Kreuzstichbild. So etwas eben. Welche Funktion soll ein Dachboden in einem großzügig unterkellerten Einfamilienhaus sonst haben, als eine Ausstellungsfläche zu sein für die Dinge, die in der Gegenwart keine Rolle mehr spielen, aber in der Vergangenheit wichtig waren?

Ich hätte darauf vorbereitet sein können. Dass mir die Zeitgeschichte hart ins Gesicht wehen würde, als ich die Dachbodenluke meines Elternhauses öffnete. Aber meine Gedanken waren nicht bei meinem Vater, als ich die Leiter ausklappte und hochkletterte. Sie waren bei mir. Ich dachte daran, dass dieser Dachboden mich schon immer angezogen hat. Ich erinnerte mich, wie ich als Kind eine Technik entwickelte, die rausschwingende Treppe inklusive Luke hinter mir hochzuklappen. Wie ich dann allein und unsichtbar dort oben kniete und mit den Fingern nach den knisternden Leichen von Wespen tastete.

Wespen entdeckte ich dieses Mal nicht. Was ich fand, und was seit Jahren auf mich zu warten schien, war alles, was meinem Vater wichtig war, was ihn ausgemacht hat. Ordner, Gegenstände, Fotos und Bücher. In willkürlichen Haufen lagen sie da und wisperten mir seine Pläne, Träume, Ideen und Kämpfe zu. Er war offensichtlich kein geschmeidiger kunst- oder planvoller Dachboden-Kurator. Er hat nicht sortiert, nicht editiert, er hat gestopft. Nicht wahllos, einfach vollständig.

Ich fand sein Schulzeugnis.

Ich fand sein Diplom.

Ich fand Briefe an meine Mutter. Sie sind gleichermaßen reizend wie erschreckend. Vielleicht werde ich später über sie schreiben.

Ich fand Tausende von Fotos, Dias und Negativen.

Ich fand Hitlers »Mein Kampf«. Und die zweite Auflage der Nürnberger Gesetze von 1937.

Ich fand ein Jagdhorn und Trockenskier mit Stöcken.

Ich fand ein Buch aus der Zwischenkriegszeit mit dem Titel »Deutschlands blutende Grenzen«, eines mit dem Titel »Hitler ganz nah«, eines über »Die Volkwerdung der Deutschen« und viele andere.

Ich fand ein Buch zur Autoreparatur mit dem Titel »Jetzt helfe ich mir selbst«, auf dem ein VW Polo I abgebildet ist. Ich erinnerte mich daran, dass mein Vater mir einen himmelblauen Polo überließ. Ich schreibe »mein Vater überließ ihn mir«, obwohl mein Vater ihn Jahre zuvor meiner Mutter geschenkt hatte. Es würde aber nichts nutzen zu sagen, »meine Eltern überließen mir den Polo meiner Mutter«, denn so war es nicht. Mir fiel ein, dass mein Vater nichts dagegen hatte, als ich den Polo mit weißen Margeriten bemalte und dass er mit diesem Polo Anfang der 1990er nach Russland fuhr. »Volkswagen, geblümt« habe die russische Autobahnpolizei per Funk an Kollegen durchgegeben. Das hat er nach seiner Rückkehr erzählt.

Ich fand Korrespondenzen mit seinem Anwalt und den Anwälten seiner Mitangeklagten.

Ich fand ein Landser-Heft, »Das Inferno von Arnheim«. Ich kann mir vorstellen, dass ich darüber später schreibe.

Ich fand drei Taschenuhren, umgearbeitet zu Zeitzündern. Über sie muss ich schreiben. Aber noch nicht jetzt.

Ich fand zwei vierblättrige Klee in Klopapier eingeschlagen in einem Briefumschlag.

Ich fand neunundzwanzig schwarz-weiße Bewerbungsfotos.

Ich fand eine Broschüre über Zündmittel von Dynamit Nobel, eine über die Zonengrenze Niedersachsen und eine Publikation vom neurechten »Jungen Forum«. Ich blätterte ein bisschen hindurch. »Österreich ist nach wie vor Lebensraum des deutschen Volkes«, stand in der Broschüre.

Ich fand eine Postkarte vom Wilden Kaiser, »bisher sind die Klettermöglichkeiten tatsächlich durch Regen und Schnee beeinträchtigt, doch es besteht Aussicht auf Besserung«, hat mein Vater an einen Herrn Dr. Janßen geschrieben, die Karte frankiert und adressiert. Aber nicht abgeschickt.

Ich fand eine Broschüre der Deutschen Bürgerinitiative mit dem Titel »Die Auschwitz-Lüge«.

Und ich fand die Satzung des »Bunds Nationaler Studenten«, außerdem ein gedrucktes Grundsatzprogramm und ein maschinengeschriebenes. Auf dem maschinengeschriebenen steht auf der Rückseite die frühere Adresse meines Vaters in Bonn. Notiert in seiner kleinen, ordentlichen Schrift.

Hier fange ich an. Bei diesem ominösen Bund Nationaler Studenten. Nicht bei der Auschwitz-Lüge und nicht bei den Taschenuhren. In der Hoffnung, dass das der Anfang sein könnte.

Mein Vater, mein Onkel und der Bund Nationaler Studenten

Es ist das Jahr 1957. Mein Vater studiert Chemie in Bonn. Seine Leidenschaft für Naturwissenschaften muss er im Gymnasium entdeckt haben, wo während seiner Schulzeit ein Chemiesaal eingerichtet worden war. Er ist Mitglied einer nationalen Burschenschaft, der »Alten Breslauer Burschenschaft der Raczeks zu Bonn«, und feiert gern. Einmal hat er mir erzählt, dass er bei einer Bunkerparty kotzen musste, gerade, als er sich mit einem Mädchen hinter einen Busch zurückgezogen hatte.

Der Bruder meines Vaters, mein Onkel, studiert in Köln Betriebswirtschaftslehre, wohnt aber weiterhin im Haus seiner Eltern.

In Akten aus dem Archiv der Kölner Universität ist zu lesen, dass Anfang August 1957 ein Brief an meinen Onkel geschrieben wurde. In meiner Vorstellung hat er seinen Weg von Köln zu meinem Onkel gefunden, wurde in den Briefkasten am Haus meiner Großeltern gesteckt und von meiner Großmutter aus dem Briefkasten genommen. Vielleicht hat sie sich gefragt, warum der Junge einen Brief vom Rektor der Universität Köln bekommt, und geargwöhnt, er könnte etwas angestellt haben. Vielleicht hat sie den Brief neben seinen Platz auf den Esstisch gelegt, wo er samt einer Scheibe Kassler mit Kartoffeln und Grünkohl auf ihn wartete, als er aus der Uni kam. Oder der Brief kam mit der Morgenpost und lag neben einem Teller Rühreier mit Speck. Vielleicht hat meine Großmutter meinen Onkel beobachtet, als er ihn geöffnet hat. Ich kann mir gut vorstellen, dass mein Onkel erfreut aussah, als er das Schreiben las:

An den Bund Nationaler Studenten

z. Hd. Herrn stud. rer. pol. Fritz Bünger

Der Senat hat in seiner Sitzung am 26. Juli 1957 die Eintragung ihrer Vereinigung in die Matrikel der studentischen Vereinigung an der Universität Köln genehmigt. Die Hausinspektion ist angewiesen, Ihrer Vereinigung einen Aushänge- und Briefkasten zuzuweisen. Ich mache aber ausdrücklich darauf aufmerksam, daß die Aushänge in einer akademisch würdigen Form gehalten sein müssen.

Ja, das war ein Grund zur Freude. Ein Durchbruch für den Bund Nationaler Studenten in Köln. Ein Durchbruch für meinen Onkel, der der erste Vorsitzende war. Eine studentische Vereinigung kann die Infrastruktur der Universität nutzen, die Schwarzen Bretter für Kommunikation, die Räume für Veranstaltungen. In keiner anderen Universitätsstadt war der Bund Nationaler Studenten als studentische Vereinigung zugelassen worden, und in keiner anderen wird er jemals zugelassen werden. Nicht in Heidelberg, wo er 1956 gegründet wurde, nicht in Mainz, Aachen, Frankfurt a. M., Göttingen, Bonn, Hamburg, Darmstadt, Münster, Clausthal, Tübingen, Hohenheim, Freiburg i. Br., Erlangen, Marburg, Karlsruhe, Hannover, München, Stuttgart, Würzburg, Gießen, Mannheim oder Kiel.

Mein Onkel findet diesen Umstand ebenfalls erstaunlich, als ich ihn im Herbst 2022 darauf anspreche.

Auch ohne Schwarze Bretter und Hörsäle gründeten die Nationalen Studenten in all diesen Städten Gruppen. Sie luden zu Vorträgen über Kriegsschuld, über Staatsrecht, Demokratie, die Ostgebiete und Südtirol. Sie verteilten Flugblätter mit Aufrufen, sich gegen die kommunistische Übermacht an den Universitäten zur Wehr zu setzen. Sie trafen sich in Zeltlagern mit anderen nationalen Jugendlichen und zu Tagungen.

Ungefähr fünfhundert Mitglieder soll der Bund Nationaler Studenten, kurz BNS, gehabt haben. Zwei davon waren mein Vater und mein Onkel. Andere sind mir bei Recherchen im Landesarchiv NRW, im Bundesarchiv Koblenz und im Landesarchiv Berlin begegnet. Ich habe ihre Namen recherchiert. Einige findet man nicht. Einige haben Allerweltsnamen. Andere sind große Nummern in der rechtsradikalen Szene der BRD geworden: Publizisten, Verleger und Vordenker der Neuen Rechten, Gründungsmitglieder und NPD-

Kader, Szeneanwälte. Wieder andere haben Kontakt in die rechtsextreme Szene gehalten und sind dennoch Sparkassendirektoren geworden. Einer wurde ein Ornithologe, dessen Bücher in meinem Elternhaus liegen. Allerdings auch in Tausenden anderen. Die Auflage war sehr hoch. Einer bekam das Bundesverdienstkreuz am Bande für sein Engagement für die deutsche Minderheit in Dänemark. Einige sind Randfiguren in dieser Geschichte.

15. Oktober 1962, Köln

In Köln ist das Wetter typisch. Am Abend trifft ein junger Mann mit einem Regionalzug aus Euskirchen am Kölner Hauptbahnhof ein. Er verlässt den Bahnhof in Richtung Breslauer Platz und wird von einem zweiten Mann begrüßt. Beide steigen in einen grünen Ford. Sie fahren zu einer Straßenbahnhaltestelle, wo sie ein dritter Mann erwartet, der dem zweiten Mann verblüffend ähnlich sieht.

Woher ich das weiß? Ich war nicht dabei, und selbst wenn ich dabei gewesen wäre, wer weiß, was sechzig Jahre Leben aus der Erinnerung gemacht hätten. Ich habe recherchiert: die Daten, die Orte, das Wetter. Ich habe seit dem Herbst 2019 circa 60.000 Seiten Akten gelesen. In Archiven in Duisburg, Berlin, Frankfurt, Karlsruhe, Koblenz, Ludwigsburg, München, Köln, Innsbruck und Wien. Berichte von Polizeiermittlungen, Zeugenbefragungen, Gutachten, Korrespondenzen zwischen Abteilungen, Behörden und Ministerien. In diesen Akten steht die Farbe und der Typ des Autos, in das die Männer einsteigen: Ford 17M, marokkogrün, 1,5 l, 4-Gang, Luxusausstattung, UKW-Radio. Und der Kilometerstand. Das Wetter in Köln kann man in historischen Wetterberichten nachlesen: 7,3 Grad Tagesdurchschnitt, 3,6 Sonnenstunden. Ob der Wagen auf dem Breslauer Platz oder auf dem Bahnhofsvorplatz gestanden hat, verraten die Akten nicht. Ich habe ihn auf den Breslauer Platz gestellt. Ich nenne es künstlerische Freiheit.

Der erste Mann heißt bei mir Manfred Schröder, er ist einundzwanzig Jahre, Lagerarbeiter und kommt aus der Eifel. Der zweite Mann ist mein Onkel, Fritz Bünger, siebenundzwanzig Jahre, als leitender Angestellter tätig bei den Kölner Ford-Werken, Gruppe Instandhaltung. Der dritte Mann ist sein Zwillingsbruder Heinrich Bünger, Promotionsstudent. Mein Vater.

Ich stelle mir vor, dass Manfred Schröder auf der Rückbank sitzt, als der Ford das Kölner Stadtgebiet verlässt. Dass er es sich bequem macht, aber nicht die Füße auf das Polster legt. Dass er sich fragt, warum kein Radio eingeschaltet wird. Ich stelle mir vor, wie er aus dem Fenster in die Oktobernacht schaut und die unspektakuläre Landschaft an sich vorbeiziehen lässt. Wie er dem Gespräch der Brüder lauscht, die in Platt verfallen sind.

»Welcher von euch ist der Ältere?«, könnte Schröder fragen, wobei er sich zwischen den Lehnen der Vordersitze nach vorne beugen würde. Die Zwillinge würden lachen, und ihm würde auffallen, wie unterschiedlich ihr Lachen ist. Er würde aufgefordert werden zu raten und auf Fritz tippen. Er würde falschliegen. Das Gespräch würde für eine Weile verstummen.

Ungefähr auf der Höhe von Nürnberg nimmt Heinrich Bünger den Fahrersitz ein.

»Drei Mann«, so wird mein Onkel mir im März 2022 erzählen, »das ist die beste Mannschaft … ja. Damit kannst du nämlich ewig weit fahren. Einer hinten auf dem Rücksitz, der schläft. Einer fährt und ein Beifahrer, der auch aufpassen muss. Und Ausspruch deines Vaters: Auf diese Art umrunden wir den Weltball.«

Ein Bruder hilft dem anderen. So hat mein Vater es ein Leben lang gehalten. Was, wenn das der Grund gewesen wäre, aus dem mein Vater in dieses Auto gestiegen ist?

Herbst 2019, Köln

Südtirol, das war in meiner Familie kein gewöhnliches Wort. Meine Mutter kniff die Lippen zusammen, wenn es fiel. Mein Vater grinste. Meine Schwester fragte und bekam keine Antwort. Und ich machte mich auf die Suche nach einem Mauseloch, in dem ich das alles nicht sehen, hören und darüber nachdenken musste.

Als ich mit meinen Dachbodenfunden wieder daheim bin, ist mir klar: ich muss raus aus diesem Mauseloch. Was war damals los in Südtirol?

Ich beginne zu recherchieren und finde einen Konflikt, der Mitte der 1950er, Anfang der 1960er in der BRD ein großes Thema war. Der Bauer Franz Innerhofer, eine Symbolfigur des Südtirol-Konfliktes, zierte 1955 das Titelbild des »Spiegel«, mit Tirolerhut und stattlichem weißem Bart. Ein Leitartikel feierte die »zugleich malerische und würdige Männlichkeit des Südtiroler Bauerntums«. Ein Konflikt, der die Zeitungen, Radios, die Fernsehsendungen beschäftigte und viele, viele Menschen, nicht nur nationale Studenten, sondern auch brave Bürger, die ihre Löhne und Urlaube genossen und sonntags ihr Auto wuschen.

Ich erfahre, dass der Konflikt weit zurückreicht: Wenn man so will, bis ins Jahr 1363, als Herzogin Margarete von Tirol-Görz, genannt Margarete von Maultasch, den Habsburgern Tirol überschrieb. Oder bis ins Jahr 1915, als Italien im Ersten Weltkrieg an die Seite Russlands, Großbritanniens, Frankreichs trat und dafür nach dem Krieg Triest, das Trentino und Südtirol zugesprochen bekam. Auf jeden Fall reicht der Konflikt zurück bis zum Mai 1938, als Adolf Hitler während eines Staatsbesuchs in Rom Mussolini den Verbleib Südtirols in Italien zusagte, seinen bisherigen Ankündigungen zum Trotz und zum Entsetzen der deutschsprachigen Bevölkerung.

Ich frage mich, was mein Vater dazu gesagt hätte, wenn ich jemals mit ihm darüber gesprochen hätte. Auf Hitler ließ er nichts kommen.

Die Folgen von Hitlers Verrat für die deutschsprachigen Südtiroler waren bitter: Im Oktober 1939 wurden sie vor die Wahl gestellt: die Heimat verlassen und in Hitlers Großdeutsches Reich umsiedeln oder bleiben und Italiener werden. Die, die blieben, wurden im faschistischen Italien Mussolinis unerbittlich italianisiert: Namen wurden ins Italienische übersetzt, aus Heinrich wurde Enrico, aus Peter Pietro. Aus Südtirol Alto Adige. Es war fortan verboten, Deutsch in der Schule zu unterrichten. »Katakombenschulen« entstanden, in denen die Kinder heimlich auf Deutsch unterrichtet wurden. Übergriffe auf die deutschsprachige Südtiroler Bevölkerung waren keine Seltenheit.

Ich erfahre, dass die Südtiroler nach dem Zweiten Weltkrieg vergeblich hofften, wieder österreichisch zu werden, und dass ihnen die völkerrechtlich zugesicherte Verwaltungs-Teilautonomie in den folgenden Jahren vorenthalten wurde. Dass ihre Versuche, im Regionalparlament Gesetze durchzusetzen, von der italienischen Mehrheit boykottiert wurden. Dass Italiener bei Vergabe staatlicher Stellen und bei der Wohnungsvergabe bevorzugt wurden. Ich sehe alte Magazinbeiträge mit Interviews von Südtirolern und ahne, was es für sie bedeutet haben muss, dass sie in Ämtern nicht deutsch sprechen und kein deutsches Fernsehprogramm empfangen konnten. Ich finde das ikonisch gewordene Zitat eines geistigen Führers, der 1953 sagte, die Südtiroler befänden sich »auf einem Todesmarsch«.

Während ich all das erfahre, fällt mir eine Szene ein, die ich Anfang der Nullerjahre mit meinem Vater in Südtirol erlebt habe. Ich war mit dem Zug in die Provinzhauptstadt Bozen gefahren und traf meine Eltern am Bahnhof. Sie sind oft nach Südtirol gereist, nachdem mein Vater erfahren hatte, dass er nicht mehr im Fahndungsbuch stand. Stets hat er bei der Anmeldung in der Pension über sein Geburtsdatum geschwindelt. Mir kommt das merkwürdig vor. Er, der rationale Ingenieur, fürchtete die Strafverfolgung, obwohl nicht mehr nach ihm gefahndet wurde, und bildete sich ein, ein falsches Geburtsdatum würde ihn im Zweifelsfall schützen.

Anfang der Nullerjahre besuchte ich meine Eltern in ihrer Ferienwohnung, um ein paar Herbstferientage mit ihnen im Pustertal zu verbringen: wandern und neuen Suser trinken, Maroni und Schlutzkrapfen essen. Ich kam in Bozen an und wollte rausfinden, wann es weitergehen könnte. Ich habe mich gefreut, mein Schulenglisch anwenden zu können. »Can you tell me, if the train to Brixen is in time?«, fragte ich den Bahnbeamten. Mein Vater stand daneben und explodierte. Zornbebend hielt er mir vor, ich hätte wohl das »Zweite Autonomiestatut« für Südtirol nicht gelesen. Darin sei festgelegt, dass in jeder öffentlichen Stelle, in jedem Amt und in jedem Bahnhof deutsch gesprochen werden müsse.

»Spricht die mit dem Englisch!« Er konnte sich kaum beruhigen.

»Nö, hab ich nicht«, sagte ich nicht.

»Ja, aber wir sind doch in Italien«, sagte ich nicht.

»Warum regt dich das so auf?«, fragte ich nicht.

Das Zweite Autonomiestatut las ich nicht.

Jetzt, im Herbst 2019, lese ich es. Es trat am 20. Januar 1972 in Kraft und enthielt »137 Maßnahmen zum Schutz der Südtiroler Bevölkerung«[1]. Es zog einen Schlussstrich unter diesen schwierigen Konflikt, der 1961 ins Bewusstsein der Weltöffentlichkeit geraten war, als die Untergrundorganisation »Befreiungsausschuss Südtirol« in der »Feuernacht« siebenunddreißig Strommasten gesprengt hatte, um auf die Lage der Südtiroler aufmerksam zu machen.

Mein Vater und mein Onkel in dem marokkogrünen Ford sind nur eine kleine Episode in diesen dramatischen Jahren, in denen die Aktionen des Befreiungsausschusses Südtirol und die Reaktionen der italienischen Staatsmacht immer weiter eskalierten – bis zu nächtlichen Hinrichtungen, massiv gefolterten Häftlingen und Auftragsmord.

2019 lese ich das Zweite Autonomiestatut und habe Hochachtung vor der diplomatischen Leistung, die in diesen einundfünfzig Seiten steckt. Engagiert und unermüdlich wurde für das Statut verhandelt, akribisch, bis ins kleinste Detail: »Nein, die Streitbeilegung kann nicht erfolgen, es fehlt noch der deutschsprachige Teil des Lehrplans für den Posaunenunterricht in Bozen«, soll Silvius Magnago, der Landeshauptmann und wichtigste Verhandlungsführer Südtirols, einmal gesagt haben.

Dass man Konflikte so lösen kann, ist für mich immer noch Lernstoff. Mein Vater hat das bis zu seinem Tod nicht verstanden.

Damals, auf dem Bahnhof von Bozen, kam ich nicht einmal auf die Idee, das Zweite Autonomiestatut zu lesen. Schreckensbleich und erstarrt habe ich darauf gewartet, dass der unverständliche Zorn meines Vaters vorüberzieht. Als wenn das jemals eine gute Strategie gewesen wäre. Zu meiner Verteidigung muss ich sagen, dass unverhältnismäßige Aufregung bei meinem Vater an der Tagesordnung war. Es gab

Zeiten, da konnte ihn schon eine Fußgängerzone voller platt getretener Kaugummis so erzürnen, dass ich als Kind überzeugt davon war, er würde eine Bombe werfen, wenn er eine gehabt hätte.

16. Oktober 1962, München-Trudering

In den frühen Morgenstunden hält der marokkogrüne Ford 17M in einer schlecht asphaltierten Straße im Münchener Stadtteil Trudering. Die drei Männer steigen aus. Fritz Bünger nimmt zwei Koffer aus dem Kofferraum, geht durch einen kleinen Vorgarten und öffnet eine Haustür. Er steigt mehrere Treppen hoch, mein Vater und Manfred Schröder folgen. Eine Frau von ungefähr sechsundzwanzig Jahren öffnet die Wohnungstür. Die drei Männer betreten eine Mansardenwohnung. Die junge Frau bietet Kaffee an, erzählt von ihrer Arbeit als Raumgestalterin und von ihrem Mann. Nach circa einer Stunde verlassen die drei Männer die Wohnung. Die Koffer lassen sie zurück. Sie sollen am kommenden Wochenende wieder abgeholt werden. So wird es Manfred Schröder später beschreiben:

In den Koffern befanden sich Papiere aller Art, so u. a. Anweisungen für die strategische und taktische Führung von Untergrundorganisationen o. ä., sowie Tätigkeitsanleitungen. Laut Fritz B. geschah das Abstellen aus dem Grunde, damit Material bei einer eventuellen Hausdurchsuchung in Köln nicht vorgefunden werden konnte.

Mein Onkel sagte mir, die Papiere in dem Koffer seien nicht etwa belastend gewesen. Aber »böswillige Journalisten oder überhaupt böswillige Leute, die hätten was daraus machen können.«

Nach diesem Stopp geht es weiter in Richtung Innsbruck, das sie gegen Mittag erreichen. Fritz Bünger verlässt die beiden anderen, um einen Verbindungsmann zu kontaktieren. Mein Vater und Manfred Schröder machen einen Spaziergang. Sie gehen in ein Café.

Ich könnte mir vorstellen, dass mein Vater Sachertorte bestellt hat. Ich habe ihn oft Sachertorte essen sehen. Vielleicht aß er sie an diesem Dienstag im Oktober 1962 zum ersten Mal. Gerne trank er einen Pharisäer oder einen Irish Coffee dazu. Auch ich finde diese Kombination aus Fett, Zucker, Kaffee und Schnaps unwiderstehlich.

Winter 2019, Berlin

Ich sitze in einem Kreuzberger Hinterhof und lese »Student im Volk«, die Publikation des Bunds Nationaler Studenten. Ein Experte hatte mir verraten, dass es genau einen Ort gibt, in dem alle Ausgaben der Zeitschrift versammelt sind: das Apabiz (Antifaschistisches Pressearchiv und Bildungszentrum Berlin). Ich bin unendlich dankbar, dass es das Apabiz gibt. Es ist nicht mehr als eine Wohnung mit Regalen und Topfpflanzen und Flyern, in denen Filmvorführungen und Diskussionsabende angekündigt werden, könnte man denken. Aber tatsächlich ist es ein spendenfinanziertes, hoch engagiertes Archiv, das seit siebzig Jahren Dokumente der extremen Rechten sammelt. Ich fühle mich sofort wohl, die Teestuben-Sozialisation.

Schon Wikipedia hat mir verraten, dass der Bund Nationaler Studenten die Zeitschrift »Student im Volk« herausgegeben hat. Vielleicht hat mein Vater oder mein Onkel hier publiziert? Über Südtirol? Über die Gründe, die zwei junge Männer aus bürgerlichem Elternhaus mit einer strahlenden Zukunft in der Wirtschaftswunder-BRD haben können, sich in einen Konflikt in Südtirol einzumischen, der hässlich ist, aber nicht hässlicher als das, was zu jener Zeit in Algerien geschieht? Ein Konflikt, in dem Menschen- und Völkerrechte verletzt werden, aber weitaus weniger massiv als zum Beispiel in den USA der Rassentrennung oder im Südafrika der Apartheid. Ein Konflikt, der geopolitisch nicht unbedeutend ist und es in einem CIA-Dossier bis auf den Schreibtisch von J.F. Kennedy geschafft haben soll, der aber wesentlich weniger bedrohlich ist als das, was sich gerade zwischen Kuba und den USA aufbaut. Vielleicht spricht mein Vater endlich durch eine sechzig Jahre alte Zeitschrift einer rechtsnationalen Studentenorganisation zu mir?

Ich blättere mich durch die Ausgaben, finde jedoch keine Artikel meines Vaters oder meines Onkels. Aber ich finde Texte, in denen ich Worte lese, die ich von meinem Vater kenne:

Den rassischen Mischmasch lehne ich ab. Was Gott getrennt hat, soll der Mensch nicht einen. Alle Menschen sind gleich, das ist weder eine Wahrheit noch eine Lüge. Es ist eine Halbwahrheit.

Ich habe mich nie in jemanden verliebt, der eine dunkle Hautfarbe hatte. Mein erster Freund hatte schwarze Haare und dunkelbraune Augen. Ich hatte mich darauf vorbereitet, diese Wahl vor meinem Vater zu verteidigen. Mit Sätzen, in denen die Haarfarbe Hitlers vorkam. War aber nicht nötig gewesen.

Wenn ich Kinder mit Migrationshintergrund zu meinem Geburtstag einladen wollte, gab mein Vater mir eine Quote vor. Eigentlich fast erstaunlich, dass sie bei zwei und nicht bei null lag.

Im Winter 2019 habe ich noch nicht mit meinem Onkel Kontakt aufgenommen. Viele Monate, viele hartnäckig-charmante Mails und viele Stücke Streuselkuchen später wird er mir von seiner Zeit in Südafrika erzählen. Und von der Arbeit für die Regierung von Swasiland, die sich bei der Weltbank um einen Kredit für Infrastrukturmaßnahmen bewerben wollte und dafür den Status quo erheben musste. Ungeheuerliches wird er mir erzählen: Von den Zauberdoktoren, die ihren Klienten versprachen, sich in ein Krokodil zu verwandeln und ihre unliebsam gewordene Frau zu fressen, oder die den Verzehr des Gehirns eines minderjährigen Kindes als Glück bringendes Ritual bei einer Fußballmeisterschaft empfahlen. Und er wird von seiner Stelle im Department of Economics an der Universität von Natal erzählen. Von der Kiwi-Plantage, die er anschließend betrieb, und den Schwarzen Menschen, die für ihn arbeiteten. Von seiner Schwarzen Haushälterin, die ihm einen Brief geschrieben habe, in dem gestanden hätte, dass er doch bitte wiederkommen solle.

»Ich bin mit den Schwarzen immer sehr gut ausgekommen«, wird er mir sagen. Ich durfte das Gespräch aufnehmen und hier zitieren. Ein paar Tage später werde ich im ICE zwischen Stuttgart und Mannheim sitzen und diese Aufnahme auf dem Rechner archivieren. Ich werde diesen Satz versehentlich viermal hintereinander abspielen.

Ich bin mit den Schwarzen immer sehr gut ausgekommen.

Ich bin mit den Schwarzen immer sehr gut ausgekommen.

Ich bin mit den Schwarzen immer sehr gut ausgekommen.

Ich bin mit den Schwarzen immer sehr gut ausgekommen.

Kopfhörer werde ich nicht haben.

Es ist heiß im Apabiz. Ich nehme mir eine weitere Ausgabe »Student im Volk«. Wie oft habe ich mich gefragt, wie mein Vater so radikal geworden ist. Am Elternhaus hat es nicht gelegen. Mein Großvater ist während des Nationalsozialismus kein hoher Parteikader gewesen. Er ist erst spät und aus pragmatischen Gründen in die Partei eingetreten. Sicher kein Widerständler, aber auch kein »Hundertprozentiger«, so lautet die Familienerzählung. Hat mein Vater im Bund Nationaler Studenten die ideologische Prägung erfahren, die er bis an sein Lebensende nicht mehr abgelegt hat? An der Sektion mit den Leserbriefen bleibe ich hängen:

Die Kollektivscham wächst uns schon zum Halse heraus. Das Tagebuch der Anne Frank und die ganzen KZ-Greuel habe ich satt bis daher!

Ich bin in der neunten Klasse und lese »Das Tagebuch der Anne Frank« im Deutschunterricht. »Moortje ist mein weicher und schwacher Punkt. Ich vermisse sie jede Minute, und niemand weiß, wie oft ich an sie denke.« Ich weine mit Anne um ihre Katze. Ich verliebe mich mit ihr zögernd in Peter und hasse Fritz Pfeffer und seine Gymnastik.

Ich kann die Erschütterung dieser Lektüre noch dreißig Jahre später spüren. Ich glaube, niemand, der diese Erschütterung erlebt hat, kann behaupten, Anne Franks Tagebuch sei gefälscht.

Später werde ich recherchieren, wer wie und wann zum ersten Mal in Deutschland behauptet hat, das Tagebuch der Anne Frank sei gefälscht. Lothar Stielau schrieb 1958 in der »Zeitschrift der Vereinigung ehemaliger Schüler und der Freunde der Oberrealschule zum Dom E. V., Lübeck«: »Die gefälschten Tagebücher der Eva Braun, der Königin von England und das nicht viel echtere Tagebuch von Anne Frank haben den Profiteuren der deutschen Niederlage gewiss einige Millionen eingebracht ...« Nachdem er von Otto Frank verklagt worden war, zog er diese Behauptung zurück, beide einigten sich auf einen Vergleich.

Im Bericht einer Nachrichtenstelle werde ich lesen, dass Lothar Stielau der Bruder von Konrad ist. Konrad ist der Schwiegervater meines Onkels. Ich werde einen Bericht finden, laut dem Konrad ehemaliger Ortsgruppenleiter der NSDAP in seinem Heimatdorf war und noch in den 1960ern als »unbelehrbarer Fanatiker« galt.

Als ich in der neunten Klasse war, hat mein Vater mir nicht gesagt, dass er das Tagebuch der Anne Frank für gefälscht hält. Stattdessen hat er mir von den Tausenden von Kindern erzählt, die in deutschen Städten verbrannt sind. Mit zitterndem Finger hat er auf meine Ausgabe gedeutet und mit wütender Stimme gefragt, warum deren Tagebücher niemand druckt, niemand liest und niemand um sie weint. Heute weiß ich, wie die rhetorische Figur heißt, die mein Vater damals angewendet hat. Ich erkenne sie wieder, wenn im Februar in Dresden die Rechten aufmarschieren, wenn sie Schilder tragen, auf denen »Bombenholocaust« zu lesen ist.

Ich frage den Archivar im Apabiz, ob ich ein paar Kopien von den Heften machen darf. Er ist reizend und hilfsbereit. Ich frage mich, was ich für ihn bin. Ein Tier im Zoo? Ein Exponat? Die Tochter des Rechtsradikalen.

16. Oktober 1962, Innsbruck

Bestimmt sieht mein Onkel zufrieden aus, als er gegen neunzehn Uhr in Innsbruck wieder mit meinem Vater und Schröder zusammentrifft. Sein Begleiter ist schmal, fast schmächtig, spricht österreichischen Dialekt und trägt eine Brille.

»Walter«, sagt er und gibt Manfred Schröder und meinem Vater die Hand.
»Klaus Dieter«, sagt Manfred Schröder.
»Franz«, sagt mein Vater. Vielleicht auch Willi.
Sie besteigen den Ford, verlassen die Stadt und erreichen eine nicht asphaltierte Straße, die in Serpentinen aufwärtsführt. Ich stelle mir vor, dass der Mann, der sich als Walter vorgestellt hat, erzählt, wie er am Morgen in Bozen einen Strommast gesprengt hat. Und dass Manfred Schröder gerne weitere Details erfahren würde. Dass er liebend gerne von seinen eigenen Taten erzählen würde, der Sprengung des Kinos in Paris gemeinsam mit der französischen Untergrundbewegung »Organisation de l'armée secrète« (OAS), dem Anschlag in Westberlin auf die Druckerei mit seinen Kumpels.

Wahrscheinlich erzählt er all das nicht. Sicher hat man in diesen Kreisen nicht mit seinen illegalen Taten geprahlt. Aber wenn, dann würde er wohl unerwähnt lassen, dass er es auf die SED-Zeitung »Die Wahrheit« abgesehen hatte und erst später erfuhr, dass sie längst nicht mehr in jener Druckerei gedruckt wurde. Ebenso, dass die Feuerwehr nur ein Handlöschgerät benötigt hat, um den Brand zu löschen. Vielleicht weiß er das auch gar nicht. Ich weiß das aus den Ereignismeldungen der Berliner Polizei.

Ich stelle mir vor, dass Manfred Schröder gerne von Berlin erzählen würde, seinem großen Anliegen. Von der besetzten, geteilten, der geschundenen Stadt, von den Kundgebungen vor dem Rathaus Schöneberg, die ihn als kleinen Jungen so berührt haben. Von Peter Fechter, der im Todesstreifen verblutet ist und fast fünfzig Minuten um Hilfe schrie. Von der Verabredung, die er getroffen hat: »Berlin hilft Südtirol – Südtirol hilft Berlin«.

Ich stelle es mir vor, aber ich weiß es nicht. Was ich weiß, ist, wie Walter tatsächlich heißt: Peter Kienesberger. Ich habe recherchiert, wie oft Peter Kienesberger in seinem Leben angeklagt war. Dass er wegen Sprengstoffverbrechen in Italien zu hohen Haftstrafen verurteilt wurde, in Österreich und der BRD aber nicht. In der BRD gab es eine einzige Verurteilung wegen »Verstoß gegen das Kriegswaffengesetz«. Dazu später mehr.

Ich habe auch recherchiert, dass er zeit seines Lebens bestritt, an diesem Tag mit meinem Onkel und meinem Vater zusammengetroffen zu sein. Ebenso, in den kommenden Tagen mit ihnen unterwegs gewesen zu sein.

Wegen der Ereignisse im Oktober 1962 wurde Kienesberger nicht rechtskräftig verurteilt. Diese und die folgenden Rekonstruktionen beruhen auf einem Urteil des Landgerichts Köln, das später aufgehoben wurde. In diesem Urteil findet sich eine Aussage von Schröder, auf die ich mich in den folgenden Rekonstruktionen beziehe und in der steht, dass Kienesberger erzählt habe, dass er am Vorabend einen Strommast gesprengt hätte. Dieses Attentat wird auch in den »Nürnberger Nachrichten« erwähnt. Laut dieser Quelle war es das erste Attentat im Südtirol-Konflikt seit acht Monaten.

Berichtet hat mir mein Onkel, dass er Kienesberger in Innsbruck traf. Viel Kontakt habe er abgesehen von dieser Begegnung nicht gehabt. »Ich glaube, ich habe ihn zweimal gesehen. Er kam mir sehr nett und umgänglich vor.«

Ich weiß nicht, ob Kienesberger meinem Vater die Hand gegeben hat. Vielleicht haben sie einander nur zugenickt. Und natürlich kenne ich nicht die Gedanken Manfred Schröders. Ich kann auch nicht wissen, wer wo im Auto gesessen hat.

Winter 2019, Köln

Ein Haufen Dachbodenfunde liegt in meinem Arbeitszimmer und fängt Staub. Herausfordernd schauen mich einige Stücke an: die Broschüre mit dem Titel »Die Auschwitz-Lüge«, die vielen Blätter mit der Handschrift meines Vaters, drei arme, zweckentfremdete Taschenuhren. Aber ich bin noch nicht fertig mit dem Bund Nationaler Studenten.

Eines schönen Montags gehe ich in die Universitätsbibliothek der Kölner Uni. Tausendmal bin ich hier gewesen. Ich habe als Studentin Mahngebühren bezahlt, als wissenschaftliche Hilfskraft Mikrofiches gesichtet, und hin und wieder habe ich auch versucht, im Lesesaal zu schreiben. Na gut, vielleicht war ich nur ein paar Hundert Mal hier.

An diesem Montag geht es nicht in den Lesesaal, nicht zur Ausleihe. Es geht ins Archiv. Denn hier liegen Akten zum BNS, dem Bund Nationaler Studenten. Es ist ein komischer Gedanke, dass ich hier etwas finden könnte. In diesem Gebäude, in dem ich jahrelang Kaffee getrunken und in der Kloschlange gestanden habe und mich vom Wachdienst habe anpampen lassen. In dem ich mit mal mehr, mal mit weniger Aufwand versucht habe, eine intellektuelle Studentin zu sein, die konzentriert abgefahrene Sachen liest, sich schlaue Notizen macht und ganz ohne Anstrengung genau das richtige Outfit trägt. Ich wäre unzählige Male vorbeigegangen an dem Ort, an dem Papiere liegen, aus denen mein Vater zu mir sprechen könnte, in Wollpullis, Schlagjeans und Converse, in Cargohosen und bauchfreien Tops.

Es ist einer dieser typischen Uni-Köln-Tische mit braunrötlicher Holzplatte und schwarzem Stahlgestell, eigentlich ganz stylo, auf dem ein Bündel Akten liegt. Ich blättere und bekomme einen Adrenalinschub, als ich den Namen meines Onkels lese. Es geht um ein Referat, dem ich den Namen »das Skandalreferat« gebe.

Laut dem Urteil einer Disziplinarverhandlung der Universität trägt es den Titel »Programm und Arbeit« und wurde am 10. Februar 1958 gehalten, in einem Hörsaal der Universität. Im Skandalreferat stehen laut diesem Urteil Sätze wie dieser:

Hitler, der Name ist schon ein heißes Eisen. Ich verstehe mich nicht, jetzt schon ein fertiges Urteil über ihn zu fällen. Die endgültige Klärung wird erst eine nicht mehr von Leidenschaften geprägte Geschichtsschreibung späterer Jahre bringen können, wie es auch bei Napoleon, Peter dem Großen, Cromwell, Heinrich den VIII […] oder Nero geschehen ist. Wie sprach man zu Cromwells Zeiten über diesen in England, […] welches Zerrbild wurde aus Napoleon in den deutschen Geschichtsbüchern nach 1820 gemacht!

Und Sätze wie diese:

Das große Problem ist die Judenverfolgung. […] Es steht fest, daß eine Menge unschuldiger Menschen – vorwiegend Juden – umgekommen sind, nicht aber sechs Millionen (z. B. nur 300.000 nach der Schweizer »Tat«)! Das ist ein Verbrechen, dessen Beschönigung unverantwortlich wäre. Es ist geschehen, und wir wollen dafür sorgen, daß so etwas nicht noch einmal vorkommt. Es ist tief zu bedauern, daß so etwas überhaupt vorkommen konnte. Ich selbst habe aber die Feststellung machen müssen […], daß man nicht nur den Juden nach 1938 Leid zufügte, sondern auch nach 1945 in zügellosester pöbelhafter Form über die Nationalsozialisten herfiel. […] Unabhängig davon eine Frage: woher kommt der Antisemitismus? […] Der Antisemitismus ist so alt, wie es Juden gibt. Wäre es nicht auch einmal billig, wenn Juden prüfen wollten, ob nicht auch sie selbst ein gewisses Maß Schuld haben, wenn fast in jedem Jahrhundert eine Judenverfolgung vorkommt?

Ich sitze in dem stillen Raum und lese in Briefen der Verwaltung, aus Protokollen disziplinarischer Anhörungen, dass die Mitglieder des BNS erklärten, ursprünglich sei ein anderes Referat geplant gewesen, dessen Verfasser aber kurzfristig verhindert war. Dass ein Student aus der Kölner Gruppe eingesprungen sei und dieses Referat vorgelesen habe. Dass er angab, er habe es »in den Akten der Vereinigung« gefunden und keine Zeit mehr gehabt, den Text vor dem Vortrag zu prüfen. Dass er den Text aber bis zum Ende vorgelesen und sich nicht distanziert habe. Dass außerdem mehrere Zeugen ausgesagt hätten, er habe »Hitler mit dem Namen Christus in Zusammenhang und in Vergleich gebracht«. Dass die dem BNS nahestehenden Zeugen, unter anderem mein Onkel, bei der Anhörung angegeben haben, es habe sich bei dem Referat um eine persönliche Meinungsäußerung gehandelt. Sie haben aber »keine Veranlassung gesehen, sich in der Versammlung von diesen Ausführungen zu distanzieren«.

Viele Monate danach, viele Gespräche über Südtirol, Südafrika und eine Kindheit im Krieg später werde ich im Wohnzimmer meines Onkels sitzen, tief durchatmen und ihn fragen, ob er im Bund Nationaler Studenten war. Zu meinem Erstaunen wird er ruhig und gelassen Ja sagen. Bereitwillig wird er mir erzählen, dass er und mein Vater Mitglieder waren, in diesem »ganz harmlosen Verein«. Er habe ihn jedenfalls immer harmlos gefunden, wird er hinzufügen. Ich werde mich fragen, was ich eigentlich erwartet habe, während er mir erzählt, wie er über einen Kontakt aus der FDP auf den Bund aufmerksam wurde. Dann werde ich ihn nach dem Referat fragen und mich dabei bemühen, völlig neutral zu klingen. »Da kann ich dir sagen, was es war«, wird er antworten, kurz schweigen und dann erzählen, wie er als Schriftführer des Bunds Nationaler Studenten einen ehemaligen Wehrmachtsgeneral zu einem Vortrag eingeladen hat. »Weil man ständig Vorträge organisieren musste, um in der Öffentlichkeit vorzukommen.« Er wird erzählen, dass er Einladungen verteilt hat und dann ganz kurzfristig eine Absage vom Wehrmachtsgeneral kam. Er wird erzählen, dass aus lauter Verlegenheit ein anderes Mitglied des Bunds ein Referat verlesen habe, das irgendein anderer mal irgendwo gehalten habe. Dass der Student es vorgelesen habe, ohne es zu kennen. Zwei Stellen des Referates, wird mein Onkel erzählen, seien als »äußerst ungehörig« betrachtet worden. Nichts Strafbares sei das gewesen, aber die anwesenden linken Studenten aus dem SDS, dem Sozialistischen Deutschen Studentenbund, hätten ihnen einen Strick drehen wollen und das auch »fertiggebracht«.

Ich werde später oft an dieses Gespräch zurückdenken und mich fragen, warum ich meinem Onkel nicht ins Gesicht gesagt habe, dass ich das Referat kenne und ganz und gar nicht für harmlos halte, sondern für Holocaust-Leugnung, was auch 1958 schon strafbar war und als Beleidigung oder Verunglimpfung des Andenkens Verstorbener angezeigt werden konnte und seit 1960 als Volksverhetzung eingestuft ist. Warum habe ich das nicht getan? Natürlich: Ich hatte Angst, dass mein Onkel mich einfach rausschmeißt, und das Gespräch abbricht, das wollte ich nicht riskieren, denn ich hatte noch zu viele Fragen an ihn. Mit Sicherheit hatte ich auch Angst, dass dieser alte Mann einen Herzinfarkt bekommt, und bin in ein kalmierendes Muster verfallen, das beruhigen und deeskalieren will und das ich bei meinem Vater gelernt habe und älteren Männern gegenüber reflexhaft anwende. Aber ich kann nicht bestreiten, dass ein Teil von mir sich gewünscht hat, dass mein Onkel und mein Vater keine konsequenten Holocaustleugner waren, sondern nur in irgendetwas hineingestolpert sind. Das ist die relativierende Erzählung meines Onkels: Es ist keine von Schuld, Reue und Läuterung, sie handelt von dummen Zufällen, unglücklichen Formulierungen und sozialistischen Studenten, die Stricke drehen. Und als mein Onkel sich später an diesem Tag laut und überzeugend über Putin empört und zu einem friedlichen, demokratischen Europa bekennt, bin ich richtiggehend glücklich. Weil ich mir gewünscht habe, solche Sätze einmal, nur ein einziges Mal von meinem Vater zu hören. Sätze, die ich als rational, menschenfreundlich und konsensfähig empfinde.

Der Tag kommt, an dem ich ihm die beiden Passagen vorlese. Wort für Wort. Weil ich wissen will, wie er reagiert, wenn der Text im Raum steht. Ich frage ihn, ob diese Passagen das Verbot ausgelöst haben. »Das ist durchaus möglich, dass das Teil von diesem Referat war«, wird er sagen. »Natürlich politisch überhaupt nicht korrekt und auch keineswegs weise, so was zu sagen. Aber so war es nun mal, dass irgendjemand das so geschrieben hat und das wurde in unserer verzweifelten Lage vorgelesen [...]. Ein großes Erstaunen, was das für Aufregung verursacht hat.« Und dann tue ich es: Ich sage ihm, dass ich die Aufregung heute verstehen kann. »Ja«, antwortet mein Onkel. »Damals hätte man es auch verstehen können. Ich hätte das verstanden.«

Wendig kommt mein Onkel mir vor.

Im Winter 2019 im Archiv der Universität Köln ahne ich nichts von den Herausforderungen, die auf mich warten. Ich lese weiter und erfahre, dass die Universitätsverwaltung den Bund Nationaler Studenten unter anderem wegen dieses Referates verboten hat. In der Begründung heißt es, »Gerade auch, wenn man zugunsten der Vertreter des BNS davon ausgeht, daß ihnen bewußte nationalsozialistische Tendenzen nicht nachgewiesen seien, muß die Vereinigung verboten werden.« Man wolle verhindern, dass »durch unzulänglich fundierte, einseitige, tendenziöse, mangelhaft belegte oder sonstwie unzulängliche Propagierung von Ansichten auch ohne oder vielleicht sogar gegen den Willen dessen, der sie äußert, neue Strömungen in der Richtung gefördert werden können, die unendliches Leid über das deutsche Volk und die ganze Welt gebracht haben«.

Irgendwo in den Tiefen der Kölner Universität, dieser Institution, in der Anne Will studiert hat und Uğur Şahin, allerdings auch Hans-Georg Maaßen, versuche ich zu verstehen, wie man zu diesem Schluss kommen kann. Und wie man zuerst von den Leiden des deutschen Volkes sprechen kann und erst dann von dem der ganzen Welt. Ich verstehe das nicht. Ich habe »Damals war es Friedrich« gelesen, Elfriede Jelinek im Theater gesehen und stand einmal neben Ralph Giordano auf einem Gartenfest. Ich bin dankbar für fünfundsiebzig Jahre »Nie wieder« in meinen Knochen, meinem Herzen und in meinem Kopf.

Was das Protokoll der Disziplinarsache gegen den Bund Nationaler Studenten vom 15. Dezember 1958 außerdem festhält, ist, dass sich die Universitätsverwaltung getäuscht sieht: in der Satzung, die für die Zulassung als studentische Vereinigung vorgelegt worden sei, haben im Vergleich zu dem anschließend gedruckten Programm zwei entscheidende Artikel gefehlt:

Artikel 6: »Die Überfremdung unserer Kultur durch wesensfremde Einflüsse muß aufhören.«

Und Artikel 7: »Wir verurteilen jegliche propagandistische Entstellung der deutschen Geschichte.«

Aber wieder: »Die Möglichkeit konnte nicht völlig ausgeschlossen werden, daß, wie die Vertreter der Vereinigung behaupten, die nachträgliche Anmeldung [der Artikel 6 und 7] lediglich vergessen worden sei«, so das Resümee der Verwaltung.

Ja? Kann man annehmen, dass genau der Absatz vergessen wurde, der Joseph Goebbels' Warnung vor »Überfremdung des deutschen Geisteslebens durch das Judentum« von 1933 zitiert?

Was weiß denn ich. Vielleicht fiel der Begriff *Überfremdung* 1958 allenthalben. Wie schön wäre es gewesen, wenn *Überfremdung* schon Ende der 1950er Unwort des Jahres geworden wäre, statt 1993. Mühsam ernährt sich die Bewusstseinsbildung.

Mein Onkel bestreitet energisch, dass etwas unterschlagen wurde. Er erinnert sich noch genau, wie er die Zulassung beim Universitätsrichter beantragt hat, dieser sich das Programm durchlas und fragte: »Sie sind doch sicher nicht nationalsozialistisch?« »Natürlich nicht«, habe er geantwortet. Das sei alles gewesen, und wenn die Universitätsverwaltung behauptet hätte, sie sei getäuscht worden, könne er nur annehmen, dass der Universitätsrichter nicht richtig gelesen habe.

16. Oktober 1962, zwischen Innsbruck und Brenner

Nach knapp einstündiger Fahrt lässt Walter Fritz rechts ranfahren. Es ist dunkel geworden. Manfred Schröder sieht die kleine Hütte erst, als das Auto zum Stehen kommt. Walter steigt aus, öffnet die Tür der Hütte, und sie folgen ihm in einen dunklen Raum. Walter entzündet eine Petroleumlampe und stellt sie auf einen wackeligen Tisch, öffnet einen Rucksack und packt ein paar Lebensmittel aus: geräucherte Wurst, Speck, Brot. Greift zu, sagt Walter wie ein Gastgeber. Manfred Schröder nimmt sich Wurst und Brot. Sie essen und trinken. Irgendwann stimmt Walter die inoffizielle Hymne Südtirols an: »Wo ist die Welt so groß und weit«. Bei den Zeilen »Dort ist mein schönes Heimatland / Mit seinem schweren

Leid, / Mit seinen stolzen Bergeshöh'n, / Mit seiner stolzen Freud« bricht seine Stimme. Mein Vater tupft sich die Augen. Mit einem von seiner Mutter gebügelten Stofftaschentuch.
»Eins kann ich euch sagen«, sagt Kienesberger, »der Klotz ist wild entschlossen. Erst jagen wir die Italiener aus Südtirol und dann die Russen aus Berlin, sagt er immer.«

In Manfred Schröders Aussage steht nichts über Brot und Speck. Aber wer schon einmal in Österreich war, der weiß, warum mir das eingefallen ist. Auch gibt es keine Informationen über Gesang, und ich weiß auch nicht, ob mein Vater schon mit siebenundzwanzig Jahren so sentimental war wie mit fünfzig. Aber laut Manfred Schröders Aussage gab es diese Skihütte als Unterschlupf, und wenn Tränen der Rührung vergossen wurden, dann hat mein Vater sie mit einem von seiner Mutter gebügelten Stofftaschentuch getrocknet, davon bin ich überzeugt.

Ebenso wenig weiß ich, ob vom legendären Georg Klotz die Rede war in dieser Berghütte. Ich kann es nicht wissen und will es nicht behaupten.

Das Landgericht Köln hat Manfred Schröders Aussage Glauben geschenkt. In seinem Urteil vom 29. Mai 1980 kann man lesen, dass die Männer in der Skihütte waren. Auch im Stasi-Archiv liegt eine Aussage von Manfred Schröder, die von dieser Nacht berichtet. Und von einer Diskussion, die dort stattgefunden hat. Sie beginnt folgendermaßen:

[Heinrich] Bünger nahm an, da »Walter« in der Nacht zuvor einen Sprengstoffanschlag auf einen Hochspannungsmast durchgeführt hatte, daß dies der Auftakt zu weiteren Sprengungen von Hochspannungsmasten sei.

Hochspannungsmasten sprengen. Gewalt gegen Sachen. Um die Verletzungen des Minderheitenrechts anzuprangern, die Italien in Südtirol beging. Das war unter jungen Männern in den 1960ern Volkssport. Heiner Geißler zum Beispiel sagt 2015 in einem »SZ«-Interview: »Ich habe um 1960 mehrmals Dynamit durch die Alpen transportiert – allerdings unwissentlich. Ich hatte ein Motorrad, eine Adler 250, und war von Kletterfreunden gebeten worden, einen Rucksack mit Ausrüstung in ein bestimmtes Tal zu bringen. Damit bin ich zwei- oder dreimal ... in die Sextner Dolomiten gefahren. Ich habe mir nichts dabei gedacht und mich nur gewundert, wie schwer das immer war. Später wusste ich schon, dass dort Strommasten gesprengt worden waren.«

Heiner Geißler, der spätere Kapitalismus- und Hartz-IV-Kritiker mit den freundlichen Falten, war als junger Mann in den Südtirol-Konflikt verwickelt. Manchmal frage ich mich, wie es sein mag, seine Tochter zu sein.

Laut Manfred Schröder habe Walter alias Kienesberger geantwortet, Masten könnten nicht gesprengt werden, die Zündung sei zu kompliziert. Außerdem gäbe es nicht genug Sprengstoff. Als Alternative habe Kienesberger vorgeschlagen, den Carabinieri-Chef von Bozen umzubringen, der durch seine brutalen Untersuchungsmethoden aufgefallen sei.

Fritz Bünger und ich sahen in diesem Plan eine sittliche Berechtigung, während [Heinrich] Bünger diese moralische Forderung verneinte, da er keinen Mord mit seinem Gewissen vereinbaren könnte.

Dieser Satz bedeutet mir viel. Jahre später wiederholt Manfred Schröder den kostbaren Satz:

Diesem Vorschlag widersprach Heinrich B. sofort mit aller Schärfe. Er kündigte an, daß er bei einem solchen Unternehmen nicht mitziehen würde.

Wenn jemand dir eine Geschichte unabhängig voneinander zweimal erzählt, dann kannst du sie glauben. Das hat mein Vater oft gesagt.

Offenbar gab der Satz der Diskussion eine Wendung: Nachdem man sich nicht auf das Erschießen des Carabinieri-Hauptmanns habe einigen können, wurden Bahnhöfe als Zielobjekt vorgeschlagen. Man habe die Nachtstunden ausgesucht, so werde »keine Gefahr für Menschen auftreten und es dennoch ein großes Remmidemmi geben«.

Ich habe ein paarmal versucht herauszufinden, wer dieser Carabinieri-Chef war. Bislang ist es mir nicht geglückt. Vielleicht hat er in den folgenden Jahren ein glückliches und erfülltes Leben geführt. Ich weiß, wie jämmerlich es ist, dass ich mir das vorstelle.

Mein Onkel bestreitet, dass es jemals den Plan gegeben habe, jemanden umzubringen. »Blödsinn«, sagte er zu mir bei einem Gespräch im Frühjahr 2023. »Wer hat das gesagt?« Sie seien angewiesen worden, eine kleine Menge Sprengstoff in Bahnhöfen zu platzieren und den Zeitzünder auf vier Uhr morgens zu stellen, wenn kein Betrieb ist. Damit keine Personenschäden entstehen.

Das klingt nach meinem Vater: Eskalieren, aber nicht völlig. Gewalt anwenden, aber nicht ganz und gar ungebremst.

Er wollte niemanden töten.

Und hat es dennoch getan.

Winter 2019, Köln

Stundenlang und manisch habe ich Peter Kienesberger im Internet recherchiert, nachdem ich seinen Namen zum ersten Mal gehört hatte. Das Netz kennt viele Geschichten über ihn. Geschichten voller Schlagwörter, Personen und Begriffe, bei denen sich meine Stirn in steile Falten legt. Und es kennt Kienesberger als Schriftsteller. »Sie nannten uns Terroristen« lautet der Titel seines Werkes, 1971 ist es erschienen. Ich habe aufgehört zu googeln, es in einem Antiquariat bestellt, und nun liegt es vor mir und riecht genau wie jedes andere antiquarische Buch. Ich überfliege die Kapitel. Kienesberger schreibt von seiner Liebe zu Südtirol, von der Begegnung mit einem Universitätsassistenten aus Innsbruck, von der »Eiterbeule«, die in der Feuernacht aufbrach. »Die Beule heißt ›Alto Adige‹«, vom »Widerstand«, dem blinden Einverständnis unter Männern, von den Waffen, den »Besatzern«, der »paura«, der Angst, die er und seine Mitstreiter schüren wollen. Vom legendären Klotz, dieser tragischen Gestalt im »Freiheitskampf«.

Ich habe Fotos von Georg Klotz gesehen. Sie wirken auf mich, als habe der Zweite Weltkrieg nie aufgehört, in seinen Augen zu flackern. Ich habe gelesen, dass er einen Mordanschlag des italienischen Geheimdienstes überlebte und sich mit einer Kugel in der Brust nach Österreich retten konnte.

Über die Nacht in der Berghütte im Oktober 1962 im Umland von Innsbruck schreibt Kienesberger nichts. Nichts über meinen Vater, nichts über meinen Onkel.

Ich bleibe an seiner Szene hängen, in der Kienesberger erzählt, wie einem verhassten Carabinieri-Hauptmann ein Denkzettel verpasst wird:

Drei Männer, die kaum hundert Meter über der Straße am Rande des Abgrunds liegen, lesen mit Sorge die Zeit vom phosphorisierenden Ziffernblatt der Uhr. [...] Bleibt die Campagnola aus Meran aus? [...]

Haben sie mit dem Foltern verhafteter Südtiroler zuviel zu tun?

[...]

Da – die drei Männer hören es deutlich – nähert sich eine Campagnola in rascher Fahrt.

Dies ist kein Streifenfahrzeug –

Das ist die Kommission aus Meran. [...]

Das Auto hält auf der Brücke, wird von Soldaten umringt –

Offiziere steigen aus –

Ein Brigadier erklärt –

Seine Hand deutet auf den gesprengten Mast –

Da bekommt der Südtiroler Köpfe ins Visier des Zielfernrohrs –

Hebt den Gewehrlauf an –

Auch die Maschinenpistole liegt richtig –

Der Finger am Abzug des Sturmgewehrs sucht den Druckpunkt –

ein Blick der Verständigung – – –

Geschosse fahren aus den Läufen.

Hart klicken die Hülsen, die ausgestoßen werden –

Leuchtspurraketen zeigen an, daß die Schüsse zwei Meter über den Köpfen sich in den Hang bohren.

Die Erstarrung dauert den Bruchteil einer Sekunde, dann stieben die Soldaten auseinander.

[...]

Unter der Campagnola liegt in seiner eleganten Uniform Karabinieri-Hauptmann De Rosa aus Meran.

Er hat die große »paura« erlebt. –

ÜBERLEBT.[2]

17. Oktober 1962, zwischen Innsbruck und Brenner

Ich nehme an, dass mein Vater in dem Etagenbett gut geschlafen hat. Schlafen konnte er hervorragend. Ich weiß nicht, ob Kienesberger den anderen schon am Abend das Waffenlager gezeigt hat, von dem Manfred Schröder in seiner Aussage spricht. Oder erst am Morgen. Bestimmt war er stolz auf den Sprengstoff, die Zündmittel und Pistolen, auf die Maschinenpistole, das Schnellfeuergewehr und die Munition. Ich gehe davon aus, dass all das im Keller der Hütte lag. Unter einer Falltür. Dass man mit einer Taschenlampe hineinleuchten musste, weil es mit einer Kerze zu gefährlich gewesen wäre.

Ich habe in der Aussage Schröders gelesen, dass sie Sprengstoff in einen Rucksack packten und gegen neun Uhr die Hütte verließen. Dank eines Projektes der Zentralanstalt für Meteorologie weiß ich, dass der Oktober 1962 in Tirol sehr schön war. Ich stelle mir einen Traumtag in den Alpen vor. Vielleicht hat sich Manfred Schröder vor dem Einsteigen in den Ford einen Moment Zeit genommen, um tief einzuatmen und sich umzuschauen. Vielleicht hat er die Morgensonne gespürt, die singenden Rotkehlchen gehört, den Schnee betrachtet, der satt auf den Berggipfeln lag, den Wald, der leuchtete. Den rauchigen Herbst gerochen.

Manfred Schröder ist weit gegangen bis zu diesem Tag. Die Pinseleien auf der italienischen Botschaft – »Südtirol ist deutsch« –, die Plakate, die er mit einer Gruppe junger Menschen aufgehängt hat – »Freiheit für Südtirol«. All das hat ihn hierher geführt. An diesen Ort, mit den Kameraden und mit einer Mission. Und bald geht es weiter, in Berlin.

Er steigt in den marokkogrünen Ford.

Kurz vor der Grenze hält der Wagen an. Kienesberger steigt aus, den Rucksack mit dem Sprengstoff auf dem Rücken.
»Also, wie besprochen. Ich gehe über die grüne Grenze und treffe euch auf der Südtiroler Seite. Wenn sie euch filzen, tut einfach so, als wärt ihr ein paar Flachländer auf Bergtour.«

In den Akten ist dieser Satz nicht zu finden. Aber dass Kienesberger den Sprengstoff im Rucksack über die grüne Grenze schmuggelt, das habe ich mir nicht ausgedacht, das hat Manfred Schröder später ausgesagt. Es war keine übertriebene Vorsicht: Ein gutes Jahr nach der Feuernacht ist die Situation angespannt. Südtirol gleicht einem Heerlager. 24.000 Soldaten und 10.000 Carabinieri waren aus Italien verlegt worden, es gibt eine nächtliche Ausgangssperre. Es ist verboten, sich zwischen zwanzig Uhr und sechs Uhr einem potenziellen Anschlagsziel zu nähern, also öffentlichen Einrichtungen, Fabriken und militärischen Anlagen. In der Provinz Bozen mussten alle Waffen, Munitionsbestände und Sprengmaterialien abgegeben werden. Fast hundert Verhaftungen zählt der »Spiegel« im Januar 1962 und berichtet von massiven Folterungen durch die italienische Polizei und von zwei Opfern, die nach der Haft verstarben.[3]

Fünfzehn Kilometer hinterm Brenner sind die Männer wieder vereint. In Sterzing. Die Altstadt ist ein Traum. Gotische Bauwerke, Laubengänge, Bürgerhäuser. Eingerahmt von alpinen Bergpässen. Was macht diese Schönheit mit den vier Männern? Freuen sie sich an ihr? Oder ärgern sie sich, weil Italien dieses Juwel nach dem Ersten Weltkrieg »gestohlen« hat, wie sie vielleicht sagen würden. Macht das Ortsschild mit dem italienischen Namen »Vipiteno« sie wütend?

Als ich mit meinen Eltern in Südtirol war, sind mir die

zweisprachigen Ortsschilder nie ein Grund für Ärger gewesen. Eher ein Versprechen von Dolce Vita in den Alpen, von Pasta und Bergkäse, von Leichtigkeit und Bodenständigkeit, von gelungener Melange.

Frühjahr 2020, Berlin

Jedes Archiv eine Festung, eins mit mehr, eins mit weniger Burgmauern. Je schwieriger der Zugang, desto gieriger werde ich. Der größte Schatz liegt in Duisburg: achtzig Akten zum Verfahren gegen meinen Vater mit dem spektakulären Titel »Bünger, Fritz, Diplom-Kaufmann, und andere Angehörige des Burger-Kreises, wegen Sprengstoffattentaten und Mord in Verona, Trient, Bozen, Genua, Mailand, Cesano-Maderno und Como/Italien«. Briefe, Verhöre, Zeugenaussagen. Ich brenne darauf zu erfahren, was der Burger-Kreis ist. Und warum von Mord die Rede ist. Im Prozess wurde nicht wegen Mordes, sondern wegen Sprengstoffverbrechen angeklagt.

Aber als ich im Frühjahr 2020 im Berliner Landesarchiv sitze, ist der Antrag auf Einsichtnahme von den Duisburger Kollegen noch nicht entschieden. Staatsanwaltliche Akten sind persönlichkeitsrechtlich heikel. Ich bin absolut einverstanden mit der sorgfältigen Prüfung und dem Persönlichkeitsrecht. Ohnehin bin ich der größte Archiv-Fan unter der Sonne. Ich könnte lange darüber schreiben, was für ein Geschenk es ist, dass ich diese Akten lesen darf. Dass jemand entschieden hat, sie nicht zu schreddern, sondern zu verschlagworten, in Kisten zu verpacken, bei den richtigen klimatischen Bedingungen zu lagern, vor Feuer zu schützen. Dass ich dank dieser Mühen der Archivare und Archivarinnen heute den Spätfolgen nachspüren kann, die ein mörderisches Regime nach fast neunzig Jahren noch immer hat. In unserem Land, im Leben meines Vaters, in meinem.

Aus der Forschungsliteratur weiß ich, dass der Bund Nationaler Studenten ab 1959 Druck bekommt: In Heidelberg nennt ihn ein Student in einer Universitätspublikation eine »Clique idealistisch verbrämter Mediokrität, die mit dem After philosophiert«. Der Vorsitzende droht ihm Prügel an, falls er den Artikel weiter verbreite. Darauf folgt die in der Forschung legendäre »Mensaschlägerei«: der Student treibt ein paar Restexemplare der inzwischen wegen »unqualifizierten Formulierungen« verbotenen Publikation auf und bietet drei Mitgliedern des Bunds Nationaler Studenten in der Mensa ein Exemplar an. Ein Handgemenge und eine Schlägerei sind die Folgen. Zwar wird das Verfahren wegen mangelnden öffentlichen Interesses eingestellt, aber »auch aufgrund der geschickten Öffentlichkeitsarbeit des AStA [ist] das Bild des BNS als verfassungskonformer Hochschulverband restlos desavouiert.« So der Rechtsextremismusforscher Gideon Botsch[4].

Der Druck radikalisiert den BNS. In »Student im Volk« ist zunehmend von »roter Zersetzung«, »Gehirnwäsche«, »Ehrvergessenen«, »Denunzianten«, »Vaterlandsverrätern«, »vaterlandslosen Gesellen«, »Terror«, »Verfolgung«, »Unterdrückung« und »Vorenthaltung der Grundrechte« die Rede.[5]

So vorinformiert sitze ich im stillen Lesesaal, lese sechzig Jahre alte Ermittlungen zum BNS und suche nach meinem Vater.

Ich finde eine Tagung im Oktober 1959 im Hotel Neubrunnenhof in Mainz, die ich aus der Forschungsliteratur kenne. Laut eines Augenzeugenberichts kündigt der Vorstand des Bunds Nationaler Studenten auf dieser Tagung Abwehrmaßnahmen gegen staatliche Zugriffe an: ein Archiv mit Material über gegnerische Staatsanwälte und Richter sei in Arbeit.[6] Außerdem habe es eine Buchschau rechter Verlage gegeben, ein Spruchband mit dem Text »Diplomatische Beziehungen zu Polen sind kein deutsches Dorf wert« und Vorträge, zum

Beispiel über die »große Hetze gegen die Kriegsgeneration« oder die »nationalen Aufgaben der deutschen Jugend«.

Ob mein Vater da gewesen ist? Ob er einverstanden war mit den Abwehrmaßnahmen? Ob er die Vorträge gehört hat, sich die Bücher angeschaut hat? Ob er sich gefreut hat über das Spruchband?

Sein Leben lang ist er »zu den Polen«, nicht »nach Polen« gefahren. Er fuhr als Rentner dorthin, um Deutschunterricht zu geben. Was ihm Spaß gemacht hat und wofür er offenbar ein Talent hatte. »Meine Schüler sind alle hoch motiviert«, erzählte er mir stolz am Telefon. Sauböse konnte er werden, wenn man in fragte, wie es »in Polen« gewesen ist.

Ich habe nie verstanden, woher dieser Zorn kam. Ich habe nicht gewusst, dass in den 1960ern noch für viele Politiker in hohen Ämtern die Frage der »Ostgebiete« ungeklärt war. Irgendwann im Laufe dieser Recherche werde ich Briefe des NS-Schriftstellers Hans Grimm lesen, die im Literaturarchiv in Marbach liegen. Ich werde lesen, dass er nachts aufwacht, weil ihm »das Wort Polen im Kopf herumgeht«.

Ich werde begreifen, was mich sehr grundsätzlich von meinem Vater unterscheidet: die Tatsache, dass die deutsch-polnische Grenze für mich nichts anderes ist als die deutsch-österreichische oder die deutsch-holländische.

Später werde ich mit meinem Onkel über die Ostgebiete sprechen. Er wird mir erzählen, dass es in den 1950ern und 1960ern politischer Common Sense gewesen sei, dass man die Ostgebiete zurückhaben wollte. Dass auch er und mein Vater dieser Meinung gewesen seien. Dass »man« aber im Laufe der Jahre zu der Erkenntnis gekommen sei, dass man sie nicht zurückbekommt und das innerlich abschreibt. Dass er inzwischen der Meinung ist, wir seien alle Europäer und müssten uns mit unseren Nachbarn verstehen.

Ich glaube nicht, dass mein Vater diese Art von Frieden gefunden hat.

In Berlin finde ich keinen Hinweis auf meinen Vater. Er steckt schweigend irgendwo in den Winkeln der Geschichte, in den Ecken, die nicht der Zufall oder der Verfassungsschutz ausgeleuchtet haben. Anders mein Onkel. Er ist kein BNS-Promi, aber er zeigt sich. Er soll zugesagt haben, die Tagung in Mainz mitzufinanzieren. Ich lese das in einem Brief, den der BNS-Vorsitzende am 8. Oktober 1959 an einen Vertrauten schreibt:

In der Anlage ein Briefdurchschlag an Bünger für Dich. [...] Ich verkrache mich nicht gerne mit Menschen, die ich kaum kenne, aber dieser Brief war notwendig. (Alles kann man ja nun auch nicht auf das Konto »Rheinländer« abbuchen.) Sollte Bünger auf Grund dieses Briefes seine finanzielle Mitwirkung an der Mainzer Tagung rückgängig machen (was ich ihm indessen nicht zutrauen möchte!), so werde ich einspringen.

Manisch scanne ich die Akten, aber ich finde diesen vermaledeiten Brief nicht! Was hat mein Onkel bloß angestellt, um den Vorsitzenden zu verärgern?

Im Gespräch mit mir kann mein Onkel sich kaum an den Vorsitzenden erinnern. Er habe ihn nur sehr flüchtig gekannt. Außerdem sagt er mir, es habe keine Spenden von Mitgliedern für den Bund Nationaler Studenten gegeben. Er wisse nicht, wie sich der BNS finanziert habe. Die Kosten für die Zeitung »Student im Volk« und die Vorträge seien aber gering gewesen.

Daheim lege ich ein Whiteboard an, auf dem ich alle Ereignisse notiere, die ich in den Ermittlungen finde. Eine Zeile für meinen Vater, eine für meinen Onkel, eine für Manfred Schröder, eine für Peter Kienesberger, beginnend mit der Geburt. In der Zeile meines Onkels klebt nun ein Zettel mit »Oktober 1959: BNS-Tagung in Mainz?«.

17. Oktober 1962, Bozen

Gegen Mittag des 17. Oktober 1962 erreichen die vier Männer die Südtiroler Landeshauptstadt Bozen. Im Gasthaus Weißes Rössl wird Quartier genommen. Mein Vater bezieht mit Manfred Schröder ein Doppelzimmer. Mein Onkel mit Peter Kienesberger.

Am Nachmittag des 17.10.1962 geschah weiter nichts. Wenn ich mich recht erinnere, haben wir uns an diesem Nachmittag durch Spazierengehen entspannt etc.

Ich werde nie aufhören, mich darüber zu wundern, dass mein Vater unter seinem Klarnamen in dieses Hotel eincheckte. Ich kannte ihn als vorsichtig bis an die Grenze der Paranoia. Seine mehrfach verschlüsselte Tabelle mit Passwörtern, die wir nach seinem Tod fanden, versammelte circa fünfzig Passwörter, bestehend aus Sonderzeichen, in einer Nummer abweichenden Geburtsdaten von Familienmitgliedern und aus dem Russischen abgewandelten Begriffen: Irkutska08041972!**#. Ich habe eines seiner Passwörter im Spionagemuseum Berlin in ein Programm eingegeben, das die Sicherheit von Passwörtern testet. 32 Millionen Jahre würde ein Code-Knacker oder eine Code-Knackerin brauchen, um es zu entschlüsseln. Warum hatte dieser Mann keinen gefälschten Pass, als er 1962 mit Sprengstoff in Südtirol unterwegs war? Ist er erst nach dem Oktober 1962 so paranoid geworden?

1960, BRD

Was bislang hinter verschlossenen Tagungstüren, in Briefen und Skandalvorträgen verhandelt wurde, was niemand sehen wollte, was nicht sein konnte, weil es nicht sein durfte, wird Ende des Jahres 1960 sichtbar. Nein, es springt der Öffentlichkeit inklusive Verfassungsschutz, Kanzler und Verteidigungsminister mit dem nackten Arsch ins Gesicht: Die junge BRD wird mit Hakenkreuzen geflutet. Auf Litfaßsäulen, Mauern und Werbetafeln, Gebäuden, Wohnungstüren und S-Bahnen tauchen sie auf. In Berlin findet man eine Hakenkreuzbinde in einem Briefkasten, auf einem Spielplatz entdecken Kinder eine Hakenkreuzfahne, an einer Schöneberger Litfaßsäule ist zu lesen: »Deutsche wehrt euch, schmeißt Adenauer und sein Judenpack raus«. Bis zum 28. Januar sind es 685 Vorkommnisse.[7]

In London gehen daraufhin 20.000 Kriegsveteranen auf die Straße, in New York gibt es Proteste vor dem Generalkonsulat der BRD.

Angefangen hat alles in der Weihnachtsnacht 1959 in Köln: ein Bäckergeselle und sein Freund beschmieren die im September eingeweihte Synagoge in der Roonstraße mit einem Hakenkreuz.

Ich kenne die Synagoge, in der die Hakenkreuzschmierwelle ihren Anfang nahm, gut. In den Nullerjahren habe ich in der Roonstraße gewohnt. Die Synagoge wird Tag und Nacht von einem Streifenwagen bewacht. Mein Vater hat sich oft aufgeregt, wenn er mich besucht hat. Über die Verschwendung von Steuergeldern.

Wenige Monate nach diesem Ereignis beschließen die Kultusminister der Länder eine stärkere Berücksichtigung des Nationalsozialismus im Unterricht. Konrad Adenauer trifft sich in Bonn mit dem Präsidenten des Jüdischen Weltkongresses. Sein Verteidigungsminister Franz

Josef Strauß erklärt die Hakenkreuzschmierwelle mit einer »systematischen kommunistischen Steuerung der Ereignisse«.[8] Ein Framing, für das bis heute die Beweise fehlen und an das ich seither oft denken muss: 2021, als die CSU im Wahlkampf vor dem »Linksrutsch« warnt, 2022, als Christian Lindner im Sommerinterview die Verlängerung des 9-Euro-Tickets als Projekt der Antifa assoziiert, und immer dann, wenn die Wirtschaftspolitik der Grünen als Planwirtschaft bezeichnet wird.

Der Feind steht links in diesem Land.

Den Moment, in dem die Hakenkreuzschmierwelle über der BRD zusammenschlägt, sucht sich der Bund Nationaler Studenten aus, um gemeinsam mit einer rechten Abspaltung der Berliner Pfadfinder eine illegale Sonnenwendfeier abzuhalten: Am 2. Januar 1960 treffen sich vierzig junge Männer und eine Frau an einem geheimen Treffpunkt am Berliner Bahnhof Wannsee. Angekommen im Volkspark Glienicke, werden vier Fackeln entzündet, einer der Pfadfinder entrollt eine schwarz-weiß-rote Fahne, an der ein kleines, aus einer Zeitung ausgeschnittenes Hakenkreuz befestigt ist.

Was haben sich die Nationalen dabei gedacht? Es wäre ein guter Moment gewesen, ein bisschen die Füße still zu halten, mit all der internationalen Aufregung und einem Kanzler in Erklärungsnot.

Das letzte Lied ist noch nicht verklungen, als die Polizei erscheint. Ein Beamter will die bereits wieder zusammengerollte Fahne sehen. Sie wird entrollt, und das kleine Hakenkreuz purzelt heraus. Es hat vielleicht die Größe eines Fünfmarkstücks. Nun geht alles ganz schnell: Wohnungen werden durchsucht, die Polizei findet Hinweise auf die verfassungsfeindlichen Pläne des Berliner Bunds Nationaler Studenten. Er wird verboten, die Beteiligten verhaftet, Verfahren werden eingeleitet. Eine Woche später kommen 40.000 meist junge

Menschen zu einer Protestkundgebung zusammen, bei der der Berliner Innensenator Joachim Lipschitz die rechtsradikalen Jugendlichen als »Ratten« bezeichnet. Die Kundgebung gibt Konrad Adenauer den nötigen Schwung, um nur eine Woche später in TV und Rundfunk einen Schlussstrich unter die Hakenkreuz-Affäre zu ziehen:

Die Vorfälle, die dann folgten, bei uns wie auch in anderen Ländern, sind fast ausschließlich Flegeleien. Sie müssen, soweit strafbare Handlungen vorliegen, verfolgt und gesühnt werden. Aber sie scheinen in den meisten Fällen Flegeleien ohne politische Grundlage gewesen zu sein. Das ist auch, wie mir berichtet worden ist, durchweg die Ansicht der Leiter der Verfassungsschutzämter der Länder. […] An meine deutschen jüdischen Mitbürger wende ich mich heute und sage ihnen, sie können völlig unbesorgt sein. Dieser Staat steht mit seiner ganzen Macht hinter ihnen; ich bürge ihnen für dieses Wort. Meinen deutschen Mitbürgern sage ich: wenn Ihr irgendwo einen Lümmel erwischt, vollzieht die Strafe auf der Stelle und gebt ihm eine Tracht Prügel. Das ist die Strafe, die er verdient. […] In dem deutschen Volke hat der Nationalsozialismus, hat die Diktatur keine Wurzel, und die wenigen Unverbesserlichen, die noch vorhanden sind, werden nichts ausrichten. Dafür stehe ich ein.[9]

Adenauer droht den »Flegeln« mit Prügel. Den jüdischen Mitbürgern verspricht er Schutz. Sechzig Jahre und zahllose antisemitische Übergriffe später ist es einfach zu sehen, dass dieses Versprechen nicht gehalten wurde.

In Berlin ist der Bund Nationaler Studenten verboten. Aber was nun? Darf die Verfassungswidrigkeit für alle anderen Gruppen angenommen werden? Oder muss sie für jede Ortsgruppe einzeln nachgewiesen werden? Schwierige Fragen, der Föderalismus ist neu. Der »Koordinierungsausschuss zur Bekämpfung verfassungsfeindlicher Vereinigungen«, bestehend aus elf Innenministern der Länder, dem Innenminister des Bundes und dem Vizepräsidenten für Verfassungsschutz, kommt am 4. Februar 1960 in Bonn zusammen. Man zitiert Material, diskutiert, erwägt die mögliche Haltung der Gerichte – und vertagt die Entscheidung.

Währenddessen rüsten die Nationalen Studenten zum Kampf: Gegen das Verbot wird Einspruch eingelegt, der Vorstand in Berlin richtet ein Referat für Rechtsfragen ein. Um die Prozesskosten zu decken, wird ein außerordentlicher Mitgliedsbeitrag von zehn Mark erhoben. In »Student im Volk« kann man Folgendes lesen:

Wenn sich nun zu diesen fortgesetzten Ehrabschneidungen aus den Reihen einer wohl-überschaubaren Gruppe von Mitstudierenden ein staatlich geduldeter und initiierter Gesinnungsterror mit entwürdigenden Einkerkerungen der politisch Andersdenken gesellt – ein Terror, der in mancher seiner Erscheinungsformen die Erinnerung an die Kristallnacht wachruft –, so wird damit die Gefahr einer Radikalisierung der national eingestellten Studenten auf den Plan gerufen.

Haben die »Querdenker«, die sich sechzig Jahre später den Judenstern anheften oder sich mit Sophie Scholl vergleichen, diesen Brief gelesen? Und was die Geschichte betrifft, die ich hier erzähle: hat der Verfasser am Ende recht? Wäre alles anders gekommen, wenn mein Onkel und mein Vater weiter Vortragsabende hätten veranstalten dürfen, wenn sie sich weiter mit Gleichgesinnten zu Tagungen hätten treffen können, um sich über die verlorenen Ostgebiete, das Schicksal Südtirols und die »Überfremdung« zu grämen? Hat der Druck sie radikalisiert? Bei meinem Vater zumindest kann ich mir das vorstellen. Eisern wurden seine Argumente, scharf seine Stimme, wenn man ihm in einer Diskussion widersprach. Mit so etwas wie Konsens konnte man ihm nie kommen. Eine »Mindermeinung« zu vertreten, war für ihn eine Art Auszeichnung.

18. Oktober 1962, Bozen

Nach dem Frühstück gehen die vier Männer laut Manfred Schröder einkaufen. Ich nehme nicht an, dass sie sich die bunten Postkarten aus dem Bozen der 1960er angeschaut haben, die Trachten oder Holzschnitzereien. Ich nehme an, dass sie fokussiert waren. Dass sie ihre Einkäufe vielleicht vorsichtshalber auf verschiedene Geschäfte verteilt haben. Einen Koffer hier, eine Reisetasche dort. Der eine das Motorenöl, der andere die Benzinkanister, der dritte die Taschenuhren. Ich denke, dass die vier gemeinsam zu Mittag gegessen haben. Vielleicht haben sie draußen gesessen und in der Sonne neuen Suser getrunken. Mein Vater mochte die Südtiroler Küche. Vielleicht war das der Tag, an dem er sein heiß geliebtes Südtiroler Gröstl entdeckt hat. Er hat es später oft bestellt.

Als die Einkäufe erledigt sind, gehen mein Vater und Manfred Schröder zurück ins Hotel. Manfred Schröder sagt aus, dass mein Vater am Nachmittag eine wichtige Aufgabe hatte:

Fest steht jedoch, daß am Nachmittag des gleichen Tages Heinrich B. damit begonnen hat, die Uhren durch Demontage des Minutenzeigers und Aufbohren der Plexiglasscheibe zwecks Befestigung der Kontaktschraube zur Zündung […] zu präparieren. Ich möchte diese Tätigkeiten des Heinrich B. einmal als ungefährliche Vorbereitungen bezeichnen.

Während mein Vater im Hotel Weißes Rössl Zeitzünder konstruiert, fahren andere aus der Gruppe los, um weiteren Sprengstoff zu besorgen. Ich stelle mir vor, dass sie sich gut verstehen. Vielleicht haben sie Witze gerissen, gelacht. Vielleicht haben sie sich frei und jung und stark gefühlt. Vielleicht Musik gehört? Blasmusik? Das »Bozener Bergsteigerlied«? Ein Heimatlied, in dem der Name der Heimat nicht vorkommt, weil das von den italienischen Faschisten verboten worden war. Oder waren sie ernst? Erzählen von den Bauern aus den Dörfern Graun und Reschen, den uralten Weilern von Arlund und Piz, die enteignet wurden, um einem Stausee Platz zu machen? Von den Bauern, die ihr Land und ihre Höfe verloren hatten?

Ich weiß nicht, was sie in diesem Auto getan haben. Ich weiß auch nicht, ob ich mir vorstellen kann, dass sie Musik hören und über Völkerrechtsverletzungen sprechen. Ob sie sich vergewissern und austauschen. Oder ob sie einfach zufrieden sind. Dass sie nicht ohnmächtig sind. Männer im Kampf.

Frühjahr 2020, Köln

Als ich aus Berlin zurück bin, ist der Moment gekommen, über die Taschenuhren zu schreiben, die ich hinter der Dachbodenluke gefunden habe. Sie liegen vor mir auf dem Schreibtisch. Was kann ich über sie sagen? Sie sind zu dritt. Sie wurden in der DDR hergestellt. Marke Ruhla. Die Firma gibt es noch heute, und sie produziert auch heute noch Taschenuhren. Die TU 8036-1 zum Preis von 69 € sieht den Dachboden-Uhren ähnlich. Nur hat sie keine fluoreszierende Ziffern und versucht sich eher in einem klassisch-eleganten als in einem modernistischen Look. Ich suche online nach einer Ruhla-Taschenuhr aus den 1960ern und finde einen

Zwilling meiner drei Uhren, er ist vor einer Weile auf eBay für 45 € verkauft worden.

Mein Vater hat viele dieser Taschenuhren besessen, als ich ein Kind war. Ich war fasziniert von ihnen, ähnlich wie von den Bergen ausländischer Währung, den Manschettenknöpfen und den Druckbleistiften mit den geschickt verborgenen Ersatzminen und dem kleinen Radiergummi unter der Blechkappe gegenüber der Mine. Nur wenn im Umkreis von vielen Hunderten Kilometern kein Radiergummi zu finden ist, also zum Beispiel in der Wüste Sahara, darf man diesen Radiergummi benutzen, hat mein Vater mir immer wieder gesagt.

Einmal hatte ich eine dieser Taschenuhren haben wollen. Er hatte ja so viele, und ich sah ihn nie eine verwenden. Er benutzte eine einfache Armbanduhr mit braunem Lederarmband und einen Reisewecker, nie eine Taschenuhr. Er sah ein wenig gequält aus, als ich ihn um die Uhr bat. Nickte aber und forderte mich auf, sie nicht »herumzuzeigen«. Ich nahm an, weil sie kostbar war. Ich habe sie ein paarmal aufgezogen, mit mir herumgetragen und nur sehr ausgewählt herumgezeigt. Dann habe ich damit aufgehört, und die Uhr ging verloren.

Die drei Uhren auf meinem Schreibtisch haben auf der Höhe der Zwölf ein kleines Loch. In dem Loch befindet sich eine Schraube, der Kopf der Schraube steckt unter der Plastikscheibe, fixiert wird sie von einer über der Plastikscheibe befestigten Mutter. Mein Vater, der Ingenieur, hat sehr viel von Muttern gehalten. Fast so viel wie von Unterlegscheiben. Einmal, als ich mit meinem Freund einen Kellerraum meines Elternhauses aufgeräumt habe, haben wir einen ganzen Umzugskarton voller Muttern und Unterlegscheiben gefunden.

An einer der Uhren sind zwei Drähte gelötet. Einer am Rand an der Rückseite, einer an besagter Schraube. Keine der drei Uhren besitzt noch ihren Minutenzeiger. Sie sind fort. Jemand muss die Glasscheibe aufgehebelt, den Minutenzeiger entfernt, ein Loch in die Glasscheibe gebohrt, eine Schraube hindurchgeschoben und diese mit einer Mutter befestigt haben. Anschließend muss er die Scheibe wieder auf der Uhr befestigt haben.

Jetzt, als ich diese Uhren beschreibe, fällt mir ein, was mein Vater über seine Noten im Deutschunterricht gesagt hat: eine Fünf in der Klausur zu »Die Leiden des jungen Werther« und eine Eins – für die Beschreibung eines Fünfzigpfennigstückes.

Bei den Uhren auf dem Dachboden war eine Flachbatterie mit zwei »Anschlussfahnen«. Als ich in der Grundschule war, hat mein Vater die Anschlussfahnen solcher Flachbatterien mit niedlichen kleinen Glühbirnen verlötet, um sie als Taschenlampen an uns Kinder zu verschenken. Eine habe ich beim Zelten im Garten dabeigehabt. Sie war nicht besonders hell.

Als ich »Taschenuhr« und »Zeitzünder« google, lande ich auf der Seite einer Ausstellung in Bozen: »BAS – Opfer für die Freiheit«. BAS – das steht für »Befreiungsausschuss Südtirol«, die Untergrundorganisation, die für die Loslösung Südtirols von Italien kämpfte. Ich finde ein Bild von einem Zeitzünder, den der Text als »das Standard-Modell« des Befreiungsausschusses Südtirol ausweist: Eine Taschenuhr, die mit zwei Drähten an einer Flachbatterie befestigt ist. Der Zündkontakt wurde mittels einer Schraube hergestellt, lese ich im Ausstellungstext. Heißt: wenn der Stundenzeiger die Schraube berührt, schließt sich der Stromkreis. Der Zeitzünder löst aus. Die Bombe geht hoch.

So etwas hat mein Vater laut Manfred Schröder im Hotel Weißes Rössl in Bozen hergestellt. Ja, ich kann mir gut vorstellen, wie er diese Aufgabe übernimmt. Als ich ein Kind war, hat er oft auf dem Fußboden gelegen und an etwas herumgetüftelt. Ein kaputtes Spielzeug oder Elektrogerät repariert. Er hat hartnäckig gelötet, geschraubt, Sicherungen ausgetauscht und Stromkreisläufe geprüft. Ich war immer ganz sicher, dass er es am Ende schafft.

Was ich nicht verstehe, ist, warum diese Uhren auf dem Dachboden lagen. Hatte er sie seit 1962? Dann hätte die Polizei sie bei der Hausdurchsuchung 1966 übersehen, und mein Vater wäre dreimal mit ihnen umgezogen. Wenn sie gefunden worden wären, dann wäre das ein Indizien-Geschenk für den Staatsanwalt gewesen: Drei Zeitzünder, baugleich wie der, den die italienische Polizei im Oktober 1962 in Bozen fand. So ein Geschenk hätte mein Vater dem Staatsanwalt niemals gemacht. Hat er sie irgendwo deponiert und erst nach Ende des Verfahrens zurückgeholt? Oder hat er sie während des Verfahrens nachgebaut, um irgendwas zu beweisen? Soweit ich das beurteilen kann, sind die Zeitzünder funktionstüchtig. Wäre das eine gute Idee gewesen, dem Staatsanwalt zu demonstrieren, wie hervorragend man Zeitzünder bauen kann? Oder hat er nach 1962 noch einmal Verwendung für einen Zeitzünder gehabt? Ich habe keine Hinweise dafür gefunden und kann mir das beim besten Willen nicht vorstellen. Aber vielleicht ist meine Vorstellungskraft an diesem Punkt begrenzt.

Im Sommer 2022 werde ich meinem Onkel die Uhren zeigen. Er kann sich nicht mehr erinnern, wer 1962 den Zeitzünder gebaut hat. Warum mein Vater die Zeitzünder auf seinem Dachboden aufbewahrt hat, wird er genauso rätselhaft finden wie ich.

Sommer 2020, Duisburg

Das Landesarchiv NRW in Duisburg hat eine eigene Bahnhaltestelle. Ich finde das sehr angemessen. Es liegt am Hafen und ist ein traumschöner Bau. Ein ehemaliger Getreidespeicher aus rotem Klinker, plus ein sechsundsiebzig Meter hoher

Turm. Eine Festung, ein Statement. Und mir wurde ein Zopf heruntergelassen: ein Antrag auf Einsichtnahme wurde bewilligt, nicht in die achtzig Akten aus dem Verfahren »Bünger, Fritz, Diplom-Kaufmann, und andere Angehörige des Burger-Kreises, wegen Sprengstoffattentaten und Mord in Verona, Trient, Bozen, Genua, Mailand, Cesano-Maderno und Como/Italien«, noch nicht. Aber die Akten zum Verbot des BNS in Köln und Bonn darf ich einsehen. Die Pförtnerin nickt freundlich, als ich meinen Namen sage, und wechselt mir zwei Euro für das Schließfach. Getränke dürfen nicht in den Lesesaal, und man darf nur mit Bleistift schreiben, um die kostbaren Akten nicht versehentlich mit Kugelschreiber zu beschmutzen. Ich halte das alles für sehr vernünftig.

Es gibt vier Akten zum Verbotsverfahren gegen den BNS in Köln und Bonn, zwei davon sind »Verschlusssache vertraulich«. Der Archivar hat beim Innenministerium nachgefragt, ob ich diese beiden Akten einsehen darf. Die wissen da jetzt also von mir. Die Antwort lässt auf sich warten. Offenbar normal. Die anderen zwei liegen vor mir. Ich bin aufgeregt. Hier muss mein Onkel auftauchen. Vielleicht auch mein Vater.

Ich schlage die erste Akte auf und erfahre, dass meinem Onkel am 11. Januar 1961 in seiner Funktion als erstem Vorsitzenden der Kölner Vereinigung die Verbotsverfügung für den BNS zugestellt wurde. Mein Onkel war Abteilungsleiter bei Ford, die Verfügung erreichte ihn auf der Arbeit. Ob ihm der Besuch der Polizei unangenehm war?

Freiwillig begleitet er die Beamten zu seiner Wohnung in Köln-Weidenpesch und gibt sämtliche BNS-Unterlagen heraus. Es sind 508 verschiedene Ausgaben von »Student im Volk«, 1700 Flugblätter, außerdem Vortragsmanuskripte und Rundbriefe. Einer mit dem Titel »Über Südtirol. Eine Aufgabe für alle Deutschen«.

Im Polizeiverhör weigert sich mein Onkel, zur Sache auszusagen. Zwei Tage später trifft er sich laut Verfassungsschutz mit sechs BNS-Kollegen im Kölner Lokal »Hochstaden«. Die Quelle berichtet, man habe über das Verbot gesprochen und sich gegen einundzwanzig Uhr getrennt.

Im September 1961 wird mein Onkel ein zweites Mal verhört:

Ich bin national eingestellt und deshalb Mitglied des BNS geworden, weil nach meiner Ansicht der BNS das Nationalgefühl besonders pflegte [...]. Mir wird vorgehalten, daß zumindest einzelne Artikel in der Zeitschrift »Student im Volk« zu scharf waren und bei objektiver Betrachtung zu Bedenken über das verfassungsmäße Verhalten des BNS Anlaß gaben. Dazu möchte ich einräumen, daß wohl einige Artikel meiner Meinung nach zu scharf formuliert waren, ich aber keinen Anlaß hatte, deshalb gleich an der Verfassungsmäßigkeit des BNS zu zweifeln. [Ich stehe] selbstverständlich auf dem Boden der freiheitlich demokratischen Ordnung, wozu sich der BNS in seiner Satzung auch bekennt. Wenn mir jemals ernstliche Bedenken daran gekommen wären, daß der BNS diesen Grundsatz des § 1 Abs. 2 seiner Satzung aufgeben würde, hätte ich ihm sofort den Rücken gekehrt. [...] Ich bitte, mir zu glauben, daß ich während meiner Tätigkeit für den BNS nie den Eindruck hatte, etwas Strafbares zu tun. Vor allem hatte ich nie die Absicht, irgendetwas gegen die Bundesrepublik oder ihre verfassungsmäßige Ordnung zu unternehmen. Ich bin sogar der Ansicht, daß meine Tätigkeit mit dazu beitragen sollte, die Bunderepublik und ihre Verfassung zu schützen und zu fördern.

Viele Monate nach meinem ersten, mutigen Gespräch über den Bund Nationaler Studenten werde ich meinen Onkel fragen, ob er den BNS für rechtsradikal hält. Seine Antwort wird ähnlich klingen wie diese Aussage: »Ich glaube nicht, dass es irgendwelche NS-Tendenzen in dem Verein waren, und wenn, dann hätte man den Entsprechenden empfohlen, den Verein zu verlassen.« So erlebe ich meinen Onkel in diesen Streuselkuchen-Filterkaffee-Gesprächen: auskunftsfreudig, vermittelnd. Eine Mischung aus Relativierung und Distanzierung auf den Lippen, ergänzt mit kleinen Sprengseln moderater Reue.

Für den ermittelnden Oberstaatsanwalt ist die Sache klar. Am 18. 12. 1961 vermerkt er:

Die Einlassungen des Beschuldigten, es sei ihm um das »Nationalgefühl« und das »Nationalbewußtsein« innerhalb der Studentenschaft gegangen und er habe dies auch als Hauptziel des BNS angesehen, er selbst habe nicht gegen die verfassungsgemäße Ordnung der Bundesrepublik arbeiten wollen und diesen Eindruck auch nicht vom BNS gehabt, ist nicht mit der nötigen Sicherheit zu widerlegen. […] Eine eigene radikale Tätigkeit des Beschuldigten haben die Ermittlungen nicht ergeben.

Daher: Einstellung mangels Beweisen. Keine Anklage wegen Verfassungsfeindlichkeit gegen meinen Onkel. Ich nehme nicht an, dass die Innenministerien der Länder damals die Namen derer ausgetauscht haben, die in dem beschlagnahmten Material aufgetaucht sind. Denn sonst wäre wohl dieser Brief des Vorsitzenden nach Köln gelangt. Der Leitende Oberstaatsanwalt hätte erfahren, dass mein Onkel vorgehabt haben soll, eine Tagung mitzufinanzieren. Ich nehme an, wenn er das gewusst hätte, hätte er meinen Onkel danach gefragt. Mein Onkel hat mir gegenüber bestritten, dass die Mitglieder des BNS sich finanziell engagiert haben.

Als ich die zwei dünnen Akten zurückgebe, bin ich enttäuscht: ich habe meinen Onkel sprechen gehört. Meinen Vater nicht. Es wurden nur die Vorsitzenden des Bunds Nationaler Studenten vernommen, mein Vater aber war in Bonn Fußvolk, eines von drei einfachen Mitgliedern der dortigen Ortsgruppe.

Fast meine ich, ihn kichern zu hören.

Na, warte.

19. Oktober 1962, Trentino

In den späten Vormittagsstunden verlassen die vier Männer das Weiße Rössl und fahren weiter Richtung Süden. Hat jemand Augen für die Landschaft, die sich allmählich, kaum wahrnehmbar von Bergen in Küste verwandelt? Freuen sie sich, dass die Häuser nicht mehr grau sind, sondern bunt? Dass das Licht gelber wird? Halten sie an, steigen aus und stellen fest, dass die Luft nicht mehr kristallisch riecht? Atmen sie tief ein und entdecken eine Trattoria am Straßenrand? Winkt ihnen eine italienische Mamma in Kittelschürze? Setzen sie sich in den Schatten einer Pergola an einen Tisch mit rot-weiß karierter Tischdecke? Läuft im Radio Adriano Celentanos »Nata per me«? Im Hintergrund streitende Kinder? Bestellen sie einen Liter Frascati und prosten einander grinsend zu? Dann Antipasti, Pizza, Tiramisu, mehr Wein, Marsala und Cappuccino? Gehen sie nach dem Essen in den Garten der Trattoria? Satt und glücklich? Der Garten wäre alt und wäre seit Jahrzehnten gepflegt worden. Nie wäre er zerstört worden. Nicht von Feuer. Nicht von Krieg. Vier Liegestühle würden warten. Lassen sie sich seufzend fallen? Hören ein

paar späte Bienen summen? Würde die Sonne ihre Haut wärmen? Würden sie sorglos einschlafen?
Mein Vater hatte kein Auge für Idylle.
Perlenden Getränke mochte er nicht.
Seinen Kaffee hat er mit Sahne getrunken.
Im Kofferraum eines marokkogrünen Fords warten Sprengstoff und Benzin.

[Wir setzten] unsere Fahrt zum Hauptbahnhof Verona fort. Auf einem nahe gelegenen Platz parkten wir. Ich glaube mich nicht zu täuschen, wenn ich annehme, daß K. [Kienesberger] und Fritz B. [Bünger] dort die sogenannten gefährlichen Vorbereitungen oder auch das Scharfmachen des Sprengkörpers besorgten […]: Einschieben einer Sprengkapsel in den Glühzünder und Einführen des Glühzünders in eine zu diesem Zwecke eingeschnittene Kerbe im Sprengstoff. Danach begaben sich Fritz B. [Bünger] und K. [Kienesberger] mit dem Koffer in das Bahnhofsgebäude und kamen innerhalb von 5 oder 10 Minuten zurück. […] Ich habe somit nicht gesehen, wer den Koffer bei der Gepäckaufbewahrung abgegeben hat.

Herbst 2020, Duisburg

Am 6. Dezember 2020 erreicht mich eine Mail aus dem Landesarchiv NRW. Das nordrhein-westfälische Innenministerium hat zugestimmt. Ich darf die letzten beiden Akten zum BNS-Verbot in Nordrhein-Westfalen lesen.

Wenige Tage später sitze ich in der Straßenbahn in Duisburg zwischen König-Heinrich-Platz und Landesarchiv und male mir aus, was ich finden werde. Protokolle von Verfassungsschutz-Beobachtungen? Briefe, die mein Vater an BNS-

Prominenz geschrieben hat? Erkenntnisse darüber, wie er zu den Abwehrmaßnahmen gegen gegnerische Staatsdiener stand? Berichte über Demonstrationen gegen den »Diebstahl« der deutschen Ostgebiete? Über Schlägereien mit sozialistischen Studenten?

Kurz darauf sitze ich mit einem Landesarchiv-NRW-Bleistift in der Hand im Lesesaal und schlage die erste der beiden dünnen Akten auf. Ich finde einen Artikel vom 18. Januar 1960 aus der »FAZ«, der von einem Masseur berichtet, der gegen das »Saujudenpack« wettert, und von Kindern, die Mitreisende in der S-Bahn mit »Heil Hitler« begrüßen. Ich lese von Plänen des BNS zum Aufbau einer Jugendarbeit, die aus »Marschieren und Schlagen besteht, wenn es sein muß«. Ich lese den Brief eines hohen BNS-Funktionärs, der große Pläne hat: »eine zentrale Kartei über alle auffallenden politischen Persönlichkeiten anzulegen, die deren Werdegang zeichnet. Es ist unter Umständen ganz nützlich, wenn man den Leuten – gleichgültig von wo sie kommen – zeigen kann, daß man über ihre Spiele informiert ist.«

Ich lese und werde zunehmend verzagt. Ich habe bei den 1960ern bislang an den ersten Ostermarsch gedacht, den Bau der Mauer, die Kuba-Krise, die Studentenbewegung, die Pille, den Schah-Besuch, das Wunder von Lengede, Kennedy in Berlin, den ersten Auschwitz-Prozess, den Minirock und das wunderbare Ende dieses Jahrzehnts mit der Studentenbewegung, den Protesten gegen die Notstandsverfassung. Das Attentat meines Vaters war mir als ein dramatisches, unfassbares, erratisches Einzelphänomen erschienen.

Es ist mir immer schwergefallen, zu verstehen, dass alles parallel passiert: die Entwicklung eines Impfstoffs gegen COVID-19 und der Giftanschlag auf Alexej Nawalny, rheinischer Karneval und das Schließen von Mädchenschulen durch die Taliban.

Ich lese weiter und werde zunehmend verdrossen, wegen

der schrecklichen Neonazis in den 1960ern und weil der Verfassungsschutz meinen Vater offenbar einfach nicht wichtig genug findet, um über ihn zu berichten. Ja, ich kann mir die Neonazi-Szene der 1960er vorknöpfen und gleichzeitig eine bekloppte narzisstische Kränkung erleben, weil mein Vater ein zu kleines Licht für den Verfassungsschutz war.

Und dann, als ich schon nicht mehr daran geglaubt habe, finde ich ihn: Am 18.7.1960 lädt mein Vater zu einer BNS-Veranstaltung in Bonn ins Café Hergarten, Thema: der BNS in der Demokratie – eine Gefahr oder eine Notwendigkeit? Er ist vierundzwanzig Jahre alt, und der Verfassungsschutz war vor Ort.

Der Bericht ist ausführlich. Ich erfahre, dass etwa vierzig Menschen da waren, von denen circa dreißig Gegner des BNS waren. Mein Vater wird als »Tagungsleiter« bezeichnet und mit ein paar einleitenden Worten zitiert. Er sprach »u. a. über die Notwendigkeit, für Deutschland zu kämpfen«. Es folgt ein in meinen Augen wirrer Vortrag vom Bundesvorstand des BNS, in dem es um den Wert der Nation, ein Europa der Vaterländer und halunkenhafte Studenten geht. Für die folgende Diskussion bittet mein Vater darum, keine »Rowdymanieren« an den Tag zu legen. Mich wundert die Wortwahl. Ich habe nie erlebt, dass ihm ein englisches Wort über die Lippen gekommen ist, wenn er deutsch sprach. »Chaoten«, das hätte er gesagt.

Es folgen kritische Fragen der Zuschauer zum Verhältnis des BNS zu Grundgesetz und Demokratie. Es folgen Bekenntnisse zu Grundgesetz und Demokratie. Als gefragt wird, wie der BNS zum Nationalsozialismus stehe, antwortet wieder mein Vater: die Frage sei lächerlich, er lasse sie nicht zu. »Gegen 22 h wird die Diskussion von Bünger abrupt abgebrochen.«

Ich gebe die dünnen Akten zurück, gehe hinaus auf schaue auf den Duisburger Hafen. Mein Vater hat zu mir gesprochen. Seine Worte, sein Auftritt waren für mich nicht fremd oder unlogisch. Ich kann mir vorstellen, wie er im Café Hergarten steht und versucht, zugleich autoritär, fachkundig und präzise zu sein. Ich kann mir vorstellen, wie seine Stirnfalten tiefer und seine Stimme schärfer werden, als nach dem Verhältnis zum Nationalsozialismus gefragt wird. »Hör auf mit dem Unsinn«, pflegte er mir zu sagen, wenn ich als Teenager mit ihm diskutieren wollte. Oder als Studentin. Oder als erwachsene Frau.

Als ich wieder zu Hause bin, verschwinde ich in meinem Arbeitszimmer, stecke mir Ohrstöpsel in die Ohren und suche in den Fotos, die ich auf dem Dachboden meiner Eltern gefunden habe, nach meinem Vater im Alter von circa vierundzwanzig Jahren. Wieder ist er schwer zu finden. Er hat oft selbst fotografiert. Landschaften, Städte, viele Tiere. Wie unversehrt die Landschaft in diesem Schwarz-Weiß aussieht. Irgendwann finde ich ihn. Er sitzt an einem runden Tisch, auf dem eine weiße Tischecke liegt. Vor ihm ein Teller mit zwei üppig mit Wurst belegten Butterbroten, auf einem weiteren Teller eine Portion Kartoffelsalat mit einer Brat- oder Mettwurst. Seine Mutter steht vor ihm und schenkt ihm Tee in eine weiße Tasse, die auf einer Untertasse steht. Sie trägt einen dünnen Pullover mit einem Reißverschluss am Rücken. Ihr Haar liegt in leichten Wellen um ihren Kopf. Mein Vater hat sich offenbar gerade gesetzt. Sein rechter Arm stützt sich noch auf eine unsichtbare Sessellehne. Er ist schlank, fast dünn, sein Unterarm nicht der Rede wert. Sein Haar ist dicht und glänzt im Blitzlicht, es ist zu Seite gescheitelt und fällt ihm in die Stirn, die Ohren sind frei. Das Gesicht ist im Halbprofil zu sehen, die Lippen leicht geöffnet schaut er auf die Hand seiner Mutter, die Tee eingießt. Er ist glatt rasiert, attraktiv mit großen Augen und hoher Stirn. Die Nase ist noch rund, nicht so spitz wie die seiner Mutter. Für mich wirkt sein Gesicht offen, verletzlich ohne die Falte zwischen den Augen, die kantige Stirn, das spitze Kinn späterer Jahre. So habe ich ihn nie gesehen.

19. Oktober 1962, Verona

Zügig, aber nicht hektisch besteigen Peter Kienesberger und Fritz Bünger den marokkogrünen Ford, der in der Nähe des Bahnhofs von Verona auf sie wartet. Ein kurzes Nicken zu Manfred und Heinrich. Alles nach Plan verlaufen. Kein Grund zum Feiern: immer noch liegt Sprengstoff im Kofferraum, sie sind noch nicht am Ziel. Zittert Fritz' Hand, als er den Motor anlässt? Lässt er die Kupplung zu schnell kommen und muss den Wagen ein zweites Mal starten? Oder startet er souverän und steuert ruhig und gelassen durch die wenigen Autos, Fußgänger und Droschken, die an diesem ganz normalen Samstagabend im Jahr 1962 in Verona unterwegs sein mögen?
»Und? Geht's jetzt weiter in Venedig?«, will Manfred wissen. Er ist erleichtert, als Kienesberger den Kopf schüttelt und sagt, dafür sei es schon zu spät, schließlich wolle man wieder in Österreich sein, wenn die Vorstellung beginnt. Er dreht sich zu Manfred und Heinrich um und macht eine Geste, als würde er einen Vorhang aufziehen.
Sie verlassen Verona in nördlicher Richtung. Das Ziel ist Trient.

Ich weiß nicht, ob sie vorhatten, in Venedig zu sprengen, oder ob Schröder danach fragt. Was ich weiß, ist, dass mein Vater Verona nie mehr wiedersehen wird. Er wird nie das Amphitheater fotografieren, nie über die Ponte Pietra spazieren oder Julias Balkon anschauen. Jeder, der ihn kannte, weiß, dass er sich kein Stück für Julias Balkon interessiert hätte. Aber ich stelle mir gerne vor, dass es anders gewesen ist. Dass er nach der Rente mit meiner Mutter eine Studienreise durch Italien macht. Im Mai vielleicht, nicht im Sommer. Dass er Verona besucht wie Tausende anderer Touristen im Jahr, die hier keine Verheerung angerichtet haben. Gerne darf er dabei seine Sandalen tragen, seine grünen Wollsocken, seinen Brustbeutel und seine Tarnjacke aus Beständen der Bundeswehr.

Die Sonne verschwindet schnell hinter den Bergen. Schneller als in der Eifel, schneller als in Berlin. Dunkel wird es hinter den Scheiben des Fords. Die Männer im Auto sind in Schweigen verfallen. Gerne würde Manfred die Stille brechen. Was kann er sagen? Nicht der Moment für einen Witz. Was könnte diese drei Männer interessieren? Er kann keine Frauengeschichten erzählen. Szenen aus den letzten Jahren blitzen in seiner Erinnerung auf: die Reisen nach England im Auftrag der Deutschen Reichspartei, der Trip nach Paris zu den Freunden von der französischen Untergrundbewegung OAS. Sein Vater, auf dem Weg zu seiner Arbeit, der in der Tür der kleinen Wohnung steht und den Kopf schüttelt, als er ihm sagt, dass er am Wochenende unterwegs sein wird.

Man prahlt nicht mit seinen Taten, das ist ihm klar. Sein Leben bietet keinen Stoff für ungezwungene Unterhaltungen in einem Auto mit Sprengstoff im Kofferraum.

»In der ›Westfälischen Rundschau‹ haben sie ge-

schrieben, dass die Gespräche der Österreicher mit den Italienern in Venedig gut gelaufen sind.«
Der Satz fällt laut in die Stille. Schon bevor Manfred zu Ende gesprochen hat, ahnt er, dass ihm niemand antworten wird. Fritz wirft ihm durch den Rückspiegel einen Blick zu, Heinrich und Kienesberger verharren in Schweigen. Manfred würde gerne sagen, dass er den Quatsch von den erfolgreichen Gesprächen über Südtirol natürlich nicht glaubt. Wer glaubt denn einem italienischen Politiker, der Häftlinge foltern lässt? Und die Folterknechte auch noch mit Orden behängt? Er würde gerne klarstellen, dass er absolut überzeugt von ihrer gemeinsamen Mission ist. Aber sogar für eine solche Klarstellung ist das Schweigen zu tief.

Diese Szene habe ich mir ausgedacht. Sie kam mir wohl in den Sinn, weil ich mich oft gefragt habe, ob die Männer die Südtirol-Gespräche zur Kenntnis genommen haben, die zu der Zeit geführt werden. Ob sie darüber gesprochen haben. Aber eigentlich kann ich es mir nicht vorstellen. Es ist eher unwahrscheinlich, dass irgendjemand, der in dieser Nacht im Oktober 1962 in diesem Ford zwischen Verona und Trient unterwegs ist, die Südtirol-Gespräche zwischen Österreich und Italien für erwähnenswert hielt.

Gespräche zwischen Österreich und Italien

Im Rückblick ist es einfach, Geschichte zu beurteilen. Mit dem Abstand von ein paar Jahrzehnten offenbaren Ereignisse scheinbar bereitwillig, nach welcher Logik sie abgelaufen sind. Aber wer wüsste es besser als wir, die wir in den

Merkel-Jahren billiges Gas aus Russland für unseren Lebensstil verbraten haben, dass es nicht so einfach ist, diese Logik zu sehen, wenn man bis zum Hals in der Gegenwart steckt. Ich möchte die Situation im Sommer 1962 in Südtirol so sehen, wie mein Vater sie sah. Also gehe ich in die Universitätsbibliothek und stelle fest, dass es immer noch Mikrofichekabinen gibt, in denen man zum Beispiel die »Süddeutsche Zeitung« aus den 1960er-Jahren lesen kann. Ich finde heraus, dass die »Süddeutsche«, die »Westfälische Rundschau«, der »Münchner Merkur«, der »Remscheider General-Anzeiger« von einem Treffen am 31. Juli 1962 in Venedig berichten, bei dem der österreichische Außenminister Bruno Kreisky und sein italienischer Kollege Attilio Piccioni zum ersten Mal seit Beginn der Attentate 1961 über Südtirol sprachen. Und alle Berichte sind sich einig: ein gutes Gespräch, eine sich öffnende Tür, ein Wendepunkt in der verfahrenen Angelegenheit.

Hat mein Vater das gelesen und »So ein Unsinn!« gerufen? Ich sehe ihn förmlich vor mir, wie er das ruft. Ich höre ihn rufen, aber ich verstehe ihn nicht. Ich denke seit fast drei Jahren darüber nach und frage mich: Warum sucht mein Vater sich ausgerechnet diesen Moment, in dem eine diplomatische Lösung für diesen Konflikt möglich scheint, für Sprengstoffanschläge auf Bahnhöfe aus? Ich kann verstehen, dass man die Geduld verliert, wenn einem eine Sache wichtig ist. Ich werde zum Beispiel 2022 sehr ungeduldig werden, als beharrlich die Einführung eines Tempolimits verhindert wird, während die Wälder brennen, die Flüsse austrocknen und die Energieabhängigkeit die Solidarität in die Zange nimmt, zugleich in Tansania neue Gas- statt Photovoltaikfelder erschlossen werden und eine Stadtverwaltung einem Chemieunternehmen für weitere dreißig Jahre erlaubt, jährlich 97 Millionen Kubikmeter Wasser aus einem Fluss zu entnehmen. Ich werde 2023 sehr ungeduldig werden, als in

Kalifornien die Initiative scheitert, die Superreiche mit einer Klimasteuer belegen will. Ich kann nicht verstehen, dass man aus Sorge um Deutschland die Geduld verliert. Zum Glück kann ich nicht verstehen, warum man seine Ungeduld nicht mit einem Plakat und einem Megafon in der Hand auf der Straße oder einer Spende an eine Protestorganisation äußert oder einem Brief an die Bezirksverwaltung, sondern mit Sprengstoff. Gewalt erzeugt Gegengewalt. Mir hat man das erklärt. Wahrscheinlich sollte ich darauf nicht stolz sein, sondern vor allem dankbar dafür.

Was ich aber nicht verstehen kann: Oktober 1962, eine Phase der Ruhe in Südtirol, keine Attentate seit Monaten, die Touristen kommen zurück. Eine bilinguale Kommission erarbeitet Vorschläge zur Autonomie, Kreisky und Piccioni hatten in Venedig gesprochen, die nächste Gesprächsrunde steht bevor. Und man legt Bomben in Bahnhöfe. Das ist, als würde man Christian Lindner eine Torte ins Gesicht werfen, wenn er gerade seinen Porsche verschrottet.

Vielleicht ist die Antwort auf diese Frage so traurig wie einfach. Vielleicht hat mein Vater 1962 weder die »Süddeutsche Zeitung« noch die »Westfälische Rundschau«, den »Münchner Merkur« oder den »Remscheider General-Anzeiger« gelesen. Oder wenn, dann hat er den Journalistinnen und Journalisten dieser Zeitungen einfach nicht vertraut. Vielleicht hat er den »Reichsruf« und die »Deutsche Wochen-Zeitung« gelesen. Für die Autoren und Autorinnen dieser Schriften ist Südtirol ein »Herzland deutscher Kultur«. Es wird vor der Vernichtung des deutschen Bauerntums durch eine fremde Macht gewarnt, der Bundesregierung wird »Untätigkeit« und »NATO-Hörigkeit« vorgeworfen. Emotional ist die Rhetorik, rassistische und verschwörungstheoretische Stereotypen werden beschworen, ein »die da oben« versus ein »wir hier unten« wird installiert. Man ermächtigt sich rhetorisch zum gewaltsamen Widerstand. So setzt man ein

Thema, so findet man Rückhalt in breiten Teilen der Bevölkerung. Via Südtirol, das auch der bürgerlichen Mitte der BRD ein Anliegen ist, platziert man rechte Narrative und Topoi. Südtirol als trojanisches Pferd. Ich muss an Themen wie Freiheit, Sicherheit, Familie und Heimat denken, die heute in den Beiträgen der Neuen Rechten beschworen werden. Und deren Konsensfähigkeit im bürgerlichen Diskurs so groß ist, dass sie die Sprengkraft, die sie damit verbinden, übersehen.

Sehr viel später, als ich die achtzig Akten des Verfahrens »Bünger, Fritz, Diplom-Kaufmann, und andere Angehörige des Burger-Kreises, wegen Sprengstoffattentaten und Mord in Verona, Trient, Bozen, Genua, Mailand, Cesano-Maderno und Como/Italien« in Duisburg versuche zu bewältigen, bekomme ich eine mögliche Antwort auf die Frage nach dem Zeitpunkt. Hierbei spielt der Mann eine Rolle, dessen Name es in die Bezeichnung der achtzig Duisburger Akten geschafft hat: Norbert Burger.

Ein Kommissar, der in München gegen Norbert Burger ermittelt, ist der Meinung, der Zeitpunkt sei Programm:

Die von Burger inszenierten Sprengstoffanschläge zeigen eindeutige Tendenz seines Terrors auf; denn die Sprengstoffanschläge erfolgten jeweils dann, wenn um Südtirol österreichisch/italienische Verhandlungen […] stattfinden sollten.

Sollte das Burgers Plan gewesen sein, wussten mein Vater und mein Onkel davon? Wollten sie eine diplomatische Lösung mit Gewalt verhindern? Laut meinem Onkel ist das nicht der Fall. Er distanziert sich im Gespräch mit mir deutlich von Burger. »Mit Burger hatte ich ganz wenig Kontakt, so gut wie keinen. Ein-, zweimal aus der Entfernung gesehen. Also, er war irgendwie nicht ganz mein Fall.« Dass die Attentate an wichtigen Daten stattgefunden haben, weiß er nicht.

Als ich ihm sage, dass Burger immer wieder behauptet hat, er habe die Strategie verantwortet und im Hintergrund die Fäden gezogen, muss mein Onkel lachen. »Das ist typisch Burger, jaja.« Sagt er. »Das waren alles Einzelne und Einzelinitiativen«, erklärt er, als ich ihn frage, ob es so etwas wie einen übergeordneten Plan gegeben hat.

Typisch Burger

Wer war dieser Mann, mit dem mein Onkel nichts zu tun gehabt haben will? Norbert Burger wurde am 13. April 1929 im niederösterreichischen Kirchberg am Wechsel geboren. Im Alter von fünfzehn Jahren trat er freiwillig in den Krieg ein. In einem Interview, das er dem österreichischen Magazin »profil« im Jahr 1979 gab, bekannte er sich zu seiner Beteiligung an Exekutionen in den letzten Kriegstagen. Seine Rolle dabei beschrieb er so: »Ich war der, der ihm den Strick um den Hals gelegt hat.«

Laut Forschungsliteratur stieg Norbert Burger früh in den Südtirol-Konflikt ein. Bereits 1956 soll er einen Anschlag geplant haben. Auch bei dem großen Auftakt des bewaffneten Widerstands, der »Feuernacht«, soll Norbert Burger mit von der Partie gewesen sein. In der Nacht vom 11. auf den 12. Juni 1961 wurden Strommasten gesprengt. Fünfzig Masten sollten fallen, so der Plan, um die Stromzufuhr für die Industrie rund um Bozen zu unterbrechen. Insgesamt fielen siebenunddreißig Strommasten, acht Kraftwerke wurden lahmgelegt. Die Feuernacht forderte auch das erste Todesopfer des Südtirol-Konfliktes: der Postbote Giovanni P. wurde bei dem Versuch, einen nicht explodierten Sprengsatz zu entschärfen, tödlich verletzt.

Die Reaktion von Italiens Innenminister Mario Scelba auf die Feuernacht erfolgt schnell und war hart: Schon wenige

Tage nach der Feuernacht waren hundertfünfzig Verdächtige verhaftet. Sie wurden tagelang verhört, viele wurden schwer gefoltert. Zwei Menschen starben an den Folgen der Folterung. Als die Verhaftungen die Reihen der »Freiheitskämpfer« lichteten, soll es Norbert Burger gewesen sein, der die Lücken füllte: Mit Studenten der Universität Innsbruck, mit rechtsnationalen Burschenschaftlern aus der BRD, Mitgliedern nationaler Jugendbünde und des BNS.

Ich habe mich immer gefragt, ob er auf diesem Weg meinen Onkel und meinem Vater kennengelernt und für den »Kampf« gewonnen hat. Mein Onkel sagt, er sei durch eine Begegnung mit Tirolern auf einer Urlaubsreise für die Südtiroler Sache affiziert worden.

Im August 1961 wurde Burger in Osttirol verhaftet; Sprengstoffvergehen, lautete der Vorwurf. Die laut Forschungsliteratur von ihm geplante »Aktion Panik« fand dennoch statt, im September 1961: Neun österreichische und drei deutsche Studenten sollten Anschläge mit Molotowcocktails in Bussen, Pizzerien, Plätzen und Bahnhöfen in Rom, Rimini, Monza, Verona, Rovereto und Trient verüben. Besonders erfolgreich waren sie nicht: Eine Gruppe wurde bereits auf dem Weg zum Bahnhof von Trient verhaftet, nachdem eine Brandflasche im Auto explodiert war. Auch in Rom explodierte eine Flasche vorzeitig und verletzte einen beteiligten Studenten schwer. In der Forschungsliteratur ist zu lesen, dass diese gescheiterten Attentate eine neue Gangart im Südtirol-Konflikt etablierten: Attentate in Städten, auf belebten Plätzen, die den Tourismus treffen sollten und bei denen Tote und Verletzte in Kauf genommen wurden.

Bis Dezember 1961 blieb Burger in U-Haft, dann kam er auf Kaution frei, musste aber geloben, Österreich nicht zu verlassen.

Für die Ermittler in Bayern und in NRW stand außer Frage, dass Burger auch der Strippenzieher der Attentatsserie im Herbst 1962 war. Aus diesem Grund hat es sein Name in die Bezeichnung der Akte geschafft. Der Burger-Kreis. Mein Vater und mein Onkel als Angehörige.

19. Oktober 1962, Venetien

Von Verona aus fuhren wir ohne weiteren Aufenthalt nach Trient. Einer meiner drei Mitfahrer, ich kann leider nicht mehr sagen wer, hat dort erneut eine Sprengladung scharf gemacht, die sich in der Reisetasche befand. Diesmal war ich es, der die fertig präparierte Tasche übernahm und bei der Gepäckaufbewahrung abgab. Der Vorgang dauert wenige Augenblicke. Nach Vollzug kehrte ich zum Wagen zurück, und wir setzten unsere Fahrt nach Bozen fort.

Frühling 2021, Duisburg

Ich habe einmal einen alten Freund meines Vaters angerufen und versucht, ihn zu den 1960ern zu befragen. Er war sehr zugeknöpft, wiederholte beharrlich, mein Vater sei ein guter Mensch gewesen, und war absolut nicht davon zu überzeugen, dass mich diese Südtirol-Geschichte irgendetwas angeht. Das Gespräch war auch deswegen kompliziert, weil ständig die Verbindung abbrach. Immer wieder musste ich seine Nummer wählen. Als er zum circa fünften Mal das Gespräch annahm, sagte er: »Dein Vater hätte jetzt gesagt: Das war der Verfassungsschutz.«

»Ja?«, habe ich aufgeregt nachgehakt. »Warum hätte er das gesagt?«

Ein Scherz. Nur ein Scherz. Hat er geantwortet.

Ich habe es mir und ihm erspart, darauf hinzuweisen, dass

das kein Scherz, sondern eine Anspielung war. Und dass ich aus dieser Anspielung nur folgern kann, dass in den 1960er-Jahren in der rechtsnationalen Szene der BRD der Verfassungsschutz ein Thema war.

An dieses Gespräch muss ich denken, als ich im ersten Corona-Frühjahr an einem der raren Arbeitsplätze im Landesarchiv NRW sitze, die ersten drei der achtzig Akten aus dem Verfahren »Bünger, Fritz, Diplom-Kaufmann, und andere Angehörige des Burger-Kreises, wegen Sprengstoffattentaten und Mord in Verona, Trient, Bozen, Genua, Mailand, Cesano-Maderno und Como/Italien« auf dem Buchenfurnier-Tisch, und erfahre, dass dem Landesamt für Verfassungsschutz ab Januar 1958 mehrmals über meinen Onkel berichtet wurde. Was steht in diesen Berichten? Ich weiß es nicht. Ich habe sie bis heute nicht gefunden. Nicht im Landesarchiv NRW in Duisburg, nicht im Bundesarchiv in Koblenz. Vielleicht wurden die Berichte vernichtet. Oder sie sind noch irgendwo. Offenbar liegen einige Akten aus den 1960ern immer noch bei der Staatsanwaltschaft. Der einzige Trost ist, dass ein paar Sprengsel dieser Berichte in die achtzig Verfahrensakten gegen den Burger-Kreis geraten sind. »Aus dem Bericht ergibt sich nichts, was Aufschluß über das Verfahren geben könnte. Insbesondere über Südtirolfragen ist nicht gesprochen worden«, wird der Bericht einer Quelle über eine Zusammenkunft zusammengefasst.

Ich nehme an, dass auch in den anderen Berichten nichts Spektakuläres gestanden hat. Ich denke, es hat dringestanden, dass mein Onkel bei Ford arbeitet und mit seinen Kumpels im Brauhaus Kölsch trinkt. Sicher hat nichts über geheime Treffen mit einschlägigen Personen aus der rechten Szene, über Kontakte nach Österreich, über Sprengstoff in den Berichten gestanden. Denn sonst hätte der Verfassungsschutz sicher die Kripo informiert, und diese hätte meinen Onkel nicht am 18. Oktober 1962 mit Manfred Schröder, einem durch Südtirol-Parolen aufgefallenen bekennenden Rechtsnationalen, in einem marokkogrünen Ford in Richtung eines der ersten Krisenherde des Nachkriegseuropas fahren lassen.

Oder?

Was offenbar nicht in den Berichten des Verfassungsschutzes stand

Pfingsten 1962. Von überall in der BRD und aus Österreich machen sich junge Nationale auf den Weg nach Baden-Württemberg. Sie haben Fahnen, Kluften und Dirndl dabei. Auch Fritz Bünger ist mit einem Freund unterwegs. Das Ziel heißt Untergruppenbach in Baden-Württemberg. Eine im Jahr 1356 erbaute Burg thront unübersehbar über dem Ort: Burg Stettenfels. Ob Fritz Bünger die Geschichte der Burg kennt?

Ich kenne sie: 1937 musste sie der jüdische Schuhfabrikant Siegfried Levi zwangsverkaufen, 1951 wurde sie seiner Witwe im Wiedergutmachungsverfahren zurückgegeben, die die Burg 1957 an den Elsässer Autonomisten Friedrich Spieser-Hünenburg veräußerte. Spieser-Hünenburg ist Burg-Fan und berühmt für einen Brief, in dem er Hitler bat, das Elsass von den Franzosen zu befreien.

Heute, in den friedlichen, feier- und karrierewütigen 2020er-Jahren in Deutschland, kann man auf Burg Stettenfels heiraten oder Tagungen veranstalten. Im Juni 1962 aber begegnen einander hier junge, nationale Menschen, schlagen ihre Zelte auf, hissen Fahnen, spielen Geländespiele (offenbar bis zu zwölf Stunden am Stück), messen sich im Dirndlwettbewerb, singen am Lagerfeuer, ertüchtigen sich im Sportwettkampf und treffen einander beim Morgenappell.

Ein Teilnehmer beschreibt ein solches Treffen so: »das wärmende Lagerfeuer, der Singwettbewerb werden uns genauso in Erinnerung bleiben wie die wehmütigen Abschiedsworte einer jungen Wienerin: Gelt, es ist manchmal so schwer, daß man aus dem Leben gehen möchte.«[10]

Mein Onkel sagte mir, die Veranstaltung sei aber insgesamt ganz harmlos gewesen. Es seien »schon eher rechtskonservative Leute, die da versammelt waren«.

Ich bin selbst als Grundschulkind auf ähnlichen Lagern gewesen. In den 1980ern. Der »Bund Heimattreuer Jugend« war der Veranstalter. Verwandte verbrachten hier ihre Kindheit und Jugend. Was sie erzählten, klang toll: Singen am Lagerfeuer, Übernachten in Zelten, im Sommer wurde eine Dusche aus Ästen gebaut. Und ein Floß. Es klang nach Freiheit und Abenteuer. Ich bin hingefahren und hätte gerne Spaß gehabt. Leider fand ich den Frühsport in der Dunkelheit eine Zumutung, der Fahnenappell, bei dem man in dunkler Kluft die Hände hinter dem Rücken verschränken musste, weckte einen kümmerlichen Widerstandsgeist in mir, der Volkstanz war demütigend, und dass ich bei »Peter und der Wolf« die Katze spielen durfte, hat auch nicht geholfen. Ich bekam anfallartiges Heimweh und musste abgeholt werden. Zweimal. Danach gab es mein Vater auf und schickte mich nicht mehr hin.

Heute gibt es den Bund Heimattreuer Jugend nicht mehr. Eine spätere Organisation, die »Heimattreue Deutsche Jugend«, wurde 2009 wegen »dem Nationalsozialismus wesensverwandter Ideologie« verboten. Einen weniger radikalen Jugendbund gibt es noch heute. Er heißt »Freibund«. Der Freibund wird von den Behörden nicht als rechtsextrem eingestuft. In der Forschungsliteratur wird beschrieben, dass es in seiner Kommunikation, den Aktivitäten und verwendeten Symbolen Anklänge an rechtsradikale Diskurse gibt.[11]

Beim Pfingstlager 1962 auf Burg Stettenfels war Südtirol ein Thema. Zumindest legt das die Aussage eines Kumpels meines Onkels nahe, der ein paar Jahre später der Kölner Polizei von dem Ausflug erzählen musste:

Frage: Wurde auf Stettenfels auch das Süd-Tirol-Problem erörtert?

Antwort: Zur ersten Frage möchte ich angeben, daß das sicherlich der Fall gewesen sein dürfte, […] weil das Thema in der Luft lag, da es ja allgemein in der Zeit virulent geworden ist.

Aber auf diesem Pfingstlager wurde nicht nur erörtert, es wurden Kontakte geknüpft. Für diese Geschichte entscheidend ist die Begegnung zwischen Fritz Bünger und Manfred Schröder:

Mit Fritz B. habe ich mich bereits auf Stettenfels eingehend über die Möglichkeiten und Methoden des Kampfes gegen die Unterdücker der Südtiroler Bevölkerung unterhalten, ohne daß zunächst konkrete Beschlüsse gefaßt wurden. […] Hier muss ich allerdings Wert auf die Feststellung legen, daß ich eine Mitwirkung in Südtirol davon abhängig gemacht habe, für meinen Kampf im Osten […] Sprengstoff zu erhalten.

Mein Onkel erzählt es ganz ähnlich.

Es sind diese Aussagen, die mich vermuten lassen, dass der Verfassungsschutz meinen Onkel nicht nach Stettenfels begleitet hat.

Denn dann wäre die Begegnung zwischen meinem Onkel und Schröder wohl aktenkundig geworden. Und wenn diese Begegnung aktenkundig geworden wäre, dann hätte man sie vielleicht mit anderem Material des Verfassungsschutzes in Zusammenhang gebracht. Zum Beispiel mit Material aus Baden-Württemberg. Hier hätte man Informationen über das Pfingsttreffen auf Burg Stettenfels finden können. Denn abgesehen von meinem Onkel und Manfred Schröder war auch ein junger Mann mit dem Namen Walter König vor Ort. Im Auftrag des Verfassungsschutzes. In seinen Berichten hätte den Beamten ein Mann auffallen können, mit dem Walter König ausführlich unter vier Augen gesprochen hat. Der in diesen Gesprächen den Wunsch geäußert hat, das Staatssystem zu ändern, seine Hoffnungen dabei aber nicht länger auf die nationalen Lager und Parteien setzen wollte, da die teilweise »im Solde unserer Feinde« stünden. Der sich laut König brüstete, Kontakte zur französischen Untergrundbewegung OAS zu haben. Der Walter König im Laufe des Sommers 1962 besuchte, über Pläne für Anschläge auf die Berliner Mauer sprach und ihn bat, ihm Sprengstoff zu besorgen.

Mit Jagdfieber in den Augen hätten die baden-württembergischen Verfassungsschützer den Namen dieses Mannes mit dem Namen des Mannes verglichen, den Fritz Bünger auf Stettenfels traf, und zufrieden geflüstert: Manfred Schröder.

Es wäre eine kleine Einsatztruppe zusammengestellt worden, die beide Männer nicht mehr aus den Augen gelassen hätte. Man hätte die Treffen zwischen meinem Onkel und Manfred Schröder beobachtet, die Briefe abgefangen. Hoch motiviert hätte der Verfassungsschutz am 18. Oktober 1962 am Kölner Hauptbahnhof gestanden, in Gestalt eines früh gealterten Mannes im Trenchcoat mit Zigarette in der Hand, verborgen hinter einer Litfaßsäule. Der Mann hätte beobachtet, wie Manfred Schröder in den marokkogrünen Ford stieg, hätte ein letztes Mal an seiner Zigarette gezogen, einen bereitstehenden Wagen bestiegen und unauffällig die Verfolgung aufgenommen. Er wäre dabei gewesen, als mein Vater in den Wagen stieg, als die drei Männer Köln in südliche Richtung verließen. Er hätte die Strecke nach München alleine fahren müssen. Aber das hätte ihm nichts ausgemacht. Am Morgen des 19. Oktober auf den leeren Straßen Truderings hätte er den Abstand zum marokkogrünen Ford größer werden lassen. Er wäre zunächst an dem Haus vorbeigefahren und hätte beobachtet, welchen Klingelknopf Fritz drückte und dass ein Koffer in das Haus hineingetragen wurde. Er hätte in einer Seitenstraße gewartet und später die Verfolgung wiederaufgenommen. Erst an der Grenze hätte er den Wagen ziehen lassen, wäre in das Grenzhäuschen gestürmt, hätte seinen Ausweis gezeigt und barsch nach einem Raum mit Telefon verlangt. Er hätte einen österreichischen Bekannten bei der Kripo angerufen, den er aus einer Klinik für Nervenleiden kannte, und ihn darüber informiert, dass drei Männer aus rechtsnationalen Kreisen in einem marokkogrünen Ford in Österreich unterwegs sind, mutmaßliches Ziel: Südtirol. Der Kollege hätte das sehr ernst genommen. Genau jetzt, wo eine diplomatische Lösung möglich schien, musste ein Wiederaufflackern des Konfliktes unbedingt vermieden werden. Die lassen wir nicht entkommen!

Der früh gealterte Mann im Trenchcoat hätte sich keine Pause gegönnt, mit der Kripo in München telefoniert, die wiederum einen Staatsanwalt beim Frühstück hätte stören lassen und einen Durchsuchungsbefehl für die Wohnung in München-Trudering erwirkt hätte. Hier wäre der Koffer gefunden worden, den Fritz Bünger für den Fall einer Hausdurchsuchung versteckt hatte.

Ermittlungen wären gestartet, die in den folgenden Wochen immer weitere Kreise gezogen hätten. Aus einem Verfahren wäre das nächste entstanden, aus dem nächsten das übernächste. Illegaler Waffenbesitz, Verwendung verfassungsfeindlicher Symbole, Verfassungsfeindlichkeit, Geheimbündelei (den Paragraf 129a gab es noch nicht). Es hätte Diskussionen in den Medien, den Parlamenten und Ausschüssen über die unterschätzte rechte Gefahr gegeben. Bundeskanzler Adenauer hätte sich, um internationalem Druck und der Häme der DDR-Führung vorzubeugen, zum obersten Staatsschützer gegen rechts aufgeschwungen. Geld für Ermittlung, Forschung, Aufklärung, Jugendarbeit und Psychotherapie wäre zur Verfügung gestellt worden. Der staatliche Umgang mit rechter Gewalt in der BRD in den nächsten Jahrzehnten wäre ein anderer gewesen als der, über den wir im Kontext der Ermittlung gegen den NSU in Verzweiflung geraten sind. Der Staat hätte auf dem rechten Auge sehen gelernt: Netzwerke, die weit ins bürgerliche Milieu hineinreichen, »Feierabendterroristen«, die legal leben und nicht in den Untergrund gehen. Eine Szene, die sich in den kommenden Jahrzehnten zunehmend radikalisiert und zunehmend gewaltbereiter wird, die ab den 1970ern absichtsvoll und gnadenlos Menschen ins Visier nimmt und von der sich mein Onkel deutlich distanziert: »Ich denke, die Leute sind nicht ganz dicht.«

Der Staat, eine ganze Gesellschaft hätte gelernt, die radikalisierende Wirkung von Gruppen wie der »Wiking Jugend« und der »Wehrsportgruppe Hoffmann« wahrzunehmen. Man hätte verstanden, wer auf die Todeslisten rechter Terroristen gerät: nicht der Generalbundesanwalt, der Vorstandssprecher der Dresdner Bank, der Arbeitgeberpräsident, nicht der Staat und seine Repräsentanten, sondern ein breites Feld von ideologisch unerwünschten Menschen: amerikanische Soldaten (Besatzer!), Juden und Jüdinnen, Asylbewerberinnen und -bewerber, Migrantinnen und Migranten. Menschen wie Shlomo Lewin, Frida Poeschke, Nguyễn Ngọc Châu, Đỗ Anh Lân, Enver Şimşek, Abdurrahim Özüdoğru, Süleyman Taşköprü, Habil Kılıç, Mehmet Turgut, Ismail Yaşar, Theodoros Boulgarides, Mehmet Kubaşik und Halit Yozgat.

Namen wie die der »Europäischen Befreiungsfront«, der »Hepp-Kexel-Gruppe«, der »Kühnen-Schulte-Wegener-Gruppe«, der Deutschen Aktionsgruppe wären uns genauso vertraut wie der der Roten-Armee-Fraktion.

Wir hätten sehen gelernt, wie Rechte bürgerliche Herzensthemen diskursiv kapern, Herzensthemen wie Südtirol, wie Mutterschaft, wie Heimat, Ordnung und Grillfleisch. Wir hätten sehen gelernt, wie diese Themen zu trojanischen Pferden werden und rechte Anliegen in der bürgerlichen Mitte salonfähig machen.

Im Oktober 1962 in Österreich hätte die österreichische Kripo die Verfolgung der Verdächtigen aus dem marokkogrünen Ford aufgenommen. Ein Mann hätte über eine Zeitung geschaut, als mein Vater mit Manfred Schröder Sachertorte aß, ein zweiter hätte in einer Telefonzelle ein Gespräch mit seiner Großmutter fingiert, während mein Onkel versucht hätte, Kienesberger zu erreichen. Ein dritter wäre dabei gewesen, als die Männer sich mit Handschlag begrüßten oder einander zunickten, und hätte sie auf ihrem Weg in die Berge verfolgt. Als die Wege wilder geworden wären, hätte er seinen Wagen hinter einem Heuschober versteckt und wäre zu Fuß weitergegangen. Die Reifenspuren hätten ihm den Weg gewiesen. Er hätte den Ford vor einer kleinen Skihütte entdeckt. Stimmen wären durch die Nacht gedrungen. Er wäre um die Hütte geschlichen, hätte durch die Fenster gespäht. Bald hätte der Mann genug gehört. Leise wäre er zu seinem Wagen zurückgegangen und hätte die Kollegen in Italien informiert. Er hätte beschlossen, später zurückzukommen, um die Hütte zu durchsuchen.

Am nächsten Morgen wäre der marokkogrüne Ford kurz

vor Sterzing herausgewunken worden. Bei der Durchsuchung wären Sprengstoff, Zündmittel, zwei Pistolen und ein falscher Pass gefunden worden.

In Italien wäre der Oktober 1962 ein friedlicher Monat gewesen.

Aber so war es nicht.

19. Oktober 1962, Bozen

Es ist Nacht, als die vier Männer wieder in Bozen ankommen. Es war ein langer Tag. Aber eine letzte Aufgabe liegt vor ihnen: noch immer ist Sprengstoff im Kofferraum.

In der Aussage von Manfred Schröder und in dem Urteil des Kölner Landgerichts vom 29. Mai 1980 ist zu lesen, der Vorschlag, ein Attentat auf die Parteizentrale des Movimento Sociale Italiano, der italienischen Neofaschisten, zu verüben, sei von ihm selbst gekommen. Aber es habe ein Problem gegeben.

Ich stelle mir seine Version so vor:

Die vier Männer machen den Sprengsatz auf einem stillen Parkplatz scharf, stellen den Zeitzünder auf drei Uhr nachts und verstauen ihn in einer Collegemappe. Inzwischen sind sie geübt. Gelassenen Schrittes verlassen sie das Zentrum und nähern sich ihrem Ziel, vier stocknüchterne junge Männer, offenbar auf dem Weg nach Hause. Aber dann: die Parteizentrale ist taghell beleuchtet. Keine Chance, hier unbemerkt eine Sprengladung zu platzieren. Manfred ist enttäuscht. Nun ist guter Rat teuer. Die Männer ziehen sich zu einer strategischen Beratung in einen Hauseingang zurück. Klar ist, die Collegemappe muss weg. Schließlich schlägt Kienesberger vor, den Sprengsatz am Istituto Galileo Galilei zu deponieren. Die Schüler hätten unlängst in Bozen gegen den Freiheitskampf demonstriert. Als keine Einwände kommen, nimmt Kienesberger die Collagemappe und entfernt sich.

Oder war es so, wie es der Journalist Hans Karl Peterlini aufgrund eines Gesprächs mit Kienesberger beschrieben hat:

Er [Kienesberger] habe […] einen Sprengsatz am Sitz des MSI deponiert, um damit ein Zeichen gegen die MSI-Demonstrationen in Bozen zu setzen, bei der die Südtiroler Anliegen mit Schimpf und Hohn bedacht worden seien. […] Die Ladung lässt sich, wie Kienesberger schildert, durch das gekippte Fenster schieben. Weil im selben Haus auch Wohnungen untergebracht sind, verständigt er die Polizei, damit das Gebäude rechtzeitig evakuiert werden kann. Die Warnung erfolgt aber offenbar zu früh, so dass nicht nur das Gebäude geräumt, sondern auch die Bombe entschärft werden kann. Dann habe, vermutet Kienesberger, die Polizei die Sprengladung wohl selbst an der Schule deponiert, um den »Freiheitskämpfern« ein Blutbad zu unterstellen.[12]

Genauso beschreibt es auch mein Onkel: »Das wurde nicht an einer Schule abgelegt, sondern bei diesem neofaschistischen Parteilokal gelassen«, sagt er. Der Verdacht liege nahe, dass der Sprengsatz von den Neofaschisten gefunden und an die Schule gebracht wurde. »Na ja, um den Südtirolern einen schlechten Namen zu machen«, antwortet er, als ich ihn frage, warum die Neofaschisten das getan haben sollten.

Im Protokoll der italienischen Ermittler steht, der Schuldiener des Istituto Galilei Galileo habe ausgesagt, er habe am Morgen des 20. Oktober eine Collagemappe neben dem Eingang der Schule gefunden. Er habe angenommen, ein Schüler hätte sie vergessen, sie geöffnet und Sprengstoff und Zeitzünder entdeckt. In der Übersetzung des technischen Gutachtens ist zu lesen, die Tasche habe acht Kilogramm Explosivstoff Typ C3 Marke Nobel enthalten und sie habe neben einem Öltank gelegen. Und sie habe zwischen 10.05 Uhr und 10.10 Uhr explodieren sollen. Ein hinzugezogener Feuerwerker der Artillerie habe den Sprengsatz entschärft.

Mein Onkel bestreitet, dass sie den Zeitzünder auf zehn Uhr gestellt haben:

Also, das haben wir grundsätzlich nicht gemacht. Also, wenn das so war, dann haben das auch die Neofaschisten verändert auf zehn Uhr vormittags bei der Schule. Das muss man sich vorstellen. Also, das waren wir nicht. Das kann ich dir aber fest zusichern.

Als ich mit Christoph Franceschini, Journalist und Südtirol-Experte, im Frühling 2023 durch Bozen gehe, sagt er, dass seiner Meinung nach mit dem Polizeibericht etwas nicht stimmt. Streng halte ich ihm alle Fakten und Aussagen vor. Aber er bleibt dabei: beweisen könne er es nicht, aber hält den Polizeibericht nicht für glaubwürdig. Warum wurde der Sprengsatz nicht forensisch untersucht? Warum gibt es keine Tatortfotos? »Anderen in die Schuhe zu schieben oder andere Anschlagsziele zu kreieren, das ist des Öfteren passiert. […] Ein Instrumentarium der Geheimdienste überall auf der Welt und auch in Südtirol.« Er habe perfekte Fälschungen von Polizeiberichten gesehen, die nachrichtendienstliche Aktionen kaschieren sollten »bis zu den Patronenhülsen, die verschossen worden sind«. Außerdem, sagt er, wäre ein solches Attentat aus Perspektive des Befreiungsausschusses Südtirol Unsinn. Niemand sympathisiert mit Terroristen, die Kinder in Gefahr bringen. »Man hat doch trotz eines gewissen Fanatismus [...] darauf geschaut, nicht das Wohlwollen der Weltöffentlichkeit zu verlieren.«

Ich stehe an diesem sonnigen Frühlingstag vor dem Portal der Schule, an der vor über sechzig Jahren eine Mappe mit Sprengstoff gefunden wurde. Die Mauersegler kreischen, der Verkehr rauscht leise im Hintergrund. Ich bin erleichtert über jedes entlastende Argument. Ich kann und bin bereit, mir vieles vorzustellen. Aber ich kann mir nicht vorstellen, dass mein Vater Schulkinder in Gefahr gebracht hat.

Sollte das Anschlagsziel vom Geheimdienst inszeniert gewesen sein, dann hat diese Aktion Wirkung gezeigt: Die Empörung in der Öffentlichkeit ist verständlicherweise groß. Der österreichische Außenminister Bruno Kreisky und der Südtiroler Landeshauptmann Silvius Magnago distanzieren sich deutlich von dem Anschlag.

Frühjahr 2020, Koblenz

Recherchen im Bundesarchiv in Koblenz sind ohne Frage die Königsdisziplin. Als eindrucksvoller Bau aus Beton und Glas mit verwirrenden Zugangsbrücken liegt es zwanzig Taximinuten vor der Stadt, unerreichbar mit dem ÖPNV, und atmet Bundesrepublik. Eineinhalb Jahre habe ich mit gründlichen Archivarinnen gemailt, mein Anliegen formuliert, mein Projekt beschrieben, Anträge gestellt, Bestätigungen von wissenschaftlichen Institutionen eingereicht, eine Einwilligung meines Onkels nachgereicht, versucht, den Überblick über die archivarische Bewertung einzelner Bestände zu behalten und dazu Notizen wie diese gemacht: »kann erst im Jahr 2041 eingesehen werden, Anfrage möglich über Bundesverfassungsgericht«.

Nun bin ich hier, zeige am Empfang meinen Corona-Test und bekomme einen Schlüssel für einen Spind und zu meiner großen Freude eine durchsichtige Tüte mit dem schwarz-rot-goldenen Bundesarchiv-Logo, in der ich Stifte und Asthmaspray mit in den Lesesaal nehmen darf. Ich nehme mir vor, diese Tüte nie mehr abzugeben und fortan meine Einkäufe oder Wasserflaschen damit zu transportieren.

Dieses Mal sind die Tische aus hellem Furnier, es gibt Sessel mit roten Bezügen und einen Platz am Fenster. Ich beginne zu lesen. Zunächst einen kleinteiligen Briefwechsel zwischen dem Bundesministerium des Inneren und dem Bundesverfassungsgericht aus dem Jahr 1964 zu der Frage, ob Norbert Burger politisches Asyl in der BRD bekommen soll, darüber werde ich noch schreiben, und dann einen Bericht des Bayerischen Landeskriminalamtes. Und hier erfahre ich, was wohl meinem Vater geschehen wäre, wenn der Verfassungsschutz 1962 am Start gewesen wäre:

Einem jungen Mann aus Baden-Württemberg, offenbar von Norbert Burger akquiriert, ist das widerfahren, was meinem Vater erspart geblieben ist – er wurde in Italien mit Sprengstoff verhaftet. Der Polizeibericht erzählt von einem Glücklosen – schon bei seinem ersten »Auftrag« geht alles schief: er fährt auf dem Weg zu seinem »Einsatz« auf einen anderen Wagen auf, später gegen eine Felswand und noch mal gegen einen »Rundstein«, der einen Kotflügel abreißt. Die geplante Sprengung von Hochspannungsmasten bei Chiasso muss seine Gruppe wegen eines Maschendrahtzauns aufgeben – sie haben keine Drahtschere dabei. Am nächsten Tag scheitern sie, weil sie nicht zu dem in einem Dunghaufen versteckten Sprengstoff gelangen können.

Bei seiner zweiten Tour wird er am 8. Dezember 1963 bei

Piaggio di Valmara von der italienischen Polizei mit Sprengstoff verhaftet. In der Akte steht nicht, ob die Italiener einen Tipp bekommen haben oder ob das ein Zufallstreffer war. Aber es steht drin, dass der junge Mann in Bozen in U-Haft kam und dort bis zu seiner Anklage blieb. Der Prozess fand in Mailand statt und ist als zweiter Mailänder-Südtirol-Prozess in die Geschichte eingegangen. Neben dem jungen Mann mussten sich hier achtundsiebzig andere Südtirol-Attentäter zwischen dem 12. Januar und dem 20. April 1966 verantworten. Neben dem legendären Georg Klotz waren auch mein Vater, mein Onkel, Manfred Schröder, Peter Kienesberger und Norbert Burger angeklagt – alle in Abwesenheit.

Die Aussagen des jungen Mannes aus Baden-Württemberg werden in der »Frankfurter Allgemeinen« zitiert und lesen sich gruselig: Er spricht von »Herrenmenschen«, der »arischen Rasse«, »rassisch minderwertigen Süditalienern«, wünscht sich, dass Südtirol an Österreich und Österreich an Deutschland angeschlossen werde.

Am 9. Mai 1966, nach Verbüßung einer zweieinhalbjährigen Haftstrafe, die U-Haft wurde angerechnet, übergeben die italienischen Behörden den jungen Mann an die Kollegen in der Schweiz. Danach verliert sich seine Spur.

Ich denke, das wäre ungefähr das Szenario für meinen Vater und Onkel gewesen, wenn sie in Italien geschnappt worden wären. Sofern der Zugriff vor den Attentaten erfolgt wäre: Untersuchungshaft bis zum Mailänder Prozess. Eine Verurteilung zu zwei bis drei Jahren, die Untersuchungshaft wäre wohl auch bei ihnen auf die Strafe angerechnet worden. Wahrscheinlich wären sie nach der Urteilsverkündigung nach Deutschland gebracht worden. Die war am 20. April 1966. An Adolf Hitlers 77. Geburtstag.

Mein Vater hätte wohl nicht zu Ende promoviert. Vielleicht hätte er seiner Burschenschaft gegenüber sein Handeln mit dem drohenden »Volkstod« der Südtiroler erklären können, sogar den Sprengstoff. Dann wäre er nicht rausgeschmissen worden und hätte weiterhin den Karriere-Support der »alten Herren« genossen. Ich denke, dass er trotz seiner Verurteilung als Ingenieur hätte arbeiten können, wenn auch in einer weniger exklusiven Position.

Seine Mutter hätte ihre beiden Jungs mit ordentlicher Frisur in einem dunklen Kostüm mit zweireihiger Perlenkette in Empfang genommen, sie nach Hause gebracht und ihnen Essen aufgetischt.

Hätte meine Mutter zweieinhalb Jahre auf ihn gewartet?

Gäbe es mich?

20. Oktober 1962, Verona

Ich stelle mir nicht vor, wie Gaspare E. am Morgen des 20. Oktober 1962 zur Arbeit ging. Wie er sich von seiner Frau und seiner Tochter verabschiedet hat. Ich finde nicht heraus, wie das Wetter war, als er sich auf den Weg machte. Ich frage mich nicht, ob er einen Espresso in einer Bar trank, ob er mit seinen Kollegen gescherzt hat. Ob er fröhlich oder traurig war an dem Tag. Ob ihm seine Arbeit in der Gepäckaufbewahrung im Bahnhof von Verona Freude gemacht hat. Ob er manchmal selbst mit dem Zug verreisen konnte, mit seiner Frau und seiner Tochter. Ob er Pläne für die kommende Woche hatte.

Ich zitiere nicht aus seiner Sterbeurkunde. Nicht den Arzt, der seine Verletzungen beschreibt, seine schwarz verbrannte Haut. Die aussichtslosen Versuche einer Behandlung.

Ich stelle mir auch die anderen Verletzten nicht vor. Nicht die Kioskbesitzerin, die ihr Schaufenster dekoriert, den Taxifahrer, der auf Kundschaft wartet, nicht den Droschkenfahrer und nicht die Frau, die ihren Mann vom Bahnhof abholen will. Ich stelle mir nicht vor, wie selbstverständlich ihre unversehrten Körper für sie sind, als am 20. Oktober 1962 zwischen 14.00 und 14.30 Uhr in der Gepäckaufbewahrung im Bahnhof Verona ein Sprengsatz explodiert.

TEIL 2

Sommer 2020, Duisburg

[…] Am 20. Oktober kommt es in den Bahnhöfen von Trient und Verona zu Explosionen, die ein Menschenleben und zahlreiche Verletzte fordern. Unmittelbar nach Bekanntwerden distanziert sich der BAS. Die Freiheitskämpfer stellen ausdrücklich fest, daß bei ihren Aktionen Menschenleben bisher geschont worden sind und sich daran in Zukunft nichts ändern wird. […] Wer in Trient und Verona die Bomben gelegt hat, ist nie geklärt worden.[13]

Das schreibt Peter Kienesberger in »Sie nannten uns Terroristen«. Ich lese es und spüre die steile Falte auf meiner Stirn, als ich die Mail bekomme, die mir einen Zustand reinsten Glücks bescheren wird. Die zauberhafte Archivarin aus dem Landesarchiv NRW schreibt, dass ich die achtzig Akten des Verfahrens »Bünger, Fritz, Diplom-Kaufmann, und andere Angehörige des Burger-Kreises, wegen Sprengstoffattentaten und Mord in Verona, Trient, Bozen, Genua, Mailand, Cesano-Maderno und Como/Italien« einsehen darf. Ich weiß, was dieses ungetrübte Glück bedeutet: ich bin eine Archiv-Nerdin. Sekunden nach E-Mail-Eingang habe ich einen Arbeitsplatz im Lesesaal reserviert, am langen Archiv-Dienstag, und einen Zug nach Duisburg gebucht.

Ein paar Tage später sitze ich im Lesesaal, mit einem frisch gespitzten Landesarchiv-NRW-Bleistift in der Hand, und verzweifele. Interne Vermerke, Rundbriefe, Spesenabrechnungen, Berichte, Vorladungen, Bitten um Amtshilfe, Tatortbeschreibungen, Hauptakten, Handakten und Beiakten. Aussagen, die einander widersprechen. Wilde Zeit- und Ortssprünge. Handlungsfäden, die sich im Nichts verlieren oder Hunderte Seiten später wieder aufgenommen werden –

sollte nicht der Tennispartner eines Verdächtigen in Hamburg vernommen werden? Hunderte Seiten später die Antwort: Er wurde vorgeladen, ist aber nicht gekommen. Wieder hundert Seiten und zahllose Schreiben später ein kurzer Bericht: der Tennispartner hat die Aussage verweigert.

Die Geschichte, die diese Akten erzählen, ist ungefähr so stringent wie »Zettel's Traum«. Die Textsorten sagen mir nichts. Mühsam muss ich ihren Wert für mich und mein Vorhaben kennenlernen. Während das kleine Mädchen die zusammenfassenden Berichte des ermittelnden Staatsanwaltes wegen ihrer autoritären Konsistenz liebt, findet die Literaturwissenschaftlerin ihre absolute Authentizitätsbehauptung höchst fragwürdig: Ein Staatsanwalt darf qua Auftrag keine Zweifel an seiner Realismusbehauptung säen. Beide gemeinsam hassen die endlosen Seiten technischer Gutachten zum marokkogrünen Ford: Wie viele Sachverständige wollen sich noch zu der Frage äußern, ob der Wagen im Oktober 1962 circa 2000 Kilometer gefahren ist?

Ich lerne, die Momente zu fürchten, in denen diese abstrakte Polizeiermittlung mein Leben berührt. In denen ich Namen lese, die ich kenne. Herbert Wolf, Ernst Hoffmann, Dieter Lorenz – Männer, die um meinen Vater waren, als ich ein Kind war. Sie bevölkerten seine Erzählungen. Immer mit Nachnamen. »Wolf hat seinen Besuch angekündigt«, »Ich muss Hoffmann mal wieder besuchen«, »Lorenz wird auch dort sein«. Und sie tauchten in unserem Reihenhaus auf, wo sie im Wohnzimmer saßen und Schnaps tranken und bei Fortschreiten des Abends immer dröhnender lachten. Ihre Namen klangen aus dem Mund meines Vaters anders als die Namen der Nachbarn, der Kollegen oder Eltern meiner Freundinnen. Sie klangen bedeutsam, aufgeladen. Eher wie Begriffe. Viele diese Männer sind im Zuge der Ermittlungen von der Polizei vernommen worden. Wie hat mein Vater ihnen das erklärt?

Monate später werde ich in einem schiefen Ordner meines Vaters einen Brief finden, in dem er einem Bundesbruder erklärt, warum dieser zu einer München-Reise meines Vaters im Jahr 1960 befragt worden war. Dieser Brief macht ziemlich deutlich, dass die Geschichte auch unter nationalen Burschenschaftlern ein Politikum war:

Ich habe zu meinem Bedauern vernommen, daß Du ebenfalls von der politischen Polizei belästigt worden bist, indem man Dich nach meinen eventuellen Übernachtungen in Deiner Wohnung gefragt hat. Das tut mir sehr leid, ich hoffe, daß Du nicht zu sehr geärgert wurdest. Folgendes liegt dem Vorfall zugrunde: Man war offensichtlich der Meinung, daß München ein Zentrum der Südtirolaktivisten sei, und fragte mich unter anderem, wie oft ich in meinem Leben in München gewesen sei. Ich sah keinen Grund, das zu verschweigen, konnte aber beim besten Willen nicht sagen, wo ich damals übernachtet hatte. Ich hatte im Gedächtnis, daß ich von Dir und Deiner Familie sehr nett betreut worden war, und habe deshalb angegeben, daß ich es zwar beim besten Willen nicht mehr wüßte, daß ich aber möglicherweise bei Dir übernachtet hätte.

Ich werde mich über diese schlechte Erinnerungsfähigkeit meines Vaters wundern. Er hatte ein ausgezeichnetes Gedächtnis, dem auch ein kleinteiliger Alltag in einer Familie der 1980er-Jahre mit TÜV-Terminen, Urlaubsplanungen und Festen des lokalen Turnvereins nichts anhaben konnte.

An diesem ersten Tag im Landesarchiv NRW finde ich lose Handlungsfäden, vertraute Namen – und meinen Vater. Und zwar in einer Meldung der zuständigen Verfassungsschutzstelle Osterode/Harz vom 23. November 1964, wo er an der »Bergakademie« in Clausthal-Zellerfeld promoviert und eine Mitarbeiterstelle hat. »Heinrich Bünger nahm seinen Jahresurlaub 1962 vom 15. bis 23. Oktober.« Als ich das lese, fällt mir auf, dass ich offenbar einen Restzweifel an der Schuld meines Vaters gehabt hatte. Irgendwo in mir hatte hin und wieder ein leises Stimmchen geflüstert, was denn wäre, wenn er unschuldig ist. Wenn alles eine große Verschwörung ist. So etwas gibt es ja. Menschen werden unschuldig verurteilt. Es gibt Fernsehserien und Podcasts drüber. Ich muss zugeben, dass diese Stimme nachts manchmal laut wird und mir Angst macht. Dann liege ich wach und habe Angst vor der Klimakatastrophe, vor Krebs und davor, meinem Vater unrecht zu tun.

Fortan kann ich dieser Stimme antworten: mein Vater hatte sich freigenommen, als im Bahnhof von Verona ein Sprengsatz gelegt wurde.

Aber die Nachrichtenpolizei Osterode/Harz hat noch mehr herausgefunden:

Über die charakterlichen Eigenschaften des Bünger konnte vertraulich folgendes in Erfahrung gebracht werden: Bünger gilt als exzentrischer Individualist. Er neigt zu einem übersteigerten Patriotismus. In politischen Gesprächen läßt er eine starke nationale Einstellung erkennen. Bei Unterhaltungen lehnt er die Meinung anderer strikt ab und zeigt keinerlei Toleranz.

Oh ja. So war er. Noch in meinem letzten Gespräch mit ihm über ein politisches Thema lehnte er meine Meinung stark ab und zeigte keinerlei Toleranz. Das war im November 2016. Donald Trump war gerade zum Präsidenten der USA gewählt worden.

Im Lesesaal des Landesarchivs NRW muss ich an den dänischen Künstler Ólafur Elíasson denken. Der sagte einmal, der Reiz des Rechthabens erschließe sich ihm nicht, da ohnehin irgendwann eine neue Renaissance und damit ein neues Weltbild anstünde. Ich wäre gern wir er. Ich fürchte, ich bin es nicht. Furchtbar wütend wurde ich, als ein Freund nicht einsehen wollte, dass Peter Jacksons Film-Trilogie »Der Herr der Ringe« eine rassistische Ästhetik aufweist. Streng wies ich ihn darauf hin, dass viele von Jacksons Orks eine dunkle Hautfarbe haben, während die Elfen an Hitlers feuchten Traum vom Herrenmenschen erinnern und auch alle Hobbits hellhäutig sind. In diesem Gespräch zeigte ich keinerlei Toleranz.

Ich blättere weiter und erfahre, dass die Ermittlungen der Behörden in Italien ergebnislos verlaufen waren. Und ich finde eine Übersetzung des Gutachtens eines italienischen Ballistikers nach der Explosion in Verona. Fotos vom Gepäckraum. Abgesehen von einem Eisenregal, in dem man wohl die Koffer gelagert hatte, ist nichts mehr zu erkennen. Es steht in diesem Raum wie das Gerippe eines großen Tieres, das sich nicht aus einer tödlichen Falle befreien konnte. Um das Regal-Gerippe ist nichts mehr gegenständlich. Kein Koffer, keine Tasche, kein Möbelstück. Alles verkohlt. Genau in der Mitte des Bildes ist ein Fetzen, der ein wenig Farbe zu haben scheint. Ist er kariert? War das mal ein Rock? Eine Bluse? Eine Tischdecke?

Zuallerletzt finde ich eine Aussage von Manfred Schröder. Er stellt fest, dass sie keine Menschen in Gefahr bringen wollten. Sie haben geprüft, wann im Bahnhof kein Publikumsverkehr sei. Er glaubt sich zu erinnern, dass einer der beiden Bünger-Brüder diese Aufgabe übernommen habe. Ein Bild meines Vaters poppt in meinem Kopf auf, der über einen Fahrplan gebeugt ist und Zeiten studiert. Ähnliches erzählt mir auch mein Onkel: »Wir hatten ja vorher noch geguckt auf dem Plan von der Eisenbahn, dem Zugfahrplan: Wann ist hier gar nichts los nachts? Na ja, da hatte dann der Zünder versagt, und es kam doch zu der Explosion im Laufe des Vormittags.

[…] Ja, also, weißt du, das hat mich, ich möchte sagen jahrelang, noch sehr bedrückt. Nachts Albträume und so was.«

Schröder sagt außerdem aus, dass sie sich auf die Erfahrung Kienesbergers im Umgang mit Sprengstoff und Zeitzündern verlassen haben.

Weiter lese ich in Schröders Aussage, dass mein Vater, mein Onkel, Kienesberger und er selbst aus dem Rundfunk »von den zwei gelungenen und dem einen entdeckten Anschlag« erfahren hätten. Das muss der Moment gewesen sein, in dem ihnen klar wurde, dass der Zeitzünder in Verona versagt hat. Ich habe versucht, diese Rundfunksendung aufzutreiben, hatte aber keinen Erfolg. Gerne hätte ich sie angehört, um mir vorstellen zu können, wie sie auf meinen Vater gewirkt hat. Im Stasi-Archiv habe ich eine Aussage Manfred Schröders gefunden, in der er berichtet, die Nachricht sei für sie erschütternd gewesen.

Ich frage: Woher weiß er das? Hat jemand gesagt: das erschüttert mich? Ist jemand blass geworden? Hat jemand geweint? Musste sich jemand übergeben?

Ich glaube, dass mein Vater erschüttert war. Wie ging es weiter? In den Tagen danach? In den Jahren danach? In den Jahrzehnten danach? Hatte er Albträume, wie die, von denen mein Onkel berichtet? Hat er sich gefragt, was aus Gaspare E.s Tochter geworden ist? Hat er mal überlegt, sein Grab zu besuchen? Hat er in der Sekunde seines eigenen Todes an Gaspare E. gedacht?

Ich weiß es nicht. Denn er hat nie mit mir über Gaspare E. gesprochen. Mit meiner Schwester hat er nicht über ihn gesprochen. Mit meiner Mutter hat er nicht über ihn gesprochen. Mit seinem guten Freund, dem mit dem Verfassungsschutz-Witz, hat er auch nicht darüber gesprochen. Er hat uns nicht einmal in die Nähe kommen lassen. Die Falltüren fielen schon herunter, wenn unsere Fragen noch kilometerweit entfernt waren. Burggräben taten sich auf. Tiefe Gräben voller giftiger Schlangen, Untiefen und schleimiger Wasserpflanzen.

Herbst 2020, Rheinland

Wieder hat das eiserne Schweigen meines Vaters mich auf den Dachboden meines Elternhauses getrieben. Es ist kalt hier. Eine staubige Kälte. Heute bin ich nicht erfüllt von Jagdfieber, ich bin verzagt. Umgeben von Fragen und Unklarheiten. Wer verfolgt welchen Plan? Aus welchen Gründen? Wer steht wo? Damals? Heute? Wem kann ich glauben? Wem vertrauen? Nirgendwo ist jemand, der mir antwortet, so ehrlich, wie er kann.

Ich will wissen, wie mein Vater damit gelebt hat, dass der Sprengsatz in Verona Termini nicht nachts, sondern nachmittags explodiert ist. Wie er gelebt hat mit seiner Schuld am Tod von Gaspare E. Ich schäme mich für diese Fragen. Ich sollte mich fragen, wie es Gaspare E.s Frau und seiner Tochter erging.

In meinem Studium habe ich einmal eine Vorlesung von einer genialen Gerichtspsychologin gehört, die sich über unsere täterfixierte Gesellschaft erregte. Der Täter, sagte sie, wird von uns auf die Couch gelegt. Wie war das Verhältnis zu seiner Mutter? Wurde er als Kind gemobbt? Hat er ein befriedigendes Sexualleben? Die Opfer hingegen, die interessieren keinen Menschen. Was bekommen die Opfer von uns?, fragte sie in den übervollen Hörsaal.

Das ist nun über fünfundzwanzig Jahre her, und die Welt ist eine andere geworden. In vielfacher Hinsicht. Und in dieser Hinsicht vielleicht sogar eine ein bisschen bessere. Auch ich habe die kargen Informationen über Gaspare E. und seine Familie gesammelt. In der Presseberichterstattung rund um den Prozess in Mailand ist zu lesen, dass Gaspare die Stütze der Familie war, dass seine Frau und Tochter keine Entschädigung bekommen haben und sie nach seinem Tod von kleinen Pensionsbezügen leben mussten. Ich weiß nichts von ihren Tränen, ihrer Überforderung, von der Leere, die sie umgab. Wie ihr Leben weiterging.

Und doch bin ich heute auf diesem Dachboden auf der Suche nach meinem Vater. Und nicht in Verona auf der Suche nach Gaspares Tochter Loretta oder dem Grab ihres Vaters.

In einer Ecke liegt der Stapel mit meinen Funden vom letzten Besuch, den ich nicht mit nach Hause genommen habe. Die vierblättrigen Kleeblätter, die Broschüre über Zündmittel, die Publikation vom neurechten »Jungen Forum«, die Postkarte vom Wilden Kaiser, Briefe, die mein Vater an meine Mutter geschrieben hat. Sie sind in einer Ledermappe, die mit einem Reißverschluss verschlossen ist. Ich nehme an, dass es mein Vater war, der diese Mappe zuletzt verschloss. Der Reißverschluss hakt. Ich ziehe kräftig, das alte Leder knirscht und ächzt. Ich lasse nicht nach, ich bin unvorsichtig, wende Gewalt an, ich reiße, zerre. Schließlich bewegt sich der Reißverschluss.

Ich schlage die Mappe auf und sehe einen dicken Stapel Briefe in der Schrift meines Vaters, er hat sie an meine Mutter geschrieben. Ich setze mich auf einen Hartschalenkoffer und sortiere: Der erste Brief ist vom 15. August 1960, der letzte vom 29. August 1967. Ich lege Blatt auf Blatt. Einmal hat er das Papier seiner Burschenschaft genutzt, einmal einen Bestellzettel des Chemischen Instituts der Universität Bonn. Irgendwann hatte er eigenes Briefpapier. »Heinrich Bünger, Diplom-Chemiker« steht in der linken oberen Ecke. Da war er nicht mehr in Bonn im Studium, sondern für die

Promotion an der Bergakademie in Clausthal-Zellerfeld, im Zonenrandgebiet im Harz.

Ich blättere zum Oktober 1962. 7. Oktober … 14. Oktober. Einen Tag später setzt er sich in Köln in einen marokkogrünen Ford. Was schreibt er? Eine Beschwerde über zu wenig Briefe, einen kurzen Bericht von einer Tagung, einen zweiten von der Verlobung seines Bruders. Er richtet eine Einladung seiner Mutter zum verkaufsoffenen Sonntag im November aus. Er endet mit: »Ich liebe Dich und freue mich auf Dein Kommen, so sehr, bist Du am Mittwoch, den 24. 10., schon bei mir?«

Wann hat meine Mutter diesen Brief bekommen? Am 15., als mein Vater auf einem Roadtrip Richtung Süden war? Am 16., als er abends in einer Skihütte saß und über Anschlagsziele diskutierte? Oder erst am 17., als er in einem Hotelzimmer in Bozen einen Zeitzünder baute?

War sie am 24. Oktober bei ihm?

25. Oktober 1962, Justizvollzugsanstalt Koblenz

Manfred Schröder muss sich anstrengen, um dem Beamten seine Verachtung nicht offen zu zeigen. Diesem Lackaffen, der da vor ihm sitzt, stolz auf seine lächerliche grüne Uniform, so stolz, dass er seine Frau jeden Tag seine Schuhe polieren lässt. Der seinen Furnierschreibtisch in Ordnung hält, eine Wiedervorlage hat und ein beiges Telefon bedient, seine Berichte auf einer Schreibmaschine tippt und sich einbildet, diesem Land zu dienen. Ihm dienen, mit Henkelmann und in gebügelter Uniform, ohne den Schmerz zu spüren. Den Schmerz, der Manfred Schröder begleitet. Gestern, vorgestern, in dieser Sekunde. Über die Amputation, die Gängelung, die

Demütigung, den Raub seiner kostbarsten Kräfte, den dieses Land jeden Tag erleben muss. Der Schmerz geht mit ihm schlafen, steht mit ihm auf. Manchmal wird der Schmerz müde, legt seinen Kopf in Manfred Schröders Schoß. Aber dann, auf der Interzonenautobahn auf dem Weg nach Berlin, wird er wieder wach. In Berlin angekommen, schärft er seine Krallen am Schicksal des siebzehnjährigen Axel Hannemann, der seinen Fluchtversuch aus Ostberlin nicht überlebte. Der Anblick der Reisebusse mit Touristen, die an der Mauer vorübergefahren werden, die Postkarten kaufen und sich fotografieren lassen, für die das Schicksal Berlins, das Schicksal Deutschlands nichts ist als ein Anlass zu wohligem Grusel, schickt den Schmerz in heißen Kaskaden durch Manfred Schröders Adern. Wut kocht in ihm hoch, wenn er an den überfüllten, vor Leben flirrenden Kneipen vorbeigeht, in denen die jungen Menschen nächtelang den Twist tanzen, flirten, einander küssen, als gäbe es keine Probleme auf dieser Welt. Gleichgesinnte muss er finden in Paris, in London und Berlin, Flugblätter muss er drucken, den Brudermord anklagen, die Übermacht der Feinde brechen, die Vernichtung des wertvollen deutschen Volkes aufhalten, Parolen muss er pinseln, »Freiheit für Eichmann«, »Adenauer nein«, »Südtirol ist deutsch« … Er muss es tun, wenn es denn niemand anders tut. Der Schmerz ist ein grausamer Sklaventreiber. Nie ist er zufrieden, manchmal erfüllt er Manfred derart mit Tatendrang, dass er zu platzen meint. Die Parolen, Flugblätter, die Kameraden - es reicht nicht. Schreien möchte Manfred, dem Vorarbeiter den banalen Posten vor die Füße werfen, den auszuüben ihn die lächerlichen Bedürfnisse seines Körpers und die Konvention zwin-

gen. Das trübe Lager verlassen, das ihm jeden Tag die Zeit und die Kraft raubt. Die gesamte, gottverdammte Berliner Mauer wegpusten. Sprengstoff, Manfred braucht Sprengstoff. Manchmal träumt er davon: Berge von Donarit, Ammongelit, Amatol, Semtex und Hexogen türmen sich statt der Paletten mit Schnickschnack in der Lagerhalle, und Manfred verteilt Sprengstoff an seine Freunde.
Fritz. Seit er ihn kennt, gibt es Hoffnung. Fritz ist ein Gleichgesinnter. Fritz hat Verbindungen und Pläne. Fritz kann Sprengstoff besorgen.

Manfred Schröder sitzt in einem Verhörzimmer, spürt den Schmerz, von dem der Mann vor ihm keine Ahnung hat, versucht, seine Verachtung zu verbergen, und schweigt. Mäßig interessiert schaut er auf die Gegenstände, die ihm das Männlein zeigt. Es war ein Fehler, das alles in einem Bahnhofsschließfach zu deponieren. Er hätte sich denken können, dass die routinemäßig kontrolliert werden. Ein weiterer Fehler war es, die Bücher über Sprengmittel, über Südtirol und den Osten dazuzulegen. Ein Anruf bei der Bücherei, und sie wussten, wem das Zeug gehört. Aber es ist egal. Die Zündschnur, die Sprengkapseln, die Schwefelsäure und die Pottasche. Den Kram können sie behalten. Seine Zeichnungen über die Herstellung von Sprengstoff und Molotowcocktails, die sie in der Wohnung seines Vater gefunden haben, das Männlein kann sie gerne in sein Album kleben. Leidtut es ihm nur um die Pistole. Treu hat sie ihn begleitet, nach Paris, nach England, nach Italien. Er schickt ihr einen stillen Abschiedsgruß hinterher, als das Männlein sie in eine Schachtel legt. Er wird sich eine neue besorgen.

Als der Untersuchungsrichter ihm eröffnet, dass er bis zur Verhandlung in Haft bleiben muss, zuckt er mit den Schultern. Sollen sie ihn einsperren, sollen sie ihn weiter befragen. Sie ahnen ja nicht, was er ihnen erzählen könnte. Fritz und die anderen vertrauen ihm. Er wird sie nicht enttäuschen. Nie ist er eine Plaudertasche gewesen. Nie einer, der in der Kneipe den Mund nicht halten kann. Und er ist nicht dumm. Er hat immer gewusst, dass das hier geschehen kann. Er ist vorbereitet. Er weiß, was das Gebot der Stunde ist: Schweigen.
Abführen, sagt der Richter und denkt vermutlich, er hat Macht über ihn. Manfred Schröder lässt sich über muffige Gänge führen und weiß es besser.

Ich habe in keinem Archiv Akten zu Schröders Vernehmung im Oktober 1962 gefunden, zu der Verurteilung zu drei Monaten wegen illegalen Waffenbesitzes oder zu seiner Haft. Sie sind wohl nicht als archivwürdig befunden und vernichtet worden. Nur drei Polizeifotos sind dem Reißwolf entkommen und in den achtzig Akten im NRW-Archiv gelandet. Sie zeigen einen Manfred Schröder in kariertem Hemd und Tweedsakko mit und ohne Brille, von vorne und im Profil, der sich das Grinsen kaum verkneifen kann. Mehr habe ich nicht. Ich weiß also nicht, ob und was Manfred Schröder im Verhör ausgesagt hat. Ob er sich verteidigt hat, ob er Ausreden hatte oder geschwiegen hat. Ich weiß nicht, ob ein Schmerz in ihm wütet, ob er einen Polizisten verachtet, ob er gelassen war. All das habe ich mir vorgestellt. Sicher kann man sein, dass Manfred Schröder meinen Onkel und meinen Vater nicht verraten hat. Denn wenn er es getan hätte, wäre diese Geschichte eine andere.

Er kann sie nicht verraten haben, sonst hätten wohl ein paar Tage später Polizisten vor der Wohnung meines Vaters in Clausthal-Zellerfeld, vor der meines Onkels in Köln gestanden. Erstaunlich, dass Manfred Schröder den Richter täuschen konnte. Denn er gab durchaus Hinweise, die in Richtung Verona wiesen: Ziemlich genau ein Jahr zuvor, am 23. Oktober 1961, hatte sich Manfred Schröder bereits einmal vor einem Gericht verantworten müssen und war zu zwei Freizeitarresten verurteilt worden. Er hatte »Südtirol ist deutsch« an das italienische Generalkonsulat in Westberlin gepinselt und war erwischt worden. In seiner Wohnung hatte man Material mit Südtirol-Parolen vom »Bund Heimattreuer Jugend« gefunden. Und dann, ein Jahr später, in seinem Schließfach am Hauptbahnhof Koblenz Material zum Bauen von Sprengsätzen, Zeichnungen von Molotowcocktails. Wäre es nicht naheliegend gewesen, ihn mit den Attentaten in Verona und Trient in Verbindung zu bringen? Seine Freunde zu verhören? Seinen Vater? Den Verfassungsschutz zu informieren? Dann hätte man erfahren können, dass Manfred Schröder nahezu besessen war von Südtirol und noch mehr von Berlin. Man hätte erfahren, dass er Pfingsten 1962 auf Burg Stettenfels versucht hat, Sprengstoff aufzutreiben. Wäre es nicht naheliegend gewesen, die italienische Polizei zu fragen, ob es Indizien gibt? Vielleicht wäre Schwung in die Ermittlungen gekommen, und man hätte herausgefunden, dass ein Manfred Schröder am 17. Oktober 1962 im Weißen Rössl eingecheckt hat. Mit Klarnamen.

Im Sommer 2021 werde ich im Stasi-Archiv sitzen und ein Rundschreiben des Polizeipräsidenten vom 25. Oktober 1962 an den Innenminister NRW, das LKA und den Verfassungsschutz NRW finden, das die Stasi irgendwie in die Finger bekommen hat. Betreff: Auffinden von Sprengmitteln. Mitgeteilt wird, dass Schröder »8 m zuendschnur mit schwarzpulverseele, 3 sprengkapseln, 2 mechanische zuender, 1 flasche schwefelsäure [...], 1 plastikdose mit pottasche« aufbewahrt, dass er als extrem rechts gilt und »Südtirol ist deutsch« gepinselt hat.

Aha, werde ich denken. Sie haben also doch gewusst, dass er als rechtsextrem gilt und ein Südtirol-Ding hat. Der Polizeipräsident hat es gewusst und allen weitererzählt. Warum, werde ich mich fragen, wurde Schröder also nicht wegen des Attentats in Verona gegrillt? Viele Hundert Seiten später, immer noch im Stasi-Archiv, bekomme ich eine Antwort von Schröder selbst:

Während der geführten Untersuchung wurde ich zwar vom Amtsgerichtsrat [...] gefragt, ob ich an den bisher verübten Sprengstoffattentaten in Südtirol beteiligt gewesen sei, was ich verneinte und es ihm auch nicht möglich war, mich einer Beteiligung zu überführen, obwohl ich in dem Schließfach des [Koblenzer] Hauptbahnhofes [...] auch italienische und österreichische Zeitungen hinterlegt hatte, die über die von uns am 20. Okt. 1962 verübten Sprengstoffanschläge berichteten. Man sah darin jedoch keinen Zusammenhang oder hat [...] die Untersuchung gegen mich sehr oberflächlich geführt.

Ich werde Schröders Nervenstärke anerkennen und mich fragen, was er getan hätte, wenn es Aussagen, Indizien und Beweise gegeben hätte. Ein Gästebuch aus dem Hotel Weißes Rössl in Bozen zum Beispiel. Aber wer weiß, vielleicht hätte der Amtsgerichtsrat die Untersuchung auch dann nur oberflächlich geführt.

Herbst 2020, Rheinland

Ich rücke den Hartschalenkoffer näher an die funzelige Glühbirne auf dem Dachboden und lese systematisch. Am 15. August 1960 fange ich an. Mein Vater und meine Mutter kennen sich seit wenigen Wochen. Er gibt ihr zärtliche Namen, nennt sie zauberhaft und einzigartig. In den folgenden Wochen und Monaten schreibt er immer wieder, wie sehr er sie liebt, sie vermisst, an sie denkt. Er zählt die Stunden bis zum Wiedersehen, möchte mit ihr ins Kino, aufs Schützenfest, ins Theater, in den Zirkus. Er schickt Rosen, Gladiolen und Telegramme. Er ist witzig, ironisch, verspielt. Obwohl er ständig schreibt, wie schwer ihm das Schreiben fällt, findet er einen eigenen Stil. Oft beschreibt er Räume, freut sich über einen geheizten Ofen, stellt ein Radio auf ein Regalbrett, projiziert seine Sehnsucht auf die ihn umgebenden Möbel: »der Tisch, die Stühle und das Bett, sie scheinen sich ebenfalls nach Dir zu sehnen.« Einen Brief schreibt er aus dem Labor. Es ist eine zauberhafte-poetische-sachliche Kombination aus liebevollen Gedanken und Versuchsprotokoll: »Erinnerst Du Dich noch an unseren ersten Kuß in Wertheim am Tauberufer?« / »eben war ich wieder bei meinem Reaktionsgefäß, die Temperatur stimmte noch, und es mußten noch 230 ml Chlorisopraponol zur Reaktionsmischung getropft werden.« Der Brief endet mit »Es ist 1.07 Uhr, meine Reaktion ist fast beendet, ich werde um 1.40 Uhr bestimmt im Bett sein und dann noch lange an Dich denken und wahrscheinlich von Dir träumen.«

Ein engagierter angehender Ingenieur, ein schwer verliebter Mann. Kein Homo Faber, der keine Worte für seine Gefühle findet. Erstaunlich.

1961: vier, fünf Briefe jeden Monat. Ganz allmählich, organisch schleicht sich ein Lebensplan hinein: Es ist seltsam zu lesen, wie sehr mein Vater sich auf ein gemeinsames Heim freut, auf Sonntage zu zweit, auf gemeinsame Kinder. Wie er schreibt, dass seine Mutter anbietet, ein Service für den gemeinsamen Hausstand zu spendieren: Rosenthal Maria Weiß. Ich kenne dieses Service. Ich habe die Speiseteller und Suppenteller Hunderte Mal in den Schrank eingeräumt und mich über die Saucieren geärgert, weil sie so schwer zu verstauen sind. Was ist aus den friedlichen Sonntagen geworden, die mein Vater sich mit sechsundzwanzig Jahren ausgemalt hat? Ich erinnere mich an genau einen friedlichen Sonntag. Ein Ausflug zu einem Gestüt oder Pferdehof, die Sonne schien zurückhaltend, und freundliche große Gesichter schauten aus halb geöffneten grünen Holztüren auf meine Eltern, die kicherten und sich im Arm hielten. Es ist eine einsame Erinnerung.

Es gibt auch Briefe, in denen ich den Mann finde, den ich kenne. Autoritär mosert er herum, als meine Mutter allein in Urlaub fahren will. Selbstbezogen kommt er in drei Sätzen von der Anteilnahme zum Tod der Großmutter zu seinem Begehren, das er dann über Zeile und Zeile entfaltet. Und mutterfixiert schlägt er sich sofort auf die Seite seiner Mutter, als es Ärger zwischen der Verlobten und der künftigen Schwiegermutter gibt, verlangt von seiner Verlobten Demut, Diplomatie und »laufend liebe Briefe« an seine Mutter.

Kein einziges Wort schreibt er über Politik, über das Zeitgeschehen. Keine Erwähnung ist ihm die Bürgerrechtsbewegung wert, die Anfang der 1960er-Jahre in den USA an Fahrt aufnimmt. Kein Wort über den Eichmann-Prozess, über NS-verstrickte Politiker in Bonn. Keine Silbe über das Verbot des Bunds Nationaler Studenten. Er schreibt nicht über Mode, über Twist, Rock und Beat. Kaum über seine Freunde und fast nie über seinen Bruder. Es sind über hundert Briefe, es sind viele, viele Seiten. Sie erzählen von Chemie und großer Liebe, von Begehren, Vertrautheit, Vorfreude und schönen Erinnerungen. Der Zwillingsbruder, mit dem er die Gebärmutter teilte, achtzehn Jahre in einem Zimmer schlief, mit dem er im Luftschutzkeller Karl May las, das Kriegsende durchstand und später Attentate begehen wird, taucht kaum auf. Warum? Waren der Bruder und die Verlobte Vertreter zweier Sphären, die er voneinander trennen wollte?

Ab März 1962 mehren sich die Entschuldigungen:

4. März: Ich habe doch meine Gründe für ein Verbleiben in Clausthal bis Freitagabend.

10. März: Ich kann leider Freitagabend nicht mehr ankommen.

12. März: Leider kann ich freitags noch nicht kommen.

Im Mai 1962 verfasst er eine lange Rede, warum ein Besuch im Monat ausreichen müsse. Er sagt, er könne nicht »einfach sonntags fehlen … wegen der Arbeit und wegen des Eindrucks«. Und er führt Budgetargumente an. In aller Ausführlichkeit schreibt er von einem Bekannten, der bei stattlichem Gehalt auf Fernsehen und Auto verzichtet, stets in Deutschland Urlaub macht, häufig Eintopf serviert, selbst geschneiderte Kleider trägt und fünf Kinder hat. »So etwas Ähnliches wollte ich auch immer schon.« Nun, mein fast siebenundzwanzigjähriger Vater wäre nicht weniger erstaunt gewesen als Marty McFly, wenn er sein Future-Ich besucht hätte: Bei uns zu Hause wurde viel und gerne konsumiert, von meiner Mutter und von meinem Vater. Urlaub im europäischen Ausland war normal, und es gab keine fünf Kinder, sondern zwei. Aber: Verbietet er sich wirklich den zweiten monatlichen Besuch bei seiner heiß geliebten Verlobten (Kostenpunkt: 35 Mark), um Geld für die Familienplanung zu sparen? Oder hat er andere Dinge zu tun, von denen er nichts verrät?

Kommt es mir so vor, oder werden seine Briefe im Lauf des Sommers hektischer? Knapper? Unzweifelhaft nimmt die Frequenz ab, keine ausführlichen Beschreibungen von Labortätigkeiten mehr. Stattdessen, zwischen weiterhin fiebrigen Liebesschwüren, gereizte Erklärungen, warum die Brieffrequenz nicht höher ausfällt. Und dann, am 17. Juli 1962, ein knappes Telegramm: »kann noch nicht kommen«. Am 9. August ist die Rede von einem ominösen Plan, der »an einem noch nicht näher bestimmten Wochenende« stattfinden soll, wenn »die äußeren Umstände dafür günstig« sind.

Es ist stickig, und der Koffer, auf dem ich sitze, ist hart. Draußen dämmert es. Ich kann nichts mehr lesen. Ich schaue die Briefe an, die mein Vater nach dem 20. Oktober 1962 geschrieben hat. Drei bis zum Jahresende: einer ist rein organisatorisch, ein zweiter kombiniert Liebesschwüre mit Organisation und ein dritter Liebesschwüre mit einer Beschreibung des Schneematsches im Harz. Drei Briefe in zehn Wochen. Sie sind verbindlich, leidenschaftlich und nichtssagend. Spröde sind sie und spärlich im Vergleich zu ihren Vorgängern. Kreisten die Gedanken meines Vaters um etwas anderes? Unwiederbringlich Zerstörtes?

In dieser Nacht träume ich ihn wieder, den Traum, in dem ich versehentlich jemanden umbringe. Es sind immer andere Szenen – Straßenbahnen, Parks, Fahrradwege, anderes Wetter, andere Ausgangslagen, immer eine Frechheit von irgendwem, eine Beleidigung, eine Unverschämtheit. Alles normal. Alltag. Und dann diese Wut, größer als ich. Eine Verkettung unglücklicher Umstände: ich schubse, jemand fällt, eine Straßenbahntür öffnet sich, jemand stürzt hindurch, ein Auto überholt die Straßenbahn rechts –. Jedes Mal, wenn ich im Traum töte, bin ich fassungslos, wie sanft der Übergang von Unschuld zu Schuld vonstattengeht. Es gibt keine Warnung, keine Vorbereitung, ich muss nirgendwo ein Häkchen setzen. Niemand gibt ein akustisches Signal oder wirft mir einen bedeutungsschweren Blick zu. Nein, der Übergang vom Rüpel zur Tötenden verlangt keine Entscheidung, keine Vorbereitung, schwellenlos gleite ich hindurch wie auf einem Rollband im Flughafen. Das andere starke Gefühl ist ein massives Entsetzen darüber, dass nun nichts mehr sein wird wie zuvor. Das hier ist nicht korrigierbar. Niemals wird es korrigierbar sein, verschwinden oder kleiner werden oder relativ. Nichts, was ich fortan tun werde, wird hiervon unberührt sein.

März 1963, Justizvollzugsanstalt Koblenz

Was machst du, wenn du draußen bist? Träumerische Gespräche auf dem Hof und beim Arbeitsdienst in der JVA, in denen ein frisch gezapftes Landbier in der Stammkneipe, die Kumpels, das Schützenfest und der Sonntagsbraten der Mutter die Hauptrolle spielen. Nicht bei Manfred Schröder. Er plant keine Besuche, er plant Aktionen, so stelle ich mir das vor. Gelesen habe ich dazu nichts und kann es daher nicht behaupten. Aber ich stelle mir vor, dass er Pläne machen muss. Dass nur Pläne helfen gegen die Bilder, die sich beim Ächzen der Betten, dem Furzen und Stöhnen der Männer, beim streifigen Licht der Leuchtstoffröhren in seinen Kopf stehlen: ein Mann in Hut und Mantel, einen Koffer neben sich, auf seinen Zug wartend, eine Kioskbesitzerin summend ihre Auslage sortierend, ein Arbeiter an einem Tisch in einem kleinen Raum voller Koffer, in einer Illustrierten blätternd. Nicht immer gelingt es Manfred Schröder, die Bilder zu verscheuchen, bevor die Splitter einer berstenden Glasscheibe den Mann

erreichen, die Druckwelle die Frau zu Boden wirft und um den Arbeiter die Hölle losbricht.
Ich stelle mir vor, dass, wenn der Schlaf einmal kommt, Stimmen Schröder aufschrecken. Sie lesen ihm vor: keine Märchen, keine Sagen. Sie lesen aus der »Frankfurter Rundschau«, der »Süddeutschen Zeitung« und der »Welt am Sonntag«: »In einem Koffer verborgen war die Bombe, die in Verona explodierte und durch die ein Bahnarbeiter starb.«
Real, als hätte der Wärter den Quälgeist direkt neben seinem klumpigen Kissen platziert. Mühsam verscheucht Manfred die Stimmen. Sie entfernen sich.
»Dr. Silvius Magnago bezeichnet Sprengstoffattentäter als Verbrecher.«
Ein fernes Raunen nur noch.
»Nur Barbaren greifen zur Gewalt.«
Manfred Schröder lauscht dem Murmeln und schläft ein.
Nackt steht er in einer italienischen Polizeiwache. Drei Carabinieri schlagen ihm mit der Faust ins Gesicht, mit dem Vierkantholz auf die Finger, Arme und Beine. Sie drücken Zigaretten auf seiner Haut aus. Er will sich wegdrehen, sinkt in die Knie. Sie zerren ihn an den Haaren herum und hoch, eine Lampe blendet ihn. Sie herrschen ihn an: Wer hat den marokkogrünen Ford gefahren? Woher willst du Einfallspinsel Sprengstoff haben? Bevor Manfred zu reden beginnt, von Fritz, von dessen Zwillingsbruder, dem Koffer, der Skihütte und Walter, bevor sein Schweigen unter den Schlägen zerbricht, versucht er den einen, den letzten Trick, der ihm als kleiner Junge geholfen hat: Wenn die Schläge zu hart werden, wenn das Grauen übermächtig wird, dann musst du versuchen, dich aufzusetzen.

Manfred fährt hoch. Neben ihm wirft sich einer auf quietschender Matratze herum, Streifen von Licht fallen durch eine Tür. Er ist in seinem Bett in der JVA. Er ist ihnen entkommen, den prügelnden Carabinieri. Unbemerkt ist er mit Fritz, dessen Bruder und Walter über die Grenze geschlüpft. Ein anderer junger Deutscher hatte nicht so viel Glück. In der Zeitung hat es gestanden, nur ein paar Tage nach Verona. Rätselhafter Selbstmord in Südtirol, hat es geheißen. Aber wie schnell ist ein Selbstmord fingiert, wenn man es mit der Wasserfolter und den Schlägen mit dem Vierkantholz übertrieben hat, weil man partout kein Geständnis aus dem falschen Verona-Attentäter herausbekommen kann.
An den Tagen, die auf die Nächte der Bilder, Stimmen und Schläge folgen, dreht Manfred frierend seine Runde auf dem Gefängnishof, spricht mit keinem. Froh ist er, dass er nicht mehr zum Verhör geholt wird. Kein Beamter in grüner Uniform, kein Richter vermag ihn zum Reden zu bringen. Aber das, was ihn nachts besuchen kommt, ist mächtiger als sie alle.
Aber dann, irgendwann, erwacht der Schmerz. Er erfüllt Manfred, kräftigt ihn und richtet ihn auf. Kämpfen muss er. Weitermachen. Tut er es nicht auch für den jungen Deutschen, der nach Verona zu Tode gefoltert wurde? Und sogar das Opfer des Arbeiters in dem kleinen Raum voller Koffer, es wäre umsonst, wenn er jetzt den Schwanz einzieht. Nein. Nicht er.

Es ist der 8. März 1963, als er aus der Haft entlassen wird. Keine sechsunddreißig Stunden später ist er in Berlin und wirft Flugblätter über die Mauer.

Soldat der Nationalen Volksarmee!
Ein Schießbefehl
Walter Ulbrichts
zwingt dich, als Deutscher
auf Deutsche zu schießen.
Das ist ein Befehl zum Brudermord!
Hier kann es für dich nur
einen Grundsatz geben:
»Ich schieße als Deutscher nie gezielt auf einen Deutschen!«

Zwei Wochen später wiederholt Schröder seine kühne Tat. Und vier Wochen später erfüllt er sich einen Traum: sein eigenes Wehrsportlager. Auf einem Bauernhof im tiefsten Westfalen trainiert er eine Kampfgruppe von zehn Männern in Schieß-, Marsch- und Geländeübungen. Die Schrift über das Führen von Untergrundorganisationen, die ihm zugespielt wurde, ist hilfreich: Manfred unterrichtet seine Männer im Codieren von Nachrichten, in Geheimschrift, im Aufklären von Zielen, in Sabotage und Verhalten im Ernstfall. Zwei Marmeladeneimer mit Sprengstoff aus Wehrmachtsbeständen sammeln Schröder und seine Männer auf einem nahe gelegenen ehemaligen Truppenübungsgelände. Für Aktionen gegen die Mauer. Leider will es ihnen nicht gelingen, die Masse zum Zünden zu bringen.
Immer wieder trifft er sich mit Fritz. Fritz ist beeindruckt, dass Manfred nicht gesungen hat. Manfred glaubt, dass Fritz ihn kennt, den Schmerz. Sie reden miteinander. Nie über den Mann in dem kleinen Raum mit den Koffern. Über Politik. Über den Kampf. Über die Mauer. Wie ein abscheulicher Fremdkörper, der nicht aufhören will zu nässen und zu eitern,

durchzieht sie seine Stadt. Es tut gut, darüber zu reden. Manfred will Sprengstoff haben. Fritz ist nicht abgeneigt. Aber zunächst einmal hat er andere Pläne. Und die führen noch einmal in Richtung Süden …

Es gibt tatsächlich Zeitungsartikel über einen merkwürdigen Suizid eines jungen Deutschen im Herbst 1962 in Bozen. Auch habe ich es mir nicht ausgedacht, dass Schröder Flugblätter wirft und Wehrsportübungen veranstaltet. Aber Hinweise auf seine Ängste, seine Träume, Gedanken und Motive finden sich naturgemäß nicht in den Akten. All das sind Projektionen von mir. Aus dem authentischen Manfred Schröder ist eine literarische Figur geworden.

Herbst 2020, Duisburg

Wieder in Duisburg. Vier von achtzig Akten habe ich gelesen. Wenn ich in dem Tempo weitermache, brauche ich noch neunzehn bis fünfundzwanzig Tage. Ich kann zweimal in der Woche nach Duisburg fahren. Also zehn bis zwölf Wochen. Geht eigentlich. Dennoch, mein Körper ist mir lästig. Er ist müde, muss aufs Klo, hat Durst, Hunger und Nackenschmerzen, wo er doch Ordner lesen soll und Notizen machen und Reproduktionsaufträge erteilen.

Und dann kommt eine Verzögerung in Form einer Spur: Eine Untergrundorganisation mit dem Namen »Geheime Befreiungsfront«, gegen die der Generalbundesanwalt 1963 unter dem Aktenzeiten 1 BJs 28/62 GBA ermittelt hat. Mühsam vor- und zurückblätternd baue ich eine fragmentarische Geschichte zusammen: Diese ominöse Geheime Befreiungsfront hat zwischen Juli und November 1962 eine Druckschrift mit dem Titel »Die dritte Macht« verbreitet und sie an rechtsgerichtete Personen verschickt. Der Herausgeber nennt sich Dr. Kammler und behauptet, die Geheime Befreiungsfront entwickele eine »aktive Opposition gegen die Bundesrepublik Deutschland und die Machthaber der SBZ«. Mit »SBZ« ist die »Sowjetische Besatzungszone«, also die DDR, gemeint. Die Geheime Befreiungsfront habe Sprengstoffattentate in der Bundesrepublik, in Berlin und der SBZ durchgeführt. Außerdem veröffentlicht er eine Gliederung der Nachrichtendienste in der Bundesrepublik, um die »im Untergrund arbeitenden Mitglieder über ihre Gegner zu unterrichten«.

Warum interessiert mich das so? Weil laut den Akten ein Zeuge behauptet, mein Onkel sei ein führendes Mitglied gewesen. Mein Vater auch? Wurde hier der Kontakt nach Südtirol hergestellt? Was ist aus der Geheimen Befreiungsfront geworden? In den kommenden achtzehn Monaten werde ich allen, absolut allen diese Fragen stellen. Aber ich werde nicht mehr finden als winzige Splitter: Ermittler vermuten, die Geheime Befreiungsfront sei eine Nachfolgeorganisation der »Kampfgruppe gegen Unmenschlichkeit« (ich werde diesen Namen notieren, ein Fragezeichen daneben); in den Ermittlungen taucht der Name eines weiteren angeblichen Mitglieds auf, der Mann wird später eine stramme Neonazi-Karriere machen.

Das war's.

Wo sind die Ermittlungen des BKA? Wo sind die Ausgaben von »Die dritte Macht«? Was haben die Nachrichtendienste dazu gesagt, dass ihre Strukturen öffentlich gemacht wurden? Sind sie korrekt dargestellt worden? Und wenn, woher hatten die Autoren die Informationen? Die Antworten auf diese Fragen sind nicht zu finden im Bundesarchiv, wo die BKA-Ermittlung liegen könnte. Nicht zu finden in München und Berlin, wo laut BKA die Hauptermittlungen stattfanden. Nicht zu finden im tapferen Apabiz, dem antifaschistischen Archiv. Allerdings liegt da noch ein großer Haufen nicht erschlossenen Materials aus der »Sammlung Stöss« des engagierten Historikers Richard Stöss, der über Jahrzehnte Material aus der rechten Szene gesammelt und in Ordnern abgelegt hat. Als er emeritiert wurde, ließ er seine Sammlung in der FU zurück, und als man sie dort in einen Container schmeißen wollte, griff das Apabiz ein und nahm die Sammlung auf. Sie füllt nun ein ganzes Zimmer voller Regale und wird von diesem notorisch unterfinanzierten Archiv nach und nach erschlossen. Hin und wieder stelle ich mir vor, dass ich ein zweites Leben geschenkt bekomme, Zeitgeschichte studiere, nach Berlin ziehe und einen Mäzen finde, der mich bezahlt, um in diesem Zimmer nach der Geheimen Befreiungsfront zu suchen. Und der mich mit Technik ausstattet, die Papier erfassen kann, das einem unter den Fingern zerbröselt.

Als ich meinen Onkel frage, sagt er, er sei kein Mitglied der Geheimen Befreiungsfront gewesen. »Das gibt's gar nicht. Davon habe ich noch nie gehört.«

Ich werde auch mit dem Rechtsextremismusforscher Gideon Botsch über die Geheime Befreiungsfront sprechen. Wenn einer für mich den Titel des Expeditionsleiters durch die rechte Szene verdient hat, dann ist es er. Er wird mir immer wieder Einschätzungen geben, mir Namen aus dem rechten Filz der 1960er, 1970er, 1980er zuwerfen. Aber auch Gideon Botsch hat noch nie etwas von der Geheimen Befreiungsfront gehört. Aber er wird mir von einer »Europäischen Befreiungsfront« erzählen, einer Gruppe, gegen die 1970 im Zusammenhang mit Anschlagsplanungen in Nordrhein-Westfalen ermittelt wurde. Als im November 1970 in Westberlin Ekkehard W. in Berlin-Tiergarten an der deutsch-deutschen Grenze auf einen sowjetischen Soldaten schoss, ließ er antikommunistische Flugblätter am Tatort zurück, die mit »Europäische Befreiungsfront« unterzeichnet sind. Noch eine rechte Untergrundorganisation, deren Namen niemand kennt. Ekkehard W. stammte aus dem Spektrum der rechtsextremen Jugendbünde, vielleicht war er auch mal auf einem Pfingstlager und hat dort Verbündete gefunden. Die Europäische Befreiungsfront war aggressiv antikommunistisch, genau wie Dr. Kammler, der Herausgeber der »Dritten Macht«. Familienähnlichkeiten, würde Ludwig Wittgenstein sagen. Könnte die Geheime Befreiungsfront so etwas wie die Mutter der Europäischen Befreiungsfront sein? Oder der Vater? Die Kampfgruppe gegen Unmenschlichkeit wird zur Geheimen Befreiungsfront, und die wird zur Europäischen Befreiungsfront? Gideon Botsch und ich werden beide ein bisschen aufgeregt sein, als wir diese These formulieren. Aber ich werde nie einen einzigen Hinweis finden, der diese These bestätigt.

Als ich mehr über die Kampfgruppe gegen Unmenschlichkeit wissen will, gibt Botsch mir den Kontakt eines Kollegen, der zu ihr forscht.

Obwohl Hunger, Verdauung, Müdigkeit und Nackenschmerzen von Jagdfieber verscheucht worden sind, schaffe ich an diesem Archivtag nur drei Ordner. Ich fühle mich ausgewrungen, als ich entlang des Duisburger Hafens zur Bahnhaltestelle gehe, und erwische mich bei der Hoffnung, dass ich nicht jeden Tag eine Geheime Befreiungsfront finde, deren Mikro-Spuren über Hunderte von Seiten verteilt sind.

Die Straßenbahn ist gerade weg.

Es ist schon wieder viel zu warm.

Ich stehe zwischen zwei Straßen, warte auf die Bahn und denke an meinen Vater. Mir fällt ein, dass er »Ach Gott, ach Gott« sagte, als mich in der fünften Klasse eine dunkelhäutige Freundin am Morgen zur Schule abholte. Dass er zu sagen pflegte, »Bevor wir es in die Entwicklungsländer schicken«, wenn er sich das letzte Stück Kuchen nahm. Dass er den grünen Papageien, die in meiner Stadt zu Hause sind, unterstellte, dass sie die Eier von Singvögeln fräßen. Erst Jahre nach seinem Tod fand ich heraus, dass das schlicht nicht stimmt. Allerdings sind die grünen Papageien offenbar für die Singvögel eine Konkurrenz bei den Nistplätzen.

Mir fällt ein, dass eine Freundin von mir die einzige Person mit dunkler Hautfarbe auf seiner Beerdigung war.

Ich suche nach einer schönen Erinnerung an meinen Vater.

Ich weiß, dass es sie gibt.

Aber ich finde sie nicht.

26. April 1963, Köln

Es ist zehn Uhr morgens, als Manfred Schröder in den vertrauten marokkogrünen Ford steigt. Dieses Mal setzt er sich neben Fritz auf den Beifahrersitz. Heinrich ist nicht mit von der Partie. Er sei wegen eines Erdölkongresses verhindert, so hatte Fritz es Manfred bereits angekündigt. Manfred weiß, dass Sprengstoff im Kofferraum liegt. Versteckt, aber nicht unsichtbar. Manfred macht sich keine Sorgen deswegen, Fritz weiß, was er tut. In Mannheim und Heidelberg werden zwei weitere Männer zusteigen. Manfred hätte gerne Männer aus seiner Kampfgruppe rekrutiert. Einige der Berliner haben sich bei den Marsch-, Schieß- und Geländeübungen ausgezeichnet bewährt. Er hätte sie gerne ins Feuer geschickt. Aber Fritz hatte gesagt, dass sei nicht nötig.

Wieder sieht Manfred Landschaft vorbeiziehen, dieses Mal ist sie nicht herbstlich, sondern zartgrünweiß getupft. Wie gut Braun und Grün zueinanderpassen, denkt Manfred, spricht es aber nicht aus. Fritz wirkt erleichtert, als beide Männer wie verabredet auf sie warten. Einer hat ein hübsches, weiches Gesicht. Fritz lässt sich von ihnen Peter nennen, Manfred Alex. Was keiner der drei ahnt: Manfred kennt einen der beiden. Jaja, er hat ein ausgezeichnetes Gedächtnis. Schon oft hat er seine Kumpels verblüfft, weil er sich an Details aus Gesprächen erinnert, an Verabredungen, die Jahre zurückliegen, weil er problemlos Orte und Daten von Aktionen benennen kann. Den Hübschen meint er auf Burg Stettenfels gesehen zu haben. Frank wurde er dort genannt. Aus den Gesprächen kann er folgern, dass die Männer Rechtsreferendare sind.

Ich habe keine Ahnung, ob Manfred Schröder Freude an der Landschaft hatte oder ob mein Onkel erleichtert war, dass das Treffen geklappt hat. Bei diesen und einigen wenigen weiteren Details habe mir mal wieder dichterische Freiheit gestattet und werde das auch im Weiteren tun.

Ich kenne den richtigen Namen von Frank. Ich habe einmal mit ihm telefoniert. 1966 wurde er in Saarbrücken verhaftet und nach Köln gebracht, wo er in Untersuchungshaft kam. Später wurde er Anwalt und hat Holocaust-Leugner und NS-Kriegsverbrecher verteidigt. Er ist im hohen Alter als kulturaffiner Schöngeist mit vollem weißem Haar verstorben. Noch kurz vor seinem Tod hat er in einem Interview, das ich im Netz gefunden habe, bestritten, am 26. April 1963 in den Ford gestiegen zu sein. Ich nenne ihn Frank Berger.

Wer ist der vierte Mann? Vielleicht sitzt er gerade jetzt, als ich diese Zeilen schreibe, irgendwo in diesem Land und liest einen Tweed von Alice Weidel, erregt sich über die jungen Leute, die Kartoffelpüree auf Monets »Les Meules« werfen.

Vielleicht gelingt ihm, bei allen Themen genau der gegensätzlichen Meinung zu sein wie ich, so wie es meinem Vater mit hundertprozentiger Treffsicherheit gelang. All das kann sein. Es kann auch sein, dass der Mann im Alter von dreißig verstarb. Oder dass er mit fünfzig für die Grünen in einer Landesvertretung saß. Ich weiß es nicht und werde es wohl nie erfahren. Denn die kleinen Spotlights in Form von Geständnissen, Zeugenaussagen, Gutachten und Indizien, die diese Geschichte ausleuchten und dank derer ich sie erzählen kann, haben den vierten Mann nicht erfasst.

Die Truppe ist vollzählig, weiter geht es in Richtung Süden. In der Nacht durchqueren die vier Männer die Schweiz. Basel, Zürich, Andermatt, Airolo, Lugano. Gegen 0.30 Uhr erreichen sie die Grenzstation in Chiasso. Der Übergang ist problemlos. Niemand findet den Sprengstoff. Fritz erklärt, dass sei völlig logisch, schließlich haben die Italiener kein Interesse daran, die deutschen Touristen zu vergraulen. Bald darauf halten sie an und schlafen ein paar Stunden im Wagen.

Ich habe nirgendwo gelesen, dass mein Onkel auf souverän gemacht hat. Das habe ich mir ausgedacht, genau wie die Landschaftsbetrachtung von Manfred Schröder. Innerpsychisches, Blickrichtungen, Dialoge, so etwas gelangt nicht in Polizeiermittlungen. Was aber unstrittig ist, ist, dass niemand den Sprengstoff gefunden hat.

27. April 1963, Provinz Como

Manfred Schröder wird von Stimmen geweckt. Das Auto ist kalt, hart und eng. Graues Licht und mürrische Männer umgeben ihn. Manfred gähnt und streckt sich. Noch fünfzig Kilometer bis Mailand.

Nach Mailand fahren, die benötigten Gegenstände kaufen: Koffer, Benzinkanister, Reisetaschen, Motorenöl, Batterien – Manfred hört Fritz mit den Verkäufern reden, das Knistern der Scheine auf dem Tresen, er sieht die blassen Gesichter von Frank und dem anderen. Die Aufregung in den Straßen Mailands, das sich auf die Parlamentswahl vorbereitet, vibriert in ihm. Er spürt Franks zittrige Nervosität, Fritz' Selbstzufriedenheit lässt ihn lächeln, und der Gedanke an die Freude, die die Kameraden, die in den Foltergefängnissen auf ihren Prozess warten, bald erleben werden, wenn sie erfahren, dass sie nicht vergessen sind, erfüllt ihn warm.

Einkäufe verstauen, Sprengsatz fertig machen, nach Genua fahren, das Auto abstellen. Fritz und der Unbekannte verschwinden mit dem Koffer im Bahnhof.

Manfred wartet mit Frank im Wagen und lächelt ihn an. Er möchte ihm sagen, dass er seinen Namen kennt. Ich heiße Manfred, möchte er ihm sagen. Ich, sagt er. Das nächste Wort wird von einer anschwellenden Sirene verschluckt. Laut gellt sie durch Manfreds Ohren, durchdringt ihn. Die Carabinieri. Es muss etwas schiefgegangen sein. Bilder zucken hinter seinen Augen, er steht mit gefesselten Händen vor einer grell leuchtenden Lampe. Wir müssen hier raus!, schreit er. Er reißt die Autotür auf und kann sich gerade noch selbst daran hindern, blindlings auf die Straße zu rennen. Gehetzt schaut er

sich um, das Trillern einer Polizeipfeife schon im Ohr.
Aber nein. Alles ist ruhig. Niemand beachtet ihn. Frank taucht neben ihm auf. »Was war das? Hat man sie erwischt? Hier, ich hab Geld.« Er zeigt Manfred einen Zwanzigmarkschein. Wir können ein Taxi nehmen bis zur Grenze. Franks Feigheit stößt Manfred ab. Er schüttelt den Kopf. Sein Atem beruhigt sich. Komm, sagt er und führt Frank am Ellenbogen zu einem Kiosk. Er schiebt ihn hinter einen Zeitungsständer und zeigt auf die Ausgabe von »La Stampa«. Frank schaut brav auf eine Schlagzeile zur bevorstehenden Wahl und murmelt vor sich hin. Manfred taxiert den Platz: Ein Paar auf einem Motorroller, eine Frau führt einen dicken Hund an der Leine, ein Mann mit Pfeife schlendert vorbei, ein anderer trägt einen karierten Koffer. Keine Carabinieri. Die Sirene ist verstummt. Da, Fritz und der andere verlassen den Bahnhof. Ohne Koffer.
Wieder gelassen geht Manfred neben Frank zurück zum marokkogrünen Ford. Er sucht Fritz' Blick und registriert das kleine Nicken, das nur für ihn bestimmt ist. Kein bisschen überrascht ist er, als Frank sofort zu jammern anfängt, kaum, dass er auf der Rückbank Platz genommen hat. Sein Studium, seine Familie, seine Zukunft. Nichts will er mit dieser Aktion zu tun haben. Überhaupt ist er nur mitgefahren, weil er annahm, es würden Masten gesprengt. Manfred ist sicher: Keiner seiner Männer hätte so ein Theater gemacht.

Der marokkogrüne Ford fährt zurück nach Mailand. Manfred schaut aus dem Fenster. Wie schön muss es sein, in einer Zeit zu leben, in der man durch diese

Landschaft reisen kann, ohne zu kämpfen. Er stellt sich vor, dass er das tun wird. Irgendwann, wenn die Kämpfe bestanden sind. Vielleicht ist er dann alt. Vielleicht begleitet ihn jemand.

In Mailand presst Frank die weichen Lippen zusammen und weigert sich, eine Aufgabe zu übernehmen. Mit verschränkten Armen sitzt er auf der Rückbank des Fords, während Manfred den nächsten Sprengsatz in der Gepäckaufbewahrung des Mailänder Hauptbahnhofs aufgibt und die anderen einen weiteren in einem Schließfach einschließen.
Als sie Mailand verlassen, wird Frank redselig. Er erzählt von einer Studienreise, die er mit seinem Bruder nach Italien unternehmen will. Von dem Baedeker, den er gelesen hat, und den Kunstschätzen, die es zu studieren gilt. Manfred schlägt ihm vor, ein Bekennerschreiben zu verfassen. Die Welt soll erfahren, dass es ihnen um Südtirol geht. Dafür sei er doch der Richtige, so als Mann des Wortes. Frank überlegt, nickt schließlich und fingert ein Stück Papier aus seiner Tasche. Er bettet seine Aktentasche quer auf seine Knie, das Papier legt er darauf. Er bittet Fritz, kurz anzuhalten. Der fährt tatsächlich rechts ran. Sinnierend schaut Frank auf das Papier. Dann beginnt er zu schreiben. In säuberlichen Druckbuchstaben:
»Südtirol ist deutsch - und wird nie italienisch sein! Dies auch am Tag der Parlamentswahlen der Weltöffentlichkeit gegenüber deutlich zu demonstrieren, ist der Sinn der Explosionen in der heutigen Nacht. - Autonomie für Südtirol!«
Frank adressiert den Brief an eine Zeitung in Bozen und frankiert ihn. Am nächsten Briefkasten halten

sie an. Frank steckt den Brief hinein. Manfred ist zufrieden, Fritz grinst anerkennend. Auf dem Weg zurück zur Schweizer Grenze legen sie noch zwei weitere Pakete mit Sprengstoff ab. Dieses Mal an Tankstellen.

Deutsch-französische Bomben leiten den Wahltag ein
Aus deutschen Uhren und französischen Batterien wurden die Zeitzünder von drei Bomben gebaut, die gestern früh auf dem Hauptbahnhof von Mailand eine Panik unter den zur Parlamentswahl heimkehrenden italienischen Gastarbeitern hervorrief. Eine weitere Bombe krachte in einer Tankstelle in Cesano Maderno, eine nicht explodierte Bombe wurde in Como gefunden. Alle Sprengkörper wurden vermutlich von Terroristen gelegt, die zum Wahltag an die Autonomie Südtirols erinnern wollten.

Schreibt »Die Abendzeitung« in München am 29. April 1963.

Laut Urteil im späteren Kölner Prozess sind die Sprengsätze in Mailand und Cesano Maderno um 3.00 Uhr bzw. 3.10 Uhr explodiert. Der in Como hingegen zündete nicht und wurde am Morgen des 28. April gefunden. In Genua zündete der Sprengsatz ebenfalls nicht. Er wurde am 11. November 1963 entdeckt, als der nicht fristgerecht abgeholte Koffer geöffnet wurde. An der Tankstelle in Cesano Maderno wurden zwei Zapfsäulen und unter anderem die Leuchtreklame beschädigt. Gefahr für den Benzinlagertank hat laut Urteil nicht bestanden. In Mailand wurden sechs Feuerwehrmänner und ein Polizist verletzt, die alarmiert worden waren, um den Brand zu löschen.

Im Urteil steht, dass in Mailand während der Ablage eine Polizeisirene erklang. Diese Spannungskurve ist nicht meiner Fantasie entsprungen. Ich weiß aber nicht, ob sie Manfred Schröder erschreckt hat. Ebenso wenig weiß ich, ob Frank eine Aktentasche als Unterlage benutzt hat, als er das Bekennerschreiben verfasste. Das und einiges wenige andere habe ich mir ausgedacht. Aber laut Urteil unstrittig ist, dass Frank Berger moralische Bedenken bekam. Darin heißt es: »Seine Bedenken gingen andererseits nicht so weit, daß er etwa versucht hätte, die Gruppe von ihrem Vorhaben [...] abzubringen.« Und dass er ein Bekennerschreiben verfasst hat. Ein Leben lang hat Frank Berger das dementiert. Er sei nicht im Frühjahr 1963 in einen Ford gestiegen, um Sprengstoffverbrechen zu begehen. Er habe kein Bekennerschreiben verfasst.

Als ich meinen Onkel nach diesen Attentaten frage, ist er überrascht, dass es Verletzte gegeben hat. Ob sie schwer verletzt waren, will er wissen. Sie hätten Verbrennungen erlitten, als sie das Feuer löschen wollten, sage ich ihm. »Das war aber dann nicht beabsichtigt. Die können einem ja auch leidtun«, antwortet er. Hat er das wirklich nicht gewusst? Oder hat er es verdrängt?

Warum war mein Vater nicht dabei? Er soll auf einem Erdölkongress gewesen sein? Mein Vater war in diesem April im Harz, in Clausthal-Zellerfeld, und promovierte an der Bergakademie über »Cyclisierung von n-Heptan an Platin-Aluminiumoxid-Katalysator«. Er ging ins Institut, wo er Experimente mit kettenförmigem Kohlenwasserstoff machte, und er schrieb Briefe an meine Mutter. Seine Vermieterin sagte, er sei gerne für sich gewesen und wollte nicht gerne angesprochen werden. Er habe viele Bücher gehabt, auch solche aus der NS-Zeit.

Ich wünsche mir, dass mein Vater in jenem Frühjahr nicht mitgefahren ist, weil zuvor, am 20. Oktober 1962 in Verona, die Katastrophe geschehen ist. Weil er, der Ingenieur, die Sache nicht im Griff gehabt hat und Gaspare E. getötet wurde. Dass er nicht mitgefahren ist, weil er nun, ein halbes Jahr später, ein kleines bisschen Verantwortung übernommen hat. Nicht viel, nicht ausreichend, falls es so etwas geben kann. Aber ein winziges bisschen. Ich wünsche mir das so sehr, dass ich mich anstrengen muss, um es nicht einfach deswegen zu glauben.

Ich wünsche es mir so sehr, dass ich Manfred Schröder gesucht und tatsächlich auch gefunden habe, um ihn das zu fragen. Auch wenn er mir nicht erlaubt hat, über dieses Gespräch zu schreiben, es war eine Wohltat für mich. Denn Manfred Schröder distanziert sich von seinen Taten, von seiner damaligen politischen Haltung. Wie sehr habe ich mir gewünscht, solche Worte von meinem Vater zu hören.

Ich wünsche mir so sehr, dass Reue der Grund ist, warum mein Vater meinen Onkel im April 1963 nicht begleitet hat, dass ich das im Sommer 2022 meinen Onkel fragen werde. So sehr, dass es mir völlig egal sein wird, dass mein Onkel nicht viel von dieser These hält: »Das war reiner Zufall. Ich weiß gar nicht mehr, wer die Zeitzünder vorbereitet hat. [...] Man rechnet ja nicht damit, dass so ein Ding versagt«, antwortet er mir, als ich ihn frage, ob mein Vater sich wohl Vorwürfe gemacht hat, weil er es war, der den Zeitzünder gebaut hatte. »Vielleicht hat das dem Pappa zugesetzt?«, insistiere ich. »Ja das ist möglich. Das hat einen sehr belastet, jahrelang. Also mich, deinen Vater bestimmt auch. Auch wenn man das ungern zugibt in der Öffentlichkeit«, antwortet er. Er habe das zwar nicht mit meinem Vater besprochen, sei aber überzeugt davon, dass das bei ihm ganz genauso gewesen sei. Er glaube jedoch nicht, dass das der Grund sei, aus dem mein Vater im Frühjahr 1963 nicht mitgefahren ist. »So was hat er mir nie gesagt oder angedeutet.«

Er ist nicht mitgefahren im April 1963, denke ich störrisch. Du hingegen hast das getan. Du hast nichts dazugelernt. Mein Vater war gewaltbereit und ideologisch verblendet und ist verantwortlich für den Tod eines Menschen. Aber er ist nicht das Risiko eingegangen, weitere Menschen zu gefährden. Ich schreibe diese Gedanken und weiß, dass sie schäbig sind. Ich weiß, dass mein Vater genauso dafür verantwortlich ist, dass in Mailand bei den Löscharbeiten sechs Feuerwehrmänner und ein Polizist verletzt wurden. Weil er es nicht verhindert hat.

Heute, als ich das hier aufschreibe, fällt mir ein kleiner Halbsatz meines Onkels auf: »Wir haben da zwar nicht drüber gesprochen.«

Sie haben nicht darüber gesprochen.

Dass der Zeitzünder versagt hat. Dass sie jemanden getötet haben.

Die Zwillinge, die um den ganzen Weltball fahren wollten, die einander in grenzenloser Loyalität verbunden waren. Sie haben nicht über Gaspare E. gesprochen.

Winter 2020, Köln

Ich bin mit dem Historiker Enrico Heitzer zum Telefonieren verabredet. Er ist unter anderem Spezialist für die Kampfgruppe gegen Unmenschlichkeit, die möglicherweise eine Vorgängerorganisation der Geheimen Befreiungsfront war.

Warum sind alle so freundlich und hilfsbereit? Finden sie es spannend und richtig, was ich tue? Warum zweifelt niemand an meinen guten Absichten? Habe ich das dem Projekt mit Roger Willemsen zu verdanken, das recht prominent auftaucht, wenn man mich recherchiert? Roger, der Säulenheilige linker Intellektueller. Ein Gütesiegel für die

Tochter des rechten Attentäters. Oder haben sie Mitleid mit mir?

Warum auch immer, Enrico Heitzer ist wahnsinnig nett. Von der Geheimen Befreiungsfront hat auch er noch nie gehört. Aber er erzählt absolut unglaubliche Dinge: Als dieses Land noch sehr jung war, brachte es etwas hervor, das sich Kampfgruppe gegen Unmenschlichkeit nannte. Von der CIA mitfinanziert, sollte die Kampfgruppe gegen Unmenschlichkeit die DDR von innen destabilisieren. Zwischen 1948 und 1959 betrieb die Kampfgruppe gegen Unmenschlichkeit politische Propaganda, Spionage, führte in der DDR Sabotagemaßnahmen aus sowie Brand- und Sprengstoffanschläge, und sollte dort eine Schattenarmee aufbauen. Im Falle eines Überfalls von Ost auf West hätte die dann im Osten für Chaos gesorgt. Einmal hat die Kampfgruppe gegen Unmenschlichkeit in großem Umfang Briefe des Finanzamts Brandenburg gefälscht und an Unternehmen verschickt, mit der Aufforderung, die Steuererklärung drei Monate früher abzugeben. Es gab eine große Aufregung.

Hunderte tatsächlicher oder vermeintlicher Agenten der Kampfgruppe gegen Unmenschlichkeit sind in die Fänge der sowjetischen Geheimdienste und der Stasi geraten und zu Gefängnis, Lagerhaft in der Sowjetunion oder sogar zum Tode verurteilt worden.

Und während ich mir eine böse schwarzhumorige Serie vorstelle, mit Max von der Groeben als Agent der Kampfgruppe gegen Unmenschlichkeit, fragt mich Enrico Heitzer, ob mein Vater der Heinrich Bünger ist, der 1945 in den Wirren der Nachkriegsjahre mit Rudolf Höß und Richard Glücks untergetaucht ist.

»Nein«, sage ich, »mein Vater ist 1935 geboren. Aber mein Großvater hieß ebenfalls Heinrich.« Ungeheuerlich ist der Gedanke.

Während Enrico Heitzer einen Moment schweigt, kommt

mir mit einem Mal alles entsetzlich stimmig vor. Hier ist die Antwort auf das große Familienrätsel, wie aus einem angeblich gemäßigten Elternhaus mein Vater und mein Onkel hervorgehen konnten.

Ich erinnere mich an meinen Großvater. Bei Familienfesten verteilte er Zwanzigmarkscheine an alle Enkel. Wunderbar war das. Überhaupt war er zwar schweigsam und recht uninteressiert, aber nicht so schwierig wie meine Großmutter, die man mit dem kleinsten Fehlverhalten jahrelang verärgern konnte. Immer wieder hielt sie mir vor, dass ich, als ich bei einem Essen beim Italiener Enzo aus Langeweile circa fünfzehnmal auf die Toilette gegangen war und mir jedes Mal säuberlich die Hände gewaschen hatte, jeweils ein Gästehandtuch benutzt und es anschließend in den dafür vorgesehenen Korb geworfen hatte. Enzo hatte sich bei meiner Großmutter über die Handtuchverschwendung beschwert und die dann recht anhaltend bei mir. Bis heute finde ich, dass ich das genau richtig gemacht habe. Es kann allerdings auch sein, dass Enzo es übel genommen hat, dass ich bei jedem Gang zur Toilette den Knopf gedrückt habe, der eine unheimlich zarte, frische Plastikfolie über die Klobrille zog. Die so hygienisch aufbereiteten Klos kamen uns Kindern wie der Inbegriff von Luxus vor, und wir hatten die größte Freude daran, uns auf den knisternden Ring zu setzen. Möglicherweise war Enzo auch wegen der Plastikverschwendung verschnupft, aber nicht in der Lage, das Wort »Klobrille« im Gespräch mit meiner Großmutter zu benutzen.

Netterweise schickt mir Enrico Heitzer wenig später einen Auszug aus der Höß-Biografie, in der ihm der Name meines Großvaters begegnet ist:

[…] der letzte Weg unterzutauchen [besteht] darin, sich als Marineangehöriger auszugeben und zu tarnen. Kapitän zur

See Wolfgang Lüth […] rüstete mit ausdrücklicher Billigung von Großadmiral Dönitz, der als Nachfolger Hitlers letzter »Staatschef« des »Dritten Reiches« war, die NS-Verbrecher mit Soldbüchern unter falschem Namen aus. Höß nahm den Namen Franz Lang an und erhielt die entsprechende Ausstattung als Marinesoldat. SS-Sturmbannführer Heinrich Bünger wurden Papiere auf den Namen Wolff ausgestellt, Glücks nannte sich nun Sonnemann.[14]

Richard Glücks, ein ranghoher SS-Verbrecher. In den nächsten Tagen habe ich kein anderes Thema. Ich erfahre, dass er im SS-Wirtschafts- und Verwaltungsamt für die Zwangsarbeit in den KZs zuständig war. Dass er verfügte, sogar Kranke und Sterbende hätten noch zum »Endsieg« beizutragen, indem sie »zu einer entsprechenden Arbeit, die sie auch im Bett verrichten können, herangezogen werden«. Noch im Januar 1945, kurz bevor die Rote Armee Auschwitz befreite, verlieh Hitler ihm das Deutsche Kreuz in Silber, eine der höchsten Auszeichnungen des Dritten Reiches, schreibt der »Tagesspiegel«. Spätestens seit ich in einer Quelle gelesen habe, dass er in der Stadt zur Schule gegangen ist, in der mein Vater geboren wurde, und bis 1939 dort lebte, kommt es mir absolut zwangsläufig vor, dass mein Großvater Heinrich Bünger für ihn gearbeitet hat.

Ich suche nach Volker Koop, dem Autor der Höß-Biografie, frage ihn über seinen Verlag, über Twitter und über eine dubiose Mailadresse, woher er diese Informationen hat und ob er mir irgendetwas Weiteres über Heinrich Bünger sagen kann, der 1945 unter dem Namen Wolff untertauchte. In meinem unerträglichen Handlungsdruck rufe ich sogar eine Exfreundin meines Mannes an, von der ich fälschlicherweise annehme, sie hätte einmal für Volker Koops Verlag gearbeitet. Volker Koop wird sich nie bei mir melden.

Wer sich aber meldet, ist der Leiter der »Gedenkstätte Deutscher Widerstand«, der über die Verwaltungsbehörden der KZs promoviert hat. Auch er ist reizend. Er findet keinen Heinrich Bünger in der namentlichen Liste, nicht im Telefonverzeichnis vom 15. Januar 1945 und auch nicht in der Dienstaltersliste der Waffen-SS. Er hält es für unwahrscheinlich, dass ein Heinrich Bünger in der Verwaltungsbehörde gearbeitet hat.

Ich hingegen halte es für immer wahrscheinlicher. Diese freundliche Distanziertheit, die meinen Großvater als alten Mann umgab, ist die nicht typisch für NS-Täter? Dass er, wie es die Familienlegende behauptet, Transportfahrer war und erst die Truppen in Russland, dann die Flak mit Benzin versorgt hat, kommt mir jetzt oberspanisch vor. Warum sollte ein junger gesunder Mann Ende des Zweiten Weltkrieges so einen Job haben, wenn Fünfzehnjährige an die Front geschickt werden?

Ich rede mit Freundinnen auf den Spaziergängen, die man in diesen Zeiten macht, um das Infektionsgeschehen im Griff zu behalten, schnell und viel über die Familientradition, in der die Taten meines Vaters stehen. Frage mich, ob mein Vater jemals mit seinem Vater über dessen Verbrechen gesprochen hat. Ob auch er einen eisern schweigenden Vater hatte. Und überhöre die leisen Fragen, die meine innere Stimme immer mal wieder vorbringt: wie kann es sein, dass mein Großvater weiter unter seinem richtigen Namen gelebt hat, wo er doch als Wolff abgetaucht ist? Und wie kann es sein, dass er nie belangt wurde? Viel lauter ist die Stimme in mir, die sich fragt, wie ich jemals glauben konnte, dass mein Vater sich seinen ganzen Wahnsinn von Holocaust-Leugnung über Kriegsschuld und Rassenschande selbst angeeignet hat. Schon er ist mit dieser toxischen Mischung aus Lügen, Leugnen und Relativierung gefüttert worden!

Es muss an einem Montagabend gewesen sein. Montags hat mein Vater uns ins Bett gebracht, weil meine Mutter beim Yoga war. Ich war ungefähr acht Jahre alt, mein Vater hatte unsere Federbetten gründlich ausgeschüttelt, weit nach oben geschwungen und die fluffigen Decken dann sanft auf uns absinken lassen. Er lag meiner Erinnerung nach auf dem Teppich vor unserem Etagenbett, auf der Seite, den Kopf in die Hand gestützt. Die Atmosphäre war entspannt, und eine von uns beiden, wahrscheinlich eher meine Schwester, hat die Gelegenheit genutzt und nach dem Holocaust gefragt. Alles sei ganz anders gewesen, sagte mein Vater. Keine sechs Millionen seien getötet worden, vielleicht ein paar Tausend. Und auch nur in einer absoluten Notlage: Als die übermächtigen Feinde über Deutschland hergefallen sind, kam es zu Nahrungsmittelknappheit. Man habe sich entscheiden müssen, wen man ernähren wolle: die Brüder und Schwestern oder die Fremden. Da habe man sich für das eigene Volk entschieden und den Juden einen höflichen Brief geschrieben, mit der Bitte, das Land zu verlassen. Ich weiß noch, dass ich das mit dem »höflich« gut fand. Nur denjenigen, die der Bitte nicht nachgekommen seien, habe man einen völlig schmerzfreien Tod in der Gaskammer bereitet. Viel schlimmer wäre es gewesen, wenn sie verhungert wären. Das dauert nämlich Tage und ist sehr unangenehm. Auch der Tod durch die Phosphorbomben der Engländer, den Hunderttausende Deutsche gestorben seien, sei viel schlimmer gewesen.

Wenn ich mich heute befrage, wie ich mich an diesem Montagabend gefühlt habe, dann erinnere ich mich vor allem an Erleichterung. Erleichterung darüber, dass alles nicht so schlimm gewesen ist. Ich bin friedlich eingeschlafen an diesem Abend.

Als Jugendliche hatte ich einen Kumpel, der in der SPD aktiv war. Später ist er der erste SPD-Bürgermeister einer

Kleinstadt im Rheinland geworden, damals hat er mich nach der politischen Haltung meines Vaters gefragt. Er hatte Gerüchte gehört. Ich habe ihm von der Holocaust-Leugnung erzählt. Wie gerne ich meinem Vater beweisen würde, dass er unrecht hat. Wenn du willst, finde ich die Namen der sechs Millionen. Jeden einzelnen. Hat er gesagt. Nun ja, wir waren betrunken.

Aber warum bin ich bis zum Tod meines Vaters nie ins Bundesarchiv gegangen, habe zum Beispiel Dokumente aus dem Reichssicherungshauptamt fotografiert und sie ihm präsentiert? Ich bin akribisch und hartnäckig bis zur Manie. Ich habe schon im Studium gelernt, mit Quellen zu arbeiten. Ich hatte die Mittel. Warum habe ich sie nicht eingesetzt?

War es die Erleichterung dieses Montagabends, die ich mit circa acht Jahren erlebt habe, die mich zeit seines Lebens daran gehindert hat? Habe ich mir das all die Jahre angehört, weil ich meine Familie schützen wollte? Weil ich sonst zu meinem Vater hätte gehen müssen, mit den Dokumenten aus dem Bundesarchiv in der Hand, und mit ihm über den Holocaust sprechen? Eine Einigung war nicht vorstellbar. Zinnern war mein Vater in seiner Haltung, seinen Argumenten. Hätte ich je wieder mit ihm Weihnachten feiern können, wenn ich gehört hätte, wie er reagiert hätte? An einem Tisch sitzen? Ihn anrufen?

Nun diese neue Erkenntnis: es ist kein Rätsel, wie mein Vater ein Rechtsradikaler werden konnte, es ist logisch. Wie der Vater, so der Sohn. Blut ist dicker als Wasser. Der Apfel fällt nicht weit vom Stamm. Eine Erklärung und eine Überforderung zugleich.

Als ich ein paar Tage später im Haus meiner Eltern einen Marschbefehl mit blauem Wehrmachtsstempel für den Obergefreiten Heini Bünger finde, der ihn 1942 zum Abholen von Geräten von Neubrandenburg nach Stettin schickt, Fotos, die meinen Großvater mit seinem Lkw in einer recht entspannt getragenen Uniform mit sehr sparsam besetzter Schulterklappe zeigen, sowie einen Entnazifizierungsbescheid, der ihn als Mitläufer kategorisiert, dauert es, bis ich den Film in meinem Kopf anhalten kann.

Mein Großvater war Transportfahrer. Ein Mitläufer. Ein Schweiger, aber kein Täter. Es muss ein anderer Heinrich Bünger gewesen sein, der 1945 ein falsches Soldbuch auf den Namen Wolff erhalten hat. Mein Vater hat seine rechtsradikale Ideologie nicht in seiner Familie gelernt.

16. Juni 1963, Interzonenautobahn

Manfred Schröder hat es geschafft. Er hat Parolen gepinselt, Flugblätter verteilt, Brandsätze geworfen, er hat seine Truppe ausgebildet, in Italien Bomben gelegt, er hat für die französische Untergrundbewegung OAS Ziele ausgekundschaftet, den Amtsgerichtsrat ausgetrickst. Nun ist er am Ziel. Fritz hat ihm Sprengstoff gegeben.

Helmstedt, Magdeburg. Manfred ist per Anhalter unterwegs, jede Sekunde kommt er seinem Ziel näher, Berlin. Er ist vorbereitet: Eine Frau aus seinem Dorf hat ihm eine Weste genäht, mit großen Innentaschen, in denen er die Sprengstoffpatronen beim Grenzübergang verstecken kann. Er hat die Kontrollpunkte im Vorfeld gründlich aufgeklärt, kein einziges Mal wurde er abgetastet. Er hat Ziele ausgesucht: das Ministerium für Außenhandel und Innerdeutschen Handel, das Gebäude des Zentralrats der FDJ, das Rote Rathaus, das Haus des Handwerks, das

Gerichtsgebäude in der Littenstraße, das Klubhaus der FDJ. Hier, an diesen Gebäuden, die die Macht und den Stolz des DDR-Regimes verkörpern, will er seine Botschaft in den Stein schreiben. Er wird deutlich machen, dass die Ostberliner Bevölkerung das Zentralkomitee hasst, dass Peter Fechter und die anderen Mauertoten nicht vergessen sind.

Sechs Durchschläge eines Briefes hat er dabei, ordentlich frankiert und adressiert an die »Berliner Tageszeitung«, die »Bild«, den »Tagesspiegel«, die »Wochenpost« und zwei Nachrichtenagenturen. »Die Anschläge erfolgten als Ausdruck widerstandsbereiter Deutscher gegen das von Sowjetbajonetten getragene Terrorregime Ulbrichts.« Unterschrieben hat er mit »Widerstandsgruppe Peter Fechter Ost«. Er erinnert sich noch gut an die Freude, die er empfand, als er das auf der Schreibmaschine schrieb. Am 17. Juni, dem zehnten Jahrestag des blutig niedergeschlagenen Volksaufstandes in der DDR, wird er diese Briefe abschicken.

Manfred weiß, wie fragil sein Plan ist. Jedes Fitzelchen werden sie untersuchen. Noch der kleinste Sprengsel Zündschnur kann ihn verraten. Aber er wird ihnen keine Hinweise liefern: Sein Onkel hat in der Prenzlauer Allee Taschenuhren aus Ost-Produktion gekauft, sein Cousin Batterien. Die wird er für die Zeitzünder verwenden. Sollen sie nur ihre Techniker losjagen, nichts wird auf den Westen hindeuten. Alles wird so aussehen, als wolle das eigene Volk die Kommunisten im Herzen treffen.

Ich weiß nicht, ob Manfred Schröder Freude beim Verfassen der Bekennerschreiben empfunden hat. Oder ob ihm diese Freude Tage später noch gegenwärtig gewesen ist. Auch seine

Gedanken kenne ich nicht. Aber die selbst geschneiderte Weste, den Text der Bekennerschreiben, die Anschlagsziele, die technische Ausstattung und die Strategie – all das habe ich mir nicht ausgedacht, sondern in Aussagen von Manfred Schröder gelesen.

Frühjahr 2021, Berlin, Stasi-Archiv

Alle Archive sind großartig, aber das Archiv des Bundesbeauftragten für die Unterlagen des Staatssicherheitsdienstes der ehemaligen Deutschen Demokratischen Republik, kurz Stasi-Archiv, ist etwas Besonderes. Hier weht ein Hauch von »Das Leben der Anderen«, von berechtigten Anliegen friedlicher Revolutionäre und Joachim Gauck, der sie umsetzt. Besonders ist es für mich auch, weil es zunächst gar nicht so aussah, als würde ich in absehbarer Zeit hineinkommen. Meine erste Anfrage hatte ich als Privatrecherche gestellt, die Antwort hatte recht lange auf sich warten lassen, schließlich wurde mir mitgeteilt, dass es Fundstellen zu meinem Vater und Onkel gäbe und dass es mindestens zweieinhalb Jahren dauern würde, bis sie ausgewertet wären und ich sie einsehen könnte. Nun bin ich wesentlich früher hier, sitze mit FFP2-Maske und frisch desinfizierten Händen in einem spektakulär unspektakulären Lesesaal, vor mir liegt ein Stapel Aktenbündel, weitere warten auf mich. Das habe ich einer Mischung aus Hartnäckigkeit, Glück und Überzeugungskraft zu verdanken, vor allem aber wieder einmal einem wunderbaren engagierten Archivar.

Es ist zynisch, aber die Stasi-Unterlagen sind die reine Freude. Keine fallen gelassenen Handlungsstränge, keine verzögerten Ermittlungen quer über Grenzen von Bundesländern hinweg, keine bockigen Zeugen, keine kleinteiligen Abrechnungen von Fahrspesen. Stattdessen stringente, konsequente Ermittlungen über Jahrzehnte. Wer zum Verhör geladen wird, kommt. Wer zum Verhör kommt, sagt aus.

Es gibt eine dicke Untersuchung zu möglichen Aktivitäten Peter Kienesbergers in Südtirol in den 1980ern, die ich in arrogantem Beharren auf meine aktuellen Fragen zur Seite lege. Es gibt die Zusammenfassung einer Ermittlung des Bundeskriminalamtes gegen den Rechtsterroristen Udo Helmar Albrecht aus den 1970ern, in der Peter Kienesberger auftaucht, für die ich einen Reproduktionsauftrag notiere, und es gibt im Tagesrhythmus Sachstandsberichte zu den Sprengstoffanschlägen am 17. Juni 1963 im Stadtbezirk Berlin-Mitte, aus denen ich erfahre, dass nach der Explosion am Ministerium für Außenhandel und Innerdeutschen Handel (um 2.35 Uhr, geringer Gebäudeschaden) achtundfünfzig öffentliche Gebäude in Berlin-Mitte abgesucht wurden, wobei gegen 3.30 Uhr am Roten Rathaus ein Sprengstoffpaket gefunden wurde, ein weiteres etwas später am Gerichtsgebäude in der Littenstraße. Beide waren nicht explodiert.

16. Juni 1963, Berlin, Kontrollpunkt S-Bahnhof Friedrichstraße

Ganz normal sieht das gelbe Sporthemd aus. Passenderweise trägt man es nach aktueller Mode über der Hose. Die Kameraden waren dabei, als Manfred Schröder es im Tiergarten über die Weste zog. Sie haben ihn von allen Seiten begutachtet: nichts steht ab, nirgendwo eine verdächtige Beule. Manfred ist nicht nervös, als er in der Schlange beim Grenzübergang steht. Fast ist er vorfreudig. Die Pistole steckt in seinem Hosenbund, beruhigend kühlt sie das Stück Haut am Rücken, das die Weste freilässt. Der Grenzer will das Einkaufsnetz sehen, in dem er den

Draht, das Taschenmesser und die Schnur unter ein wenig Obst versteckt hat. Nun wird sich zeigen, ob seine Finte funktioniert. Erstaunt ist der Grenzer, als er Lenins »Was tun?« auf dem Obst entdeckt. Ein Westberliner mit einem kommunistischen Buch. Er blättert ein wenig darin, schaut ihn prüfend an und winkt Manfred durch.

In der Wohnung seines Onkels breitet Manfred sein Material auf dem Küchentisch aus. Die Küche ist hell, ein weißes Bord, ein Kohleofen, ein halbrundes Waschbecken. Der Onkel hält sie sauber. Er wohnt im vierten Stock, die Straße ist breit, die Häuserzeile gegenüber niedrig. Manfred kann bedenkenlos die Gardine öffnen und bei Tageslicht arbeiten. Den Onkel scheint das nervös zu machen, aber als Manfred ihn um ein wenig Werkzeug bittet, beeilt er sich, ihm eine Schublade mit Schrauben und Nägeln zu bringen. Nun die Uhren. Einfache Taschenuhren der Marke Ruhla hat der Onkel besorgt. Aber was ist das? Die Uhren haben Glasscheiben, kein Plexiglas wie die Kienzle-Uhren in Bozen. Verdammt. Glas kann er nicht aufbohren, um die Schraube zu befestigen. Der Plan darf nicht an Glasscheiben scheitern! Er wird improvisieren. Vorsichtig hebelt Manfred die Glasscheiben ab und klebt einen Pappstreifen über das Ziffernblatt. Er zieht die Uhr auf und hält sie sich ans Ohr. Sie tickt. Der Onkel ist vor lauter Nervosität ins Nebenzimmer gegangen.

Die Weste habe ich mir nicht ausgedacht. Ebenso wenig wie die Marke der Taschenuhren und die Schwierigkeiten mit den Glasscheiben. All das beschreibt Manfred Schröder, als er vor Gericht steht. Die Marke der Uhren ist die gleiche wie die der Taschenuhren, die ich auf dem Dachboden meiner Eltern gefunden habe: Ruhla. Manfred Schröder ist es nicht gelungen, sie aufzubohren. Aber die, die ich gefunden habe, sind aufgebohrt. Hat mein Vater das gemacht? Moment mal. Ist das eine Erklärung? Könnte es sein, dass mein Vater beweisen wollte, dass man eine Ruhla-Uhr sehr wohl aufbohren kann? Um Zweifel an Schröders Glaubwürdigkeit zu säen? Ich weiß, dass das ein bisschen verrückt klingt. Aber es klingt auch ein bisschen nach meinem Vater.

Mein Vater hat oft Dinge gemacht, die ein bisschen verrückt klingen. Einmal hat er einen Handwerker so lange mit Anweisungen zu einer im Prinzip sehr simplen Heizungsmontage traktiert – »bitte horizontal zu der der Eingangstür gegenüberliegenden Wand« –, bis dieser den Heizkörper, ich weiß nicht, ob aus Protest gegen die Flut von Anweisungen oder in der Annahme, der Herr Doktor wolle bestimmt etwas ganz Besonderes, quer in den Raum hineinbaute. Ein anderes Mal hat er das Holz seines »Hobbykellers« so gründlich mit wetter- und UV-beständigem Holzschutz lasiert, dass sich sein Asthma bedrohlich verstärkte und er die Holzverkleidung wieder entfernen musste. Er hat einen Truthahn im Trockenschrank seines Labors gebraten, »den kann man bis zweihundertfünfzig Grad hochheizen, das reicht für so einen Vogel«. Auch die für mich einschlägigste der durchaus zahlreichen Erfindungen, die er in seinem Berufsleben gemacht hat, klingt ein bisschen verrückt: die Leberwurstpelle. Immer wenn ich beim Metzger bin, was selten der Fall ist, halte ich Ausschau nach der weißlichen Wachsschicht, die die Naturdarmhüllen der Leberwurst feucht hält. Es gibt sie noch. Allerdings weiß ich nicht, ob sich die Rezeptur in den vergangenen fünfzig Jahren verändert hat.

Gegen 22 Uhr hat Manfred Schröder vier Sprengsätze hergestellt. Jedes Paket ist umwickelt mit schwar-

zem Tuch und mit Schnur. Vier Pakete, vier Ziele: Er entscheidet sich für das Rote Rathaus, das Gerichtsgebäude, das Haus des Handwerks, das Ministerium für Außenhandel und Innerdeutschen Handel. Das Gebäude des Zentralrats der FDJ und das Klubhaus der FDJ müssen warten.
Manfred verpackt die Pakete ein weiteres Mal in Packpapier und verstaut sie in zwei Einkaufsnetzen. Er packt »Berlin in der Tasche« ein, falls er die Orientierung verlieren sollte. Nach kurzem Zögern legt er auch Lenins »Was tun?« in eins der Netze. Die Pistole in den Hosenbund, ein Magazin mit acht Schuss gesichert im Lauf. Weitere dreißig Schuss Munition für den Notfall einstecken und nun zur Straßenbahnhaltestelle. Die Linie 74 bringt ihn zum Alexanderplatz, gegen 22.30 Uhr kommt er an. Um Mitternacht muss er zurück am Kontrollpunkt sein, dann endet seine Tagesaufenthaltsgenehmigung für den Sektor. Die Zeit drängt.

Mit den Einkaufsnetzen in der Hand erreicht Manfred Schröder das Rote Rathaus. Auf der Rückseite, im Schatten einiger Bäume, macht er den Sprengsatz scharf. Unbeobachtet legt er das Paket hinter das Gitter eines Kellerfensters. Die Ruhla-Uhr ist gestellt, um drei Uhr nachts wird die Bombe hochgehen.

Es ist gegen 23 Uhr, als Manfred am Gerichtsgebäude in der Littenstraße ankommt. Hier sitzt er, der Generalstaatsanwalt von Ostberlin. Manfred legt das zweite Paket ab, wieder in einem Kellerfenster. Zwei Passanten gehen vorbei. Werden sie langsamer? Beobachten sie ihn? Sind das gar keine Passanten?

Weg hier. Nur nicht zu schnell. Die Schritte zügeln. Der Alexanderplatz kommt in Sicht, gerade fährt die S-Bahn ein. Manfred darf losjagen. Hineingesprungen, losgefahren. Da, eine Leuchtreklame des Freien Deutschen Gewerkschaftsbunds. Wäre das nicht auch ein lohnendes Ziel? Ein schöner Schlag ins Gesicht der Kommunisten: das Volk wendet sich gegen den Bürgermeister, die Gerichtsbarkeit, die Arbeitervertretung und den Handel. Dann kommt das Haus des Handwerks eben das nächste Mal dran. Sicher gibt Fritz ihm noch einmal Sprengstoff. An der Station Marx-Engels-Platz wieder raus und den Weg zurück. Aber nein. Verdammt, er hat sich getäuscht. Die Leuchtreklame ist nicht vom Gewerkschaftsbund. Dann also doch das Haus des Handwerks. Aber zunächst zum Ministerium für Außenhandel und Innerdeutschen Handel.

Frühjahr 2021, Berlin, Stasi-Archiv

»Vertrauliche Dienstsache« steht auf dem blasspinken Aktendeckel, der den Tatortbericht vom 17. Juni 1963 zu zwei versuchten Sprengstoffanschlägen am Berliner Rathaus und am Gerichtsgebäude in der Littenstraße und einem erfolgreichen am Ministerium für Außenhandel und Innerdeutschen Handel schützt.

Es gibt Fotos der Fundorte des Sprengstoffes und eines von einer Taschenuhr, die keine Glasabdeckung und keinen Minutenzeiger mehr hat und in deren Ziffernblatt eine Schraube geschraubt wurde. »Die Detonation erfolgt, wenn der Stundenzeiger die Kontaktschraube berührt«, steht in Schreibmaschinenschrift unter dem Bild. Am Berliner Rathaus und am Gerichtsgebäude in der Littenstraße ist keine

Detonation erfolgt. Dort hat der Stundenzeiger die Kontaktschraube nicht berührt.

Es gibt Fotos von dem Schaden am Ministerium für Außenhandel und Innerdeutschen Handel. Er ist klein: ein leicht verbogenes Simsblech und ein beschädigtes Fenster. Es ist ein in achtzehn Quadrate aufgeteiltes Flügelfenster. Ein einziges dieser Quadrate ist zersplittert. Die »Wiederherstellung des Normalzustandes« war um 6.25 Uhr abgeschlossen, wie ich der Akte entnehme.

16. Juni 1963, 22.30 Uhr, Ostberlin

Häuserzeilen, Straßenlaternen, Geröllhaufen umstellen Manfred Schröder, weitläufig und unvertraut. Er will zum Ministerium für Außenhandel und Innerdeutschen Handel, aber wo ist er? Muss er »Berlin in der Tasche« zu Hilfe ziehen? Da: die Oranienburger Straße. Sein Puls beruhigt sich. Also weiter zur Friedrichstraße. Das Gebäude des Ministeriums für Außenhandel und Innerdeutschen Handel. Erleichterung. Aber da, in der Mitte von Unter den Linden, patrouilliert eine Hundestaffel. Das kann er nicht gebrauchen. Also hinein in die Friedrichstraße und zur Rückseite des Gebäudes. Eine Baubude, hier kann er den Sprengsatz vorbereiten. Die Ladung scharf machen, schnell, aber nicht zu schnell zur Rückseite und das Paket auf einem Steinvorsprung der Fassade platzieren. Ein Blick auf die Uhr: es ist 23.30 Uhr. Er hat nur noch wenig Zeit, aber noch immer ein Paket mit Sprengstoff. Unmöglich kann er das mit zurück in den Westen nehmen. Also rasch zum Haus des Handwerks. Im Schatten eines Bauwagens macht er die letzte Ladung scharf. Doch was ist das?

Der Glühzünder hat sich nach innen gedrückt, sodass er die Sprengkapsel nicht einführen kann. Er muss sein Taschenmesser nehmen und die Kapsel seitlich einschlitzen. Nun den Glühzünder hinein und rüber zum Haus des Handwerks. Ein Lichtschacht, sehr gut. Hier kann er das Paket herablassen. Er befestigt die zu diesem Zweck mitgenommene Schnur am Paket und lässt es vorsichtig in den Schacht gleiten. Fast schon ist es am Grund angekommen, als ein Knall ertönt. Manfred wirft sich zurück, schützt den Kopf mit den Armen, wartet auf die Detonation, die Druckwelle, das Schrillen von Sirenen. Nichts geschieht. Vorsichtig hebt Manfred Schröder den Kopf. Er ist unverletzt. Die Schnur hat er noch in der Hand. Langsam robbt er zum Schacht und schaut hinein. Da liegt sein Paket. Vorsichtig zieht er es zu sich und öffnet es. Ahnte er es doch: der Glühzünder hat gezündet, aber es gab keine Explosion. Offenbar hat der geschlitzte Glühzünder der Sprengkapsel nicht den nötigen Halt gegeben. Ohne diesen Funktionsfehler wäre er hier, vor dem Haus des Handwerks, mitten in Ostberlin, hochgegangen. Leicht zittrig lässt er den Blick schweifen. Wie durch ein Wunder ist niemand auf ihn aufmerksam geworden. Er hat noch einen Glühzünder in der Tasche. Ein weiterer Versuch wäre möglich. Doch ein Blick auf die Uhr belehrt ihn eines Besseren: Bald ist es zwölf. Er muss zurück zum Checkpoint. Eilig quert er ein freies Bauplatzgelände und versteckt sein letztes Sprengstoffpaket unter herumliegendem Unrat. Ein Jammer ist es, aber er wird bald wiederkommen und es holen.

Kurz vor zwölf kommt er am Passierpunkt Friedrichstraße an, wird aber erst fünfundvierzig Minuten später abgefertigt, da bereits eine größere Gruppe westlicher Besucher wartet. Die S-Bahn bringt ihn zum Lehrter Bahnhof, wo seine Kumpels auf ihn warten. Es gibt ein großes Hallo, sie klopfen ihm auf die Schulter und lassen sich erzählen, wie es ihm ergangen ist, während sie zurück zur Zonengrenze gehen und auf Höhe des Reichstags Position beziehen. Nur circa ein Kilometer Luftlinie ist das Ministerium für Außenhandel und Innerdeutschen Handel entfernt. Es wird drei Uhr, es wird halb vier, es wird vier Uhr. Um die Laternen summen Falter, Schritte hallen auf dem Kopfsteinpflaster, ein Betrunkener singt ein Lied aus vergangenen Tagen. Manfred Schröder fühlt die Spannung körperlich, er sehnt sich nach einem Knall, einer Entladung, die nicht kommen will. Fünf Uhr. Mit gesenkten Blicken verabschieden sich die Kameraden.

Frühjahr 2021, Berlin, Stasi-Archiv

Meine Begeisterung über die gründliche und effiziente Ermittlung der Stasi schwindet unter der schieren Menge des Materials. Akte um Akte voller Tatortbeschreibungen, kleinteiliger Beobachtungen unschuldiger Bürger, Gutachten zu den gefundenen Materialien, »Zu 1b – liegt ein Stück Bindfaden vor. Die Untersuchung in der Technischen Untersuchungsstelle ergab, daß es sich um reinen Hanfbindfaden ohne Beimengungen von synthetischen Fasern handelt. Die Gegenüberstellung der Bindfäden zu 2b und 3b erbrachte volle Übereinstimmung mit dem vorgenannten.« Puh.

Anhaltend fasziniert bin ich von den Hunderten Fotos von einem fremden Berlin. Ein Berlin des Schutts und der leeren Flächen. Fotos in kühlem Schwarz-Weiß, geschossen von hohen Gebäuden oder aus Innenhöfen mit treffsicher komponiertem Bildaufbau, die Wartburgs und Trabants auf den Straßen vereinzelt wie seltene, scheue Tiere.

Und dann finde ich eine Pressemappe mit den Reaktionen der Zeitungen auf Manfred Schröders Anschlag. Nirgendwo wird das Bekennerschreiben erwähnt, das die Täter im Osten verorten sollte. Nirgendwo die »Widerstandsgruppe Peter Fechter«. Die Westberliner Boulevardzeitung »Nacht-Depesche« vermutet, die SED könne den Anschlag inszeniert haben, um eine mögliche Entspannung zwischen DDR und BRD zu unterlaufen. Denn: das Ministerium für Außenhandel und Innerdeutschen Handel sei der Ort, an dem die »Interzonenhandelsgespräche« zwischen DDR und BRD stattfänden. Die DDR-Nachrichtenagentur ADN habe behauptet, so die Nacht-Depesche weiter, die Zündmechanismen seien aus Westproduktion gewesen. »Aus Westberlin eingedrungene revanchistische Banditen« hätten das Attentat verübt.

Diese Propaganda-Lüge der DDR muss Manfred Schröder sehr geärgert haben. Schließlich hatte er alles gegeben, damit es so aussieht, als seien Ostberliner Bürger verantwortlich gewesen. Wie geht ein sehr junger, gewaltbereiter Mann mit einer solchen Enttäuschung um?

Der Lesesaal schließt. Ich verlasse das Stasi-Archiv und gehe über von Corona leer gefegte Straßen, vorbei an Donut-Shops, deren Regale voll sind. Offenbar essen nur Touristen in Berlin-Mitte Donuts. Ich überlege, ob ich zum Roten Rathaus, zum Gerichtsgebäude in der Littenstraße, zum Ministerium für Außenhandel und Innerdeutschen Handel gehen soll. Das Rote Rathaus ist nur siebzehn Minuten entfernt.

Die Littenstraße mit dem neobarocken Riesengerichtsgebäude, heute das Amtsgericht und das Landgericht, zwanzig Minuten. Das Ministerium für Außenhandel und Innerdeutschen Handel heißt heute Otto-Wels-Haus. Es wurde in den 1990ern grundsaniert, nur die Stahlbeton-Skelettkonstruktion des 1960er-Baus ist erhalten, einunddreißig Gehminuten entfernt.

Ich stehe im leeren Berlin und bewege mich nicht. Es wäre schön, eine Gefährtin zu haben, die ich in dieser Sekunde aus dem Rucksack zaubern könnte, um mit ihr je eine Zigarette an diesen drei Gebäuden zu rauchen. Allein dorthin zu gehen, überfordert mich. Zu viel Geschichte, zu viel Kapitalismus und Globalisierung, zu viel Pandemie liegen zwischen mir und den Orten, an denen vor fast sechzig Jahren Manfred Schröder Sprengstoff deponierte.

Frühjahr 2021, Rheinland

Was hat mein Vater im Frühsommer 1963 gemacht? Auf meinem Whiteboard steht, dass er zwischen 1961 und 1966 in Clausthal-Zellerfeld war, wo er an seiner Promotion gearbeitet hat, und dass er 1963 von der wissenschaftlichen Hilfskraft zum Assistenten befördert wurde. Und dass er sich mit meiner Mutter verlobt hat.

Ich muss es genauer wissen und fahre zu meinem Elternhaus. Meine Mutter hat nach dem Tod meines Vaters das Haus und den Garten mit viel Energie und Liebe gepflegt. Sie hat renoviert und geräumt und instand gesetzt. Das Ergebnis ist ein wunderschönes Haus, ein gepflegter Garten. Nur die Räume, die mein Vater besetzt hatte, hat sie unangetastet gelassen. Das sind neben dem bekannten Dachboden zwei Einbauschränke und ein Zimmer von beträchtlicher Größe. Wie in allen Hinterlassenschaften meines Vaters haben die Dinge keine Ordnung. Nur mühsam, dank Hartnäckigkeit und Glück war es meinem Freund und mir nach seinem Tod gelungen, einen Überblick über seine Finanzen zu bekommen. Ich gehe in das Zimmer, vom Architekten dieses Hauses optimistisch als »Hobbyraum« konzipiert, in dem Besitztümer meines Vaters in willkürlich entstandenen Schichten lagern. Wenn sie jede Nacht wilde Partys feiern würden, mit Polonaisen und Gruppensex, und irgendwann in den Morgenstunden einfach umfielen – die Dinge wären nicht weniger chaotisch arrangiert. Drei Tage werde ich mit einer sehr mutigen, loyalen und tatkräftigen Gefährtin hier räumen, einen mittelgroßen Container füllen und unter anderem einen Ehrendolch der SS finden. Ich werde ein wenig ratlos sein. Wo hat mein Vater ihn her? Gekauft? Wo kauft man so was? Geschenkt bekommen? Wer schenkt einem so was? Und was zur Hölle soll ich mit diesem Ding anstellen? Ich kann den Dolch weder in den Hausmüll werfen noch im Wald vergraben. Ich werde ihn kräftig auf einen Pappkarton schlagen, in den ich Dinge gelegt habe, über die ich vielleicht schreiben will. Ich werde feststellen, dass er stumpf ist.

An diesem Tag im Frühjahr 2021 stochere ich zaghaft in ein paar der oberflächlichen Schichten. Aber als hätte mein Vater einen Escape-Room für mich gestaltet, finde ich einen Hinweis auf den Juni 1963. In einer Prospekthülle neben einer kleinen Pappkarte mit der Aufschrift »Ich bin pinkeln. Bitte stehen lassen!« und einer weiteren mit zwei Kleinkindern, die in ihre Windeln schauen und denken »Doch! Da ist ein Unterschied!«, finde ich ein Ticket vom 4. Juni 1963 für eine Fahrt mit dem Schiff der Norden-Frisia und dann der Eisenbahn in der zweiten Klasse von Juist über Norddeich nach Hannover. Die Fahrt kostete 33,10 Mark.

Juist. Ein Kindheitsort. Endlose Strände, Strandkörbe, Pferdekutschen, Fahrradtouren, Rosinenstuten mit Sanddornmarmelade. Warum bin ich nie mehr dort gewesen? Eine ostfriesische Insel voller Vögel, roter sonnenwarmer Pflastersteine, mit Wellenbad und ohne Autos – was kann es Genialeres geben? Werden meine Kinder auch einmal so gewaltsam nach eigenen Orten suchen wie ich oder werden sie ihre Kindheitsorte an ihre Kinder weitergeben? Wird es sie noch geben oder werden sie von Überschwemmungen, Waldbränden und Springfluten zerstört sein?

Auf Juist ist mein Vater also gewesen, als mein Onkel Manfred Schröder Sprengstoff übergab, damit dieser in Ostberlin Sprengladungen an offiziellen Gebäuden ablegen konnte.

Ich suche weiter in der Ablagerungsschicht vor mir und finde neben einem Schlüsselkasten mit circa achtzig Schlüsseln und ein paar säuberlich auf Holz geleimten Fangzähnen eines mittelgroßen Tieres ein Fotoalbum mit der Aufschrift »Juist, 23. Mai – 4. Juni 1963«. Es enthält nichts weniger als die perfekte Insta-Story aus dem Jahr 1963 in Schwarz-Weiß: Mein Vater und meine Mutter am Strand, Arm in Arm; meine Mutter nachts auf einer Bank, einen Strauß Rosen auf dem Schoß, ein zauberhaftes Lachen im Gesicht. Auf dem nächsten Bild sitzt mein Vater neben ihr, im grauen Anzug mit verrutschter Krawatte und noch nicht richtig in Pose, ein Selbstauslöserbild, perfekt in seiner Nichtperfektion; meine Mutter mit unendlich schmaler Taille, bekleidet in einem geknöpften Flanellkleid mit hauchdünnem Gürtel in einem Pensionszimmer, Kaffee filternd; mit Lockenwicklern im Haar vor einem Spiegel, ein weißer Streifen über dem gebräunten Handgelenk, wo die Uhr die Haut vor der Sonne geschützt hatte; mein Vater, gut aussehend, noch mit glatter Stirn und runder Nase, das Haar schon zurückweichend, mit einer zarten Teetasse in der Hand; beide vor einem Maschendrahtzaun, der Verlobungsring meiner Mutter glänzt, die beige Hose meines Vater kommt mir vertraut vor und ist zu kurz, vor seiner

Brust ein Fernglas. Mein Lieblingsbild in Farbe: meine Mutter in weißer Caprihose und mit türkisem Shirt in den Armen meines Vaters, sein Hemd mit nur einem Knopf zugeknöpft. Hinter ihnen brandet die Nordsee, die Sonne scheint mit voller Kraft und verschmilzt die Schatten meiner Eltern zu einem Wesen mit zwei Köpfen.

Nichts auf diesen Fotos deutet an, dass mein Vater ein Attentat verübt hat, bei dem ein Mensch ums Leben kam. Nichts gibt einen Hinweis auf Schuldgefühle, auf Gewissensbisse oder darauf, dass er seiner jungen, strahlenden Verlobten etwas verheimlicht. Und nichts deutet darauf hin, dass er weiß, dass in diesen Tagen ein junger Mann über die Sektorengrenze in die DDR einreist, in einer eigens angefertigten Weste der Sprengstoff, den er vom Bruder bekommen hat. Dass er sich Gedanken darüber macht, wie dieses gefährliche Unternehmen wohl ausgehen mag.

Ich lege das Album zur Seite und frage mich, was ich mit den Bildern anfangen soll. Ich könnte ein Museum einrichten, hier in diesem Zimmer. Mit den schönen und schrecklichen Dingen, die mein Vater hinterließ. Und es wäre eine Mischung aus Dokumentation der bürgerlichen rechtsextremen Szene der BRD, Karl Valentins Panoptikum und Bildern einer großen Liebe. Es würde davon handeln, wie Menschen in allen Farben schillern können. Und davon, was Bilder erzählen. Und was nicht.

Und dann finde ich Briefe meines Vaters an meine Mutter aus dem Frühsommer 1963. Ich suche mir eine Ecke mit Tageslicht neben dem gelben Kinderwagen, in dem erst meine Schwester, dann ich als Baby lagen, auf einem Teppich, den mein Vater in Russland gekauft hat, und lese.

Ich erfahre, wie sehr er sich auf diesen Urlaub auf Juist freut, dass er die Tage bis zur Abreise zählt und dass er für meine Mutter ein Pensionszimmer gebucht hat. Ich erfahre außerdem, dass der gemeinsame Urlaub nicht sein größtes Thema im Frühsommer 1963 ist. Mein Vater macht Pläne für die Zukunft, druckvoll, kleinteilig und sehr konkret: Am liebsten würde er heiraten, aber die Finanzen erlauben es noch nicht. Er hat zwar eine Gehaltserhöhung bekommen, aha, die Beförderung zum Assistenten, die er aber mit sechsundfünfzig Mark enttäuschend findet. 386 Mark verdient er jetzt. Nicht genug für einen gemeinsamen Hausstand. Das wird wohl so bleiben, bis er seine Promotion abgeschlossen hat. Den rührend-bescheidenen Vorschlag meiner Mutter, trotzdem zu heiraten und zunächst ein möbliertes Zimmer zu beziehen, weist mein Vater von sich: »das ist seit unserer Verlobung der Alptraum meiner Eltern, und das kann ich ihnen nie beibringen.« Muttersöhnchen, denke ich giftig. Den Urlaub auf Juist will er nutzen, um einen gemeinsamen Finanzplan aufzustellen, größere Ausgaben sollen nur noch nach gemeinsamer Beratung vorgenommen werden.

Aber auch ohne Heirat will mein Vater meine Mutter in seiner Nähe haben. Sie soll ihre Stelle als medizinisch-technische Assistentin im Ruhrgebiet kündigen, eine neue in seiner Nähe suchen und dort ein möbliertes Zimmer beziehen. Ihre aktuelle Stelle erscheint in seiner Darstellung als grauenhafter Zustand, der meine Mutter verzweifeln lässt und nervlich zermürbt. »Möglicherweise ruinierst Du Dir für mehrere Jahre Deine Nerven. Du wirst also auf jeden Fall baldmöglichst kündigen.« Es hagelt Ratschläge: Sie soll ihre Gesundheit und ihre Nerven schonen, nicht mehr so lange feiern gehen, dass sie am nächsten Tagen erschöpft ist. Immer besser kennt er sie, sucht ihr Kleider aus, organisiert frische Bettwäsche für sie. In seine Obhut nehmen will er sie, sie aufmuntern. Fürsorge, Zärtlichkeit und autoritäre Besitzansprüche, unentwirrbar verfilzt. Immer wieder finde ich Formulierungen, in denen er das »Einswerden« beschwört.

Ich kenne diese Sehnsucht, Menschen ganz nah bei mir zu haben, sie anzubinden an mich. Ich kenne die Strategien, mit denen das zu gelingen scheint: Bequemlichkeiten anzubieten, Support, Verständnis, exklusive Beziehungen und Zuschreibungen. Ich höre mich selbst sagen: Du bist die Einzige, der Beste, mit keiner anderen … Es ist diese Sehnsucht, die mich Zumutungen in toxischen Jobsystemen übersehen ließ, die mir Schmerzen bereitet, wenn ich Distanz spüre und mich Räume schaffen lässt aus Erlebnis, Genuss und Rausch, die Menschen zum Eintauchen verführen. Ich kenne auch die Gefahren dieser Sehnsucht: aus dieser Nähe sieht jede Gedankenlosigkeit wie eine Grausamkeit aus, jede Abwertung sitzt, jeder Stachel bohrt sich tief, jede Schwäche ein unverzeihlicher Verrat. Heute weiß ich auch, was hinter dieser Sehnsucht liegt. Es ist wie immer Angst. Verlassen zu sein. Unbehaust. Unversorgt. Allein. Eine transgenerationell übertragene Erschütterung, eine Hinterlassenschaft dieser beiden Menschen, von denen ich dem einen gerade über die Schulter schaue, als er ihr gemeinsames Leben plant.

Ich lese weiter und sehe meinen Vater an seiner Sehnsucht nach Nähe verzweifeln, ich sehe ihn hässlich werden: Vorwürfe über ausbleibende Briefe, Vorhaltungen wegen ausschweifenden Feierns ohne ihn. Drei Seiten maßlosen Ärgers, als meine Mutter einen Besuch von Freitag auf Samstag verschiebt. Fast zwei Seiten Empörung wegen der Beschwerde einer Tante über eine Lappalie. »Unter den vorliegenden Umständen ist es mir nicht möglich, von Deiner Tante irgendetwas anzunehmen oder über einen Höflichkeitsbesuch hinaus mit ihr gesellschaftlich zu verkehren.« Oh ja, ich kenne diese Empfindlichkeit, diese Kränkbarkeit. Meine ist zivilisiert, domestiziert im Vergleich zu seiner. Ein Abklatsch, ein schwaches Echo. Aber sogar meine kann Amok laufen, zerstören, verletzen.

Immer seltener finde ich in diesen Briefen den zärtlichen, respektvollen Poeten aus den Jahren 1960 und 1961, über den ich mich so gefreut habe. Immer mehr klingt er nach dem Mann, den ich kannte. Ein Mann, der unendlich empfindlich und reizbar war, seine lustige und entspannte Seite selten zeigte, unsägliche Ansichten hatte und immer überzeugt war, im Recht zu sein.

Ich lege die Briefe zur Seite. Ich wollte wissen, was mein Vater im Juni 1963 gemacht hat, während Manfred Schröder in Berlin Sprengstoffpakete platzierte. Jetzt weiß ich es: Er hat an seiner Karriere gearbeitet hat, seine Schuld missachtet, er hat seiner Verlobten auf Juist Rosen gekauft, er hat seine Zukunft geplant. Eigentlich hat mein Vater genau das getan, was die BRD in dieser Zeit tat: die Sünden der Vergangenheit weit weggeschoben und sich auf eine strahlende Zukunft konzentriert. Nur mit dem Unterschied, dass mein Vater wenig hielt von der unantastbaren Würde des Menschen, dem Grundsatz der Verfassung, auf dessen Basis sich sein Land gerade neu erfand.

TEIL 3

30. Juni 1963, 13 Uhr, Berlin, Hauptstadt der DDR, Zentralkomitee der SED

Es ist ruhig im Bereitschaftsraum des Wachdienstes. Gerade hat Fred Bock, der heute als Sicherungsposten eingesetzt ist, die Stulle mit Mettwurst ausgepackt, das »Neue Deutschland« ausgebreitet und begonnen, den Leitartikel zum siebzigsten Geburtstag des Generalsekretärs zu lesen, als ein Genosse eintritt und ihm mitteilt, ihm sei an der Brücke am Spreekanal eine verdächtige Person aufgefallen. Fred Bock ist alarmiert. Der heutige Tag ist wie kein zweiter geeignet, Feinden der Republik eine Bühne zu bieten. Er tritt ans Fenster und richtet das angebotene Fernglas in die Richtung, die ihm der Genosse weist. Tatsächlich, in nur circa fünfhundert Meter Entfernung gräbt ein Mann in der Nähe der Brücke im Sand. Fred Bock stellt die Optik scharf und beobachtet, wie der Mann das Graben zügig beendet, anschließend so tut, als schnüre er sich die Schuhe zu, während er sich nach allen Seiten umschaut und dann in Richtung Friedrichstraße davongeht. Nun ist Eile geboten. Fred Bock schickt den Genossen festzustellen, was vergraben wurde, und macht sich selbst an die Verfolgung. Nach wenigen Minuten stellt er den jungen Mann. Der hat einen Bürstenhaarschnitt und trägt eine Brille. Fred Bock fordert ihn auf, sich auszuweisen. Höflich und ohne nach dem Grund der Kontrolle zu fragen, überreicht ihm der Mann einen Ausweis der BRD mit Tagespassierschein. Er heißt Manfred Schröder, ist 1941 geboren und wohnhaft in Daun in der Eifel. Fred Bock erklärt ihm, dass er seine Personalien überprüfen müsse, da er sich verdächtig verhalten

habe, und fragt ihn, ob er schon früher ins demokratische Berlin eingereist ist. Der Mann bejaht. Der Genosse kommt hinzu, er hat die Stelle, an der der Mann gegraben hat, nicht gefunden.
»Was haben Sie an der Brücke gemacht?«, fragt Fred Bock den Verdächtigen in scharfem Ton.
»Ich habe mir die Schuhe zugebunden und mich ein wenig umgeschaut.« Die Antwort kommt ohne Zögern.
»Bringen Sie uns an die Stelle, an der Sie sich die Schuhe zugebunden haben.«
Schröder zuckt mit den Schultern und führt Fred Bock und den Genossen bereitwillig zurück zur Brücke und weist auf eine Stelle. Aber Fred Bock hat aufgepasst. Das ist nicht der Ort, an dem der Mann gegraben hat. Ohne ein weiteres Wort lässt er ihn in der Obhut des Genossen und geht schnellen Schrittes zu der Stelle, die er durchs Fernglas gesehen hat. Da, ein Paket! Es ist nur notdürftig mit Sand zugedeckt. An einigen Stellen schimmert schwarzer Stoff hindurch. Fred Bock berührt es nicht, auch nicht mit dem Fuß. Inzwischen ist der Genosse mit dem Verdächtigen herangetreten.
»Was ist in diesem Paket?«, fragt Fred Bock.
»Ich weiß es nicht. Machen Sie es doch auf. Dann werden Sie es ja sehen«, antwortet er.
Fred Bock weist den Genossen an, das Paket zu bewachen, und nimmt Schröder mit zum Haus des Zentralkomitees am Werderschen Markt, wo er den diensthabenden Offizier informiert. Auf dem Weg zur Anmeldung in der Unterwasserstraße verstrickt der Verdächtige ihn in ein Gespräch:
»Würden Sie auf Feinde der sogenannten ›DDR‹ schießen?«
»Natürlich. Feinde sind bekanntermaßen schädlich.«

Dieser Dialog ist in den Unterlagen im Stasi-Archiv zu finden. Fred Bock hat ihn zu Protokoll gegeben. Allerdings hat er nichts darüber gesagt, ob er im Bereitschaftsraum war, als ihn die Nachricht über ein verdächtiges Verhalten erreichte oder ob er in dem Moment etwas gegessen hat. Das habe ich mir ausgedacht. Ich weiß nicht, ob im Bereitschaftsraum der Abteilung V überhaupt gegessen werden durfte. Aber Stulle mit Mettwurst, das war in der DDR der 1960er ein beliebter Pausensnack.

Walter Ulbrichts schwere Jahre

Die 1960er Jahre bringen große Problemen für die SED. Da ist nicht nur der massive Bevölkerungsverlust – 1960 verlassen knapp 200.000 Menschen das Land in Richtung Westen, was wirtschaftliche Probleme zur Folge hat. Auch sind trotz zusätzlicher sowjetischer Lieferungen Materialien und Rohstoffe knapp, Produktionsketten haken. Außerdem führt die Zwangskollektivierung der Landwirtschaft zu Armut, sogar Hunger. Mitte 1961 blockieren in Babelsberg siebenhundert Personen, vor allem Hausfrauen, Straßen und Bürgersteige, um gegen den Mangel an Speisekartoffeln zu protestieren. In den folgenden Jahren erreicht die Agrarkrise ihren Höhepunkt: Es mangelt an Futtermitteln, die Butter wird knapp.

Im Jahr 1962 machen dem Generalsekretär des Zentralkomitees der SED Walter Ulbricht neben der schlechten Ernte auch ein Lieferstopp aus China und eine Einschränkung russischer Kredite Sorgen. So massiv Sorgen, dass er die BRD um einen »Warenkredit« von jährlich 3,115 Milliarden DM bittet. Am 30. Mai 1962 wird der Vorschlag im Bundeskabinett diskutiert. Adenauer ist nicht bereit, Geschenke zu machen. Er stellt Bedingungen: Die Mauer muss weg und der Personenverkehr in Berlin frei werden. Bedingungen, auf die Ulbricht sich nicht einlassen kann. Damit ist der Warenkredit vom Tisch.

Zu den innenpolitischen Krisen kommen perspektivische: Seit Herbert Wehner am 30. Juni 1960 in seiner Grundsatzrede einen spektakulären Kurswechsel der SPD deutlich gemacht hat, inklusive Bekenntnis zur NATO und Adenauers Außenpolitik, ist ein möglicher gemeinsamer Kurs von SED und SPD in der Deutschlandfrage vom Tisch. Außenpolitisch läuft es für die DDR ebenfalls alles andere als rund: Die Reise von Ministerpräsident Otto Grotewohl nach Kairo, Bagdad und Neu-Delhi im Jahr 1959 war ein diplomatischer Misserfolg. Die Hallstein-Doktrin der BRD greift, eine breite völkerrechtliche Anerkennung der DDR ist in weiter Ferne.

Einzig in propagandistischer Hinsicht wartet dieses Jahrzehnt mit erfreulichen Entwicklungen für die DDR-Führungsriege auf: Die durch die Hakenkreuz-Pinselei an der Kölner Synagoge losgetretene Hakenkreuzschmierwelle, die Anfang 1960 die BRD flutet. Damit ist die Stoßrichtung für eine ideologische Großoffensive der SED gefunden: Nazis in der BRD, Altnazis in Bonn. Die unbewältigte Vergangenheit der BRD wird der SED zur Waffe. Eine Waffe, die im Laufe des Jahrzehntes immer mehr Bedeutung bekommt und zumindest zwei der drei Knoten zerschlagen soll: innenpolitisch soll sie die DDR als antifaschistisch, als rechtmäßig erscheinen lassen, außenpolitisch Bonn in den Augen der Welt diskreditieren und der DDR zur völkerrechtlichen Anerkennung verhelfen.

Architekt der Kampagne ist Albert Norden. Der Sohn eines von den Nazis ermordeten Rabbiners ist Ulbrichts Sprachrohr und Chefpropagandist, ausgestattet mit weitgehenden Vollmachten und gesegnet mit einem ausgeprägten Talent für PR.

Der Eichmann-Prozess in Jerusalem wird Norden zur Bühne. Der Name des Stückes: Nazis in Bonn. Die Methoden: fragwürdig. Die Botschaft: nicht von der Hand zu weisen. Die Inszenierung: meisterlich.

Im ersten Akt lässt Norden fingierte Hass-Briefe an westdeutsche Juden verschicken. »Dich hat man wohl vergessen zu vergasen.« Er will damit ›beweisen‹, »dass in Westdeutschland revanchistische Politik und Rassenhetze wieder Platz ergriffen haben.«[15]

Im zweiten Akt versucht er, eine Verbindung zwischen Eichmann und Adenauers Kanzleramtschef Hans Globke zu inszenieren. Im Frühsommer 1961 notiert er für ein Gespräch mit Ulbricht: »daß [...] bestimmte Materialien besorgt bzw. hergestellt werden sollten. Wir brauchen dringend ein Dokument, das in irgendeiner Form die direkte Zusammenarbeit Eichmanns mit Globke beweist.«[16]

Der dritte Akt ist ein öffentliches Finale: Am 23. Juli 1963 wird Hans Maria Globke in einem groß inszenierten Schauprozess vom Obersten Gericht der DDR »wegen in Mittäterschaft begangenen fortgesetzten Kriegsverbrechen und Verbrechens gegen die Menschlichkeit in teilweiser Tateinheit mit Mord [...] zu lebenslangem Zuchthaus verurteilt. Die bürgerlichen Ehrenrechte werden ihm auf Lebenszeit aberkannt. Die Auslagen des Verfahrens werden dem Angeklagten auferlegt.«[17] In Abwesenheit.

Die Behörden der BRD ignorieren Nordens Fanal ostentativ. Globkes politische Karriere ist aber dennoch bald darauf zu Ende: Adenauer bildet nach der »Spiegel«-Affäre eine neue Regierung und erklärt zugleich seinen baldigen Rücktritt. Als er aus dem Staatsdienst ausscheidet, verlässt auch Globke seinen Posten, er hatte das Rentenalter fast erreicht.

Sommer 2021, Berlin, Stasi-Archiv

Der erste Archivbesuch ist der aufregendste. Aber beim zweiten kennt man die Bedingungen und kann man glänzen, wenn man sich bemüht. Ich habe mich bemüht. Ausgestattet mit Getränken und Brotdose sowie mit Apfel, Taschentüchern und Balisto bin ich um 8.35 Uhr vor der Karl-Liebknecht-Straße 31. Um 8.30 Uhr öffnet der Lesesaal. Es ist gut, die Erste zu sein, aber es ist nicht gut, vor der Tür zu warten. Niemand mag Hobbyhistorikerinnen, die ihre Ambitionen nicht im Griff haben. Ich habe Kleingeld für den Spind dabei, den Akku für den Laptop, und allen, die es wissen müssen, habe ich gesagt, dass ich tagsüber nicht erreichbar bin, weil ich das Handy im Spind einschließen muss. Gut hat sich das angefühlt. Nach Freiheit, Abtauchen und wichtiger Mission. Ein Stapel Akten wartet bereits auf mich auf einem Tisch in der rechten hinteren Ecke des Lesesaals. Man kann mir in einem Archiv kaum einen größeren Gefallen tun, als die Akten auf den Tisch zu legen, bevor ich komme.

Ich nehme mir die oberste, sie hat die Signatur MfS AU Nr. 17523/64 Band 1. Noch weiß ich nicht, dass sich hinter diesem Aktendeckel die Ereignisse verbergen, die dieser Geschichte, dem Leben Manfred Schröders, meines Onkels und meines Vaters und auch meinem eigenen eine, vielleicht *die* entscheidende Wendung gegeben haben. Ich habe keine Ahnung, dass in dem Moment, in dem die Akte entstand, Walter Ulbricht mit innenpolitischen, außenpolitischen und wirtschaftlichen Nöten zu kämpfen hatte. Den Namen Albert Norden habe ich noch nie gehört. Insofern kann ich auch nicht wissen, dass er nach einem nächsten möglichen Coup nach dem Globke-Prozess Ausschau hielt, als diese Akte angelegt wurde. Ich weiß nicht, dass dieser gordische Knoten aus Zeit- und Individualgeschichte unter anderem dazu führen wird, dass die vielversprechende Karriere meines Vaters eine deutliche Delle bekommt. Wahrscheinlich wäre er sonst Leiter einer Entwicklungsabteilung beim Chemiekonzern Bayer in Leverkusen geworden. Er hätte vielleicht Pflanzenschutzmittel entwickelt oder Polyamidfasern, die in Millionen von Kleiderstücken verarbeitet worden wären und als Mikroplastik die Biosphäre unseres Planeten verändert hätten. So wie die Dinge gekommen sind, haben andere das getan. Wäre auch mein Vater ein anderer geworden, wenn diese Geschichte anders verlaufen wäre? Nicht der verbissene Klimawandelleugner, auf den ich immer noch so wütend bin? Hätte ich nach seinem Tod dann nicht diese beeindruckende Sammlung von Glyphosat-Flaschen für Hobbygärtner in seinem Keller gefunden? Was wäre aus mir geworden? Wäre ich zu Klavierstunden genötigt worden? Hätte man mir ein Pony geschenkt? Hätte ich Auslandsaufenthalte verbracht? Vielleicht Journalismus studiert? Architektur? Regie? Oder sind die Ereignisse im Leben meines Vaters weniger von prägenden Wendepunkten bestimmt, sondern folgen einer innerpsychischen Logik, die mit toxischer Männlichkeit, weißer Überheblichkeit, Patriarchat, ideologischer Verblendung, Kriegstraumata und was weiß ich sonst noch zu tun hat?

Als ich die Akte im April 2021 öffne, stelle ich mir weniger substanzielle Fragen. Stattdessen frage ich mich, wer entschieden hat, sie in einen pinken Deckel einzuschlagen. Und ob alle Ermittlungsakten der Stasi diese rosa Aktendeckel haben. Das muss den Opfern zynisch vorkommen, denke ich und fange an zu lesen.

Abgesehen von einem Foto von Manfred Schröder finde ich einen Bericht über seine erste Vernehmung am 30. Juni 1963. Seine Ausrede ist nicht schlecht: Er sei nach Ostberlin gekommen, weil er gehofft habe, den Genossen N. S. Chruschtschow während dessen Besuch zu Gesicht zu bekommen. Dann, als er seine Notdurft auf einer nicht abgesperrten

Baustelle verrichten wolle, habe er das Paket gefunden und es an sich genommen, da es ihm interessant vorkam. Es habe eine Batterie, eine Taschenuhr, mehrere Drähte, eine Metallkapsel und einen Plastikbeutel mit ihm unbekannten Inhalt enthalten.

Der Oberleutnant, der die Vernehmung führt, berichtet außerdem, Manfred Schröder habe einen Zettel im Aschenbecher zerkrümelt, eine Hülse, vielleicht einen Zünder, unter der Tischdecke versteckt und ein »flegelhaftes Benehmen« an den Tag gelegt.

Einen Tag später ist die Stasi überzeugt, dass es Schröder war, der zwei Wochen zuvor Sprengstoff an »zentralen staatlichen Gebäuden der Hauptstadt der Deutschen Demokratischen Republik« abgelegt hat. Ich finde keine Dokumente, die zeigen, wie die Stasi so schnell den Zusammenhang zwischen dem jungen Mann mit dem flegelhaften Verhalten und den Bombenfunden hergestellt hat. Ein Hexenwerk war es aber nicht: die gleichen Uhren, die gleichen Zünder, der gleiche Sprengstoff. Außerdem werden sie wohl seinen Tagespassierschein vom 16. Juni 1963 gefunden haben.

Ich lese weiter. Schröder wird täglich verhört, mitunter mehrfach. Dann gibt es Tage, an denen nichts passiert. Ein Rhythmus, eine Frequenz zwischen Verhör und Nichtverhör ist nicht erkennbar.

Schröder redet. Viel. Detailliert. Keine Spur von Angst lese ich aus diesen Protokollen heraus. Erstaunlich. Denn die westdeutschen Zeitungen der 1960er-Jahre sind voll von Berichten über Übergriffe der Stasi, über Schicksale von Menschen, die aus Westberlin entführt und in Stasi-Verhören misshandelt und gefoltert wurden. Nichts davon schwingt in diesen Texten mit. Schröders Ton ist überlegen-selbstbewusst, nicht verschüchtert. Fast scheint es ihm Genugtuung zu bereiten, dass er gefragt wird, dass er erzählen kann. Ich frage mich, ob die Protokolle von Schröders Verhören manipuliert wurden. Sicher wurden sie geglättet und gestrafft. So kann ich mir nicht vorstellen, dass Schröder »die Hauptstadt der Deutschen Demokratischen Republik« gesagt hat, so wie es in diesem Protokoll steht. Sicher hat er »Berlin« oder »Ostberlin« gesagt. Die DDR hat er wohl eher als »Zone« oder SBZ bezeichnet. Aber hat sich die Stasi die Mühe gemacht, jedes Zeichen von Einschüchterung, von verzweifelter Diplomatie und Furcht aus Schröders Antworten rauszuredigieren? Oder hatte er tatsächlich keine Angst? Oder sie zumindest so weit im Griff, dass sie nicht in diesen Texten aufscheint?

In den nächsten Wochen wird Manfred Schröder im Verhör dem Stasi-Offizier Uwe Winkler viele Dinge erzählen. Dass er Flugblätter der rechtsextremen Deutschen Reichspartei vor einem Kino verteilt hat, in dem der Film »Lebensborn« gezeigt wurde, weil er mit der Botschaft des Films nicht einverstanden war (der Film setzt sich eindeutig-kritisch mit der NS-Rassenlehre auseinander). Dass er Südtirol-Parolen gepinselt hat und »Adenauer nein«, weil Adenauer der italienischen Presse während seines Urlaubs 1961 gesagt hatte, die BRD werde sich aus der Südtirol-Frage heraushalten. Dass er im August 1962 in der Zeitung vom Tod Peter Fechters nach dessen gescheitertem Fluchtversuch las, von seinem Verbluten im Todesstreifen der Mauer. Dass ihm Peter Fechter als Symbol für die »irrsinnige Spaltung« erschien und er sich entschloss, in seinem Namen »Widerstandsaktivitäten« gegen die DDR auszuführen.

Manfred Schröder beantwortet alle Fragen Uwe Winklers inklusive Daten, Orten und Umständen. Detailliert, ausführlich und bereitwillig. Es sei denn, sie berühren einen bestimmten Komplex: Wenn Winkler Namen und Netzwerke wissen will, verweigert Schröder sich stoisch. Niemand habe von seinen Taten gewusst, niemand habe ihm geholfen. »Ich möchte […] erklären, daß ich niemals meine innere Bereitschaft zur Durchführung einer Widerstandstätigkeit gegen die DDR in Form von Sprengstoffanschlägen und Gewaltmaßnahmen gegenüber anderen Personen aussprach.« Er weigert sich, über den Zettel zu sprechen, den er bei seiner Verhaftung zerkrümelte. Wenn nötig, erfindet er Szenarien, die seine Kumpels decken: Den Sprengstoff? Hat er in einem Steinbruch gestohlen, in vier Kunststoffbeutel aufgeteilt, in der Nähe der Wohnung seines Vaters in einem Wald versteckt, in der Nacht vom 14. zum 15. Juni 1963 per Anhalter über den Kontrollpunkt Marienborn in die Hauptstadt der Deutschen Demokratischen Republik eingeschleust und dann im Stadtpark Schöneberg versteckt. Das Bekennerschreiben an die Nachrichtenagenturen? Hat er am 13. Juni in Koblenz auf dem Hauptpostamt auf einer öffentlich zugänglichen Schreibmaschine getippt und am 17. Juni am Bahnhof Zoo in einen Briefkasten geworfen. Die Uhren? Die Flachbatterien? Die hat er im Warenhaus am Alex in zwei verschiedenen Einkäufen am 15. Juni 1963 besorgt, Preislage? Zwischen 6,25 und 9 Mark.

Ich lese all das und staune über Schröders Nervenstärke und seine Geistesgegenwart. Es ist, als habe er psychologische Studien über das Lügen gelesen, so wie ich, als ich 2006 mit Roger Willemsen an einem Projekt über die »Weltgeschichte der Lüge« gearbeitet habe. Denn er macht es genau richtig: Er vermittelt seinem Gegenüber durch eine Unzahl präziser Daten und Fakten das Gefühl, umfassend informiert zu werden. Er hält sich so nah an der Wahrheit wie möglich. Nur in den entscheidenden Details weicht er ab. Ich frage mich, wie es ihm gelang, sich die Varianten seiner Geschichte zu merken. Ganz sicher hat Uwe Winkler immer wieder gefragt, hat versucht, Schröder in Widersprüche zu verwickeln. Wie hat Schröder den Überblick behalten? Hat es abends auf seiner

Pritsche gelegen und memoriert: »Sprengstoff im Steinbruch gestohlen, in vier Paketen im Wald vergraben, in die Zone geschmuggelt, im Stadtpark Schöneberg versteckt«?

Mit jeder Seite, die ich lese, wird es klarer: Wann immer es um seine Mittäter, Unterstützer, seine Freunde und Familie geht, ist Manfred Schröders Schweigen undurchdringlich. Er stemmt sich gegen den Lauf, den diese Geschichte nehmen wird. Ein einzelner Mensch im Kampf mit einem gnadenlosen System. Beide Seiten absolut davon überzeugt, im Recht zu sein.

Als ich an diesem Abend durch das stille Berlin gehe, denke ich an meinen Vater. Auch auf ihn konnte man sich verlassen. Er hat seinen Freunden geholfen, mit Geld, mit Rat, mit Zeit, Zuwendung und Energie. Er hat nie einen Geburtstag vergessen, hat Krankenhausbesuche gemacht, einmal ist er auf die Beerdigung eines Freundes gegangen, obwohl er erst wenige Tage zuvor eine Hallux-Operation gehabt hatte. Weiß vor Schmerz soll sein Gesicht gewesen sein. Ich weiß, dass mein Vater das Kameradschaft und nicht Loyalität nennen würde. Und natürlich klingt das schwierig. Nach Schützengraben und Männerbünden.

Ich bin seine Tochter. Loyalität ist mir wichtig. Ich bin auf der Seite meiner Freunde. Immer. Ich bin bereit, ihre Gegner zu verachten. Ich erwarte, dass sie auf meiner Seite sind. Dass sie meine Gegner verachten. Manchmal erwarte ich zu viel.

Mir fällt ein Gespräch ein, das ich mit einem Freund meines Vaters bei einem Mittagessen geführt habe, einem Bundesbruder aus der Alten Breslauer Burschenschaft der Raczeks zu Bonn. Mein Vater war der Burschenschaft in seinem ersten Semester in Bonn beigetreten. Er hat dort Freunde und Förderer gefunden und ist dem »Bund« sein Leben lang treu geblieben. Er hat seine Burschenschaft 2011 durch einen Shitstorm begleitet, als öffentlich wurde, dass einer seiner »Bundesbrüder« beantragt hatte, die Burschenschaft »Hansea Mannheim« möge wegen der »Aufnahme eines [...] chinesischstämmigen Mitglieds« aus der »Deutschen Burschenschaft« ausgeschlossen werden. Durch einen weiteren, als Dietrich Bonhoeffer in der Mitgliederzeitschrift als »Landesverräter« bezeichnet wurde. Mein Vater war dabei, als im gleichen Jahr ein interner Kritiker, Gründer einer Initiative mit dem Namen »Burschenschaft gegen Neonazis«, den Bund verlassen musste.

Der Freund meines Vaters erzählte mir bei Linsensuppe und Fladenbrot, dass mein Vater in der Burschenschaft als diplomatischer Mensch, als guter Zuhörer, differenzierter Denker und als anderen Meinungen gegenüber respektvoll und aufgeschlossen galt. Dass seine moderativen Fähigkeiten in Konfliktsituationen geschätzt wurden. Nun muss man dazu sagen, dass das Meinungsspektrum in einer schlagenden Verbindung nicht breit ist. Aber der Freund versicherte mir, dass mein Vater auch mit dem internen Kritiker bis zuletzt im Gespräch blieb, nach Kompromissen und Verständigungsmöglichkeiten suchte und auch ihm gegenüber alles andere als autoritär auftrat. Ich war überrascht. Keine einzige dieser Eigenschaften verbinde ich mit meinem Vater. Und noch mehr: jede einzelne dieser Eigenschaften habe ich bei meinem Vater zeitlebens vermisst.

So dunkel habe ich Berlin noch nie erlebt. Ich gehe durch leere Straßen und frage mich, ob es die Sicherheit unter Gleichgesinnten war, die meinem Vater die Freiheit gab, abweichende Standpunkte zu ertragen. Meine Therapeutin hat einmal eine Studie der Universität Yale zitiert, in der glühende amerikanische Republikaner liberal werden in ihrem Urteil über Immigration, Homosexuellen-Rechte, Feminismus und Abtreibung, als man sie bat, sich vorzustellen, sie seien unverwundbar.[18] Wenn ich meinen Vater und die unverwundbaren liberalen Republikaner richtig verstehe, dann hat mein Vater sich in seiner Burschenschaft sicher gefühlt. So sicher, dass er andere Meinungen ertragen hat. Wenn das stimmt, wie mag er sich in Kontexten gefühlt haben, an denen ich ihn als streng, besserwisserisch und autoritär erlebt habe?

Diese Gedanken spuken in meinem Kopf, als ich im April 2021 durch ein Berlin gehe, das mir nicht sexy, sondern nur arm vorkommt. Im Hintergrund hallen die Worte aus einer sechzig Jahre alten Akte nach. Einer Akte mit einem pinken Deckel, in der man lesen kann, was Manfred Schröder 1963 der Stasi erzählte.

Mein Vater war zu jener Zeit in Clausthal-Zellerfeld und plante eine Familie und eine Karriere als Ingenieur in der Wirtschaftswunder-BRD.

Mein Onkel arbeitete in Köln bei Ford.

Und Manfred Schröder saß in einer Verhörzelle, einem Offizier der Staatssicherheit gegenüber, und verriet niemanden.

Auch am zweiten Tag dieses Stasi-Recherchetrips bin ich pünktlich. Immer noch voller Tatendrang und neugierig auf die Geheimnisse der pinken Akten, aber ein wenig schlaffer als am Vortag, wolkig der Kopf. Die Nacht war schlecht.

Ich lese endlose Vernehmungsprotokolle. Juli, August. In die Verhöre eingesprengselt: technische Gutachten. Manfred Schröders Schweigen über seine Kumpel und Netzwerke scheint undurchdringlich. Hin und wieder zündet er eine Nebelkerze: am 16. August behauptet er, ein gewisser »Clemens« habe ihm den Sprengstoff besorgt. Am 19. August schmückt er die Begegnung mit Clemens detailreich aus. Es ist der achtundzwanzigste Geburtstag meines Vaters und meines Onkels. Haben sie gefeiert, während Schröder dem Offizier von Clemens erzählte? Am 20. August ein Verhör, danach eine Pause von mehr als zwei Wochen.

Am 10. September geht es weiter. Mir fällt als Erstes die Länge dieses Verhöres auf: »Beginn 9.15 Uhr, Ende 19 Uhr«, steht in der rechten oberen Ecke. Ich blättere vor. Dreizehn Seiten umfasst das Protokoll. Länger als jedes andere zuvor, und es beginnt mit einem Knall:

Ich möchte in diesem Zusammenhang gleichzeitig erklären, daß alle von mir bisher gemachten Aussagen nicht voll inhaltlich den Tatsachen entsprechen. Ich wollte mit meinen bisherigen Aussagen verhindern, den organisierten Charakter meiner Tätigkeit angeben zu müssen, weil ich andere Personen […] nicht belasten wollte. […] [Jetzt bin ich] bereit, über meine gesamte Tätigkeit sowie die Mitbeteiligung anderer Personen […] ein allumfassendes Geständnis abzulegen.

Und das tut er. Ein allumfassendes Geständnis, das sich über mehrere Tage und Wochen erstreckt, gespickt mit Namen von Organisationen und Menschen. Mit Geschichten, die ich kenne, und Geschichten, die ich nicht kenne. Geschichten, in denen Schröder Kontakt zur algerischen Befreiungsarmee aufnimmt, um sich ausbilden zu lassen und mit dieser Erfahrung eine Widerstandsorganisation in Deutschland aufzubauen. In denen er in der Nacht vom 22. auf den 23. Juli 1961 mit einer rechtskonservativen Jugendorganisation 5000 Plakate klebt. Der Text: »Südtirol ist deutsch.« In denen er von seiner Schulzeit spricht:

Obwohl der Nationalsozialismus nicht verherrlicht wurde und ich auch in dieser Richtung nichts aus den Lehrbüchern entnehmen konnte, kam ich zu der Auffassung, daß Hitler Deutschland vom Versailler Vertrag befreit hat und Deutschland damit die ihm gebührende Stellung zurückgegeben hat.

und in denen er seine Ideologie erläutert: »den Boden« besitze derjenige, der ihn besiedele. Folglich sieht er im Algerienkrieg nicht den Existenzkampf des algerischen Volkes, sondern den der Europäer. Die Befreiungskriege der ehemaligen Kolonien erscheinen ihm als »die Konzeption des Kommunismus«, die den ehemaligen Kolonialstaaten auf diesem Weg »die Rohstoffbasis entreißen« wolle.

Ostern 1961 reist er nach Paris und trifft Mitglieder der illegalen rechtsradikalen Organisation »Jeune Nation«. Im September 1961 nimmt er über die Jeune Nation Kontakt zur französischen Terrororganisation »Organisation de l'armée secrète« (OAS) auf, die für ein französisches Algerien kämpfte. Schröder verspricht ihr propagandistische Unterstützung in der BRD. Im März verschickt er fünfzehn Briefe an alle größeren Zeitungsredaktionen Westdeutschlands mit folgendem Text: »Wir kündigen an, daß wir uns (entsprechende) Maßnahmen vorbehalten, wenn die Berichterstattung über den Algerienkrieg nicht entsprechend der Interessen der Europäer, die im Kampf gegen den Kommunismus in Afrika stehen, geändert wird.«

Am 28. März 1962 verübt er laut seinen Aussagen im Auftrag der Organisation de l'armée secrète einen Anschlag auf ein Kino in Paris. Sachschaden entsteht. Tatsächlich gibt es Zeitungsartikel über einen Anschlag auf das Kino Panorama in Paris am 28. März 1962. Ein Kino, das auf sowjetische Produktionen spezialisiert war.

In all diesen Geschichten nennt Manfred Schröder unumwunden Namen von Komplizen, von Kontaktpersonen und deren Kontexten. Er spricht ausführlich und mit Klarnamen zum Beispiel über Siegfried H., der ein väterlicher Freund zu sein scheint. Er habe ihn bei der Deutschen Reichspartei kennengelernt, er sei ein hauptamtliches Mitglied der NSDAP gewesen und »Träger des Deutschen Kreuzes in Gold«.

Am 11. September wird Schröder zwischen 9 Uhr und 20 Uhr verhört, mit einer einstündigen Pause am Mittag. Die erste Frage lautet: »An welchen weiteren Widerstandsaktionen haben Sie teilgenommen?« Und nun erzählt Schröder von meinem Vater und meinem Onkel: Pfingstlager Burg Stettenfels, seine Versuche, über Walter König Sprengstoff zu besorgen, seine Begegnung mit Fritz Bünger, Besuche von Fritz Bünger in der Eifel zur Vorbereitung der Attentate im Oktober 1962, Aufbruch in Köln, Ankunft in Innsbruck, Auftritt Peter Kienesberger aka Walter Huttinger, Diskussionen um Anschlagsziele. Und dann jener Satz:

Daraufhin unterbreitete uns ›Walter‹ den Vorschlag, den Karabinieri-Chef von Bozen [...] umzubringen. [...]. Fritz Bünger und ich sahen in diesem Plan eine sittliche Berechtigung, während Willi Bünger diese [...] Forderung verneinte, da er keinen Mord mit seinem Gewissen vereinbaren konnte.

Mit Willi ist mein Vater gemeint, ein Deckname. Dieser Satz ist keiner, den man sich auf ein T-Shirt druckt oder auch nur auf ein Post-it schreibt, um ihn an die Wand zu kleben. Und dennoch ist er für mich der wichtigste Satz, der je über meinen Vater gesagt wurde. Und dann wieder: mache ich es mir zu leicht?

Mein Onkel bestreitet, dass es den Plan gab, jemanden umzubringen.

Am Abend meines zweiten Archivtages werde ich meine Notizen aus dem Stasi-Archiv durchgehen und mich fragen, wann man innerhalb des Ministeriums für Staatssicherheit begann, über Manfred Schröder zu sprechen. Am 10. September 1963, als er seine internationalen terroristischen Netzwerke offenlegte? Oder schon Ende August, als er seine rechtsradikale Haltung immer offensiver bekannte?

Als er Namen von ehemaligen Nationalsozialisten erwähnte? Ich werde mir vorstellen, wie der Name Manfred Schröder im Ministerium einen gewissen Klang bekam. Wie die Abschriften von Vernehmungsprotokollen, die Uwe Winkler bei seiner Sekretärin in Auftrag gab, immer zahlreicher wurden. Wie in immer größeren Büros hinter verschlossenen Türen über ihn gesprochen wurde. Wie Winkler immer häufiger Berichte schrieb mit Zusammenfassungen der Untersuchung, Analysen von Netzwerken. Wie diese Berichte immer tiefer in die Behörde eindrangen, bis sie irgendwann in das größte Büro von Haus 1 vorgedrungen waren, in das des Ministers für Staatssicherheit Erich Mielke.

War es Mielke persönlich, der entschied, dass der Name Schröder auch für das Politbüro von Interesse sein könnte, und der Propagandachef Albert Norden ins Bild setzte? Fest steht, dass irgendwann im Oktober ein Bericht über den »Terrorist Schröder« ans Politbüro gegangen ist. War Norden glücklich, als er ihn las? War dieser junge Mann der Treffer, nach dem er fieberhaft gesucht hatte? Oder nur eine von vielen Optionen, die ebenfalls geeignet gewesen wären, an den Propagandaerfolg rund um den Prozess gegen Hans Globke anzuschließen?

Als ich nach Stunden im Lesesaal in meine Unterkunft fahre, habe ich noch keine Metafragen an Albert Nordens Strategie, keine Fantasien zum Aktenumlauf in der Staatssicherheit und im Politbüro. Meine Gedanken kleben an den Geschehnissen im Verhörraum, ich frage mich, was zwischen dem 20. August und dem 10. September 1963 geschehen sein mag. Warum nennt Schröder plötzlich Namen? Dass irgendwas geschehen ist, ist klar. Zu energisch hat er sich wochenlang gewehrt, hat dichtgehalten. Ich kann mir nicht vorstellen, dass er seinen Widerstand einfach so aufgegeben hat.

Oktober 1963, Berlin, Hauptstadt der DDR, Zentralkomitee der SED, Büro Albert Norden

Das Fräulein muss sich eilen, um dem Text zu folgen, den der in seinem Zimmer auf und ab schreitende Albert Norden diktiert. »Aktion ›Internazi‹« heißt die Überschrift. Schon das Inhaltsverzeichnis mit Punkten wie »Terroristische Aktivitäten des Manfred Schröder [...] in geographischer und chronologischer Reihenfolge« oder »Plan zur öffentlichen Auswertung des Falles Schröder« hatte sie aufmerken lassen. Ein paar Sätze später war klar: Seit sie in der Abteilung Agitation tätig ist, ist ihr kein so bedeutsamer Text diktiert worden. Auch das Verhalten des Herrn Propagandasekretärs lässt keinen Zweifel daran. Die Sätze sprudeln mit großer Dringlichkeit aus ihm heraus. Mitunter löst er sich von seinen Notizen und spricht minutenlang frei. »Da das nationale und internationale Kräfteverhältnis den Einsatz der aggressiven Bundeswehr nicht gestattet, versuchen die westdeutschen Revanchisten ihre friedensgefährdenden, da expansiven Ziele durch Terrorismus zu erreichen.« Das Fräulein tippt und tippt, drei Seiten sind es schon. »Die Terroristengruppe des Schröder ist geheimdienstlich durchorganisiert und wurde in unmittelbarer Nähe des Bundeswehr-Truppen-Übungsplatzes ausgebildet.« Da sie nicht weiß, wie die Sätze zu Ende gehen und der Herr Propagandasekretär oft Einschübe und Aufzählungen nutzt - kein Wunder, angesichts dieses verwickelten und schauderhaften Komplexes -, ist es mitunter schwierig, zu entscheiden, wo sie ein Komma setzen soll. Sie ist ziemlich sicher, dass sie in dem Satz »Am Beispiel der Schröder-Bande läßt sich [...]

nachweisen, wie der gesamte westdeutsche Staatsapparat die Existenz der Terror-Organisationen auf westdeutschem Territorium wohlwollend duldet, deren Ausbau tatenlos, aber interessiert zusieht und die Terroristen juristisch begünstigt« einen Kommafehler gemacht hat. Als der Herr Propagandasekretär ihr diktiert »Der gesetzeswidrig mit einer Schußwaffe angetroffene Bandenchef Schröder wurde vom [West-]Gericht lediglich mit einer Bagatellstrafe belegt, wobei man ängstlich bemüht war, seine terroristische Tätigkeit ununtersucht zu lassen«, hält sie inne und sieht von ihrer Schreibmaschine auf. Der Herr Propagandasekretär dreht sich zu ihr um, als das Tippen stoppt. Offenbar sieht er ihr an, wie entsetzt sie über die schändlichen Umtriebe der Klassenfeinde ist. »Jaja«, sagt er, legt eine Hand auf ihre Schulter und massiert ein wenig. Das Fräulein empfindet Freude und eine Scham, die sie nicht versteht. Sie schlenkert kurz ihre Finger und legt sie wieder auf die Tasten. »Die international tätig gewesene Terrorbande des Saboteurs Schröder ist an der Festigkeit unserer Arbeiter-und-Bauern-Macht gescheitert.« Den Punkt hinter diesem Satz hämmert das Fräulein so fest auf das Papier, dass es in Westberlin zu hören sein muss.

Diese Szene habe ich mir ausgedacht. Ich weiß nicht, ob solche Texte in der Abteilung Agitation diktiert oder handschriftlich verfasst und anschließend abgetippt wurden. Ich weiß auch nicht, ob Norden persönlich das Papier geschrieben hat. Und es ist nichts als eine fiese Fantasie meiner Person, dass er einer Sekretärin die Schulter massiert. Womöglich sagt diese Fantasie mehr über meine Sozialisation in der patriarchalen BRD aus als über die DDR der 1960er.

Schließlich war dort die Gleichberechtigung der Frau seit 1949 in der Verfassung verankert. Was ich aber sicher weiß, ist, dass Ende des Jahres 1963 in der Abteilung Agitation ein Papier mit dem Namen »Aktion ›Internazi‹« entstanden ist, das die Propagandaauswertung des Falles »Terrorist Manfred Schröder« skizziert und in dem die Sätze stehen, die das fiktive Fräulein in meiner Szene tippt.

Das Papier umfasst zweiunddreißig Seiten. Ich finde es im Stasi-Archiv und bin sofort hingerissen von seinem Namen »Aktion ›Internazi‹«. Schon der erste Satz des Unterpunktes »Plan zur öffentlichen Auswertung des Falles Manfred Schröder« offenbart das gigantische Talent für PR, das Albert Norden und seine Abteilung »Agitation und Auslandsinformation im ZK« in Anschlag brachte: »Der Vorgang eignet sich sowohl vom sachlichen als auch vom politischen Hintergrund zu einer maximalen politischen Auswertung.« Ich erfahre, dass diese maximale politische Auswertung mit einer dreistufigen Kommunikationsstrategie erzielt werden sollte:

1. *Im Hinblick auf die Bedeutung des Falles sollte bei passender Gelegenheit [...] die friedensschützende Funktion der DDR in Europa nochmals betont und diesbezüglich Enthüllungen ankündigt werden.*
2. *Ungefähr 14 Tage danach gibt das Presseamt eine Erklärung ab, in der der politische Hintergrund unter globaler Ausnutzung des Sachstandes (etwa: Bonn organisiert Bombenterror der OAS, in Oberitalien und Berlin) dargelegt wird. [...]*
3. *Etwa eine Woche danach wird ein Prozeß vor dem Obersten Gericht der DDR durchgeführt, der unter möglichst breiter Teilnahme internationaler Kreise den detaillierten Sachstand unter juristischem Aspekt darlegt und damit den politischen Hintergrund, d.h. die Verantwortung der Bonner Ultras für die Verbrechen konkret beweist.*

Ein Unterpunkt zu Punkt 3 skizziert den »Plan für Auslandskontaktmöglichkeiten«: »Einladung an italienischen General-Konsul in Westberlin, dessen Botschaft von Schröder im Mai 1961 mit Hetzlosungen beschmiert wurde, als Prozeßbeobachter bzw. zur Pressekonferenz.« Dieser Unterpunkt spielt in dieser Geschichte die Rolle der Schneeflocke, die den Schnee am Hang eines Berges ins Rutschen bringt. Denn das italienische Innenministerium wird einen Pressekorrespondenten zum Prozess schicken, der wird alles beobachten, mitnotieren und nach Italien berichten, wo die Fahndung nach den Attentätern von Verona, Trient, Bozen, Mailand und Genua neuen Schwung bekommen wird. Dort wird man die Aussagen Schröders prüfen, und man wird Indizien finden ...

Für die nötigen Ermittlungsarbeiten innerhalb der »Aktion ›Internazi‹« muss Mielke einiges an Personal aufgeboten haben. Kein Problem für ihn, schon 1956 hatte er rund 16.000 Mitarbeiter und Mitarbeiterinnen, 1989 waren es dann 91.015. Arbeitsintensiv ist der Fall. Das Papier zur »Aktion ›Internazi‹« listet fünfundvierzig Fragen auf, die noch an Schröder zu stellen sind. »Was und wo hat Fritz Bünger studiert?« ist eine davon. Außerdem sieht es Ermittlungen in Frankreich, Italien, Österreich und der BRD vor. Unter Punkt »Westdeutschland« finden sich achtundzwanzig Personen. Nummer vierzehn teilen sich »Bünger, Fritz und Willi«. Unter Nummer vierundzwanzig finde ich den Namen »Walter König« und die Notiz, »soll nach Juli 1962 in die DDR übergesiedelt sein«. Walter König. Der Mann, der 1962 für den baden-württembergischen Verfassungsschutz auf die rechte Szene angesetzt war, der Manfred Schröder Pfingsten 1962 auf Burg Stettenfels traf und der seinem Führungsoffizier berichtete, dass Schröder auf der Suche nach Sprengstoff ist. Der soll in die DDR übergesiedelt sein?

Sommer 2021, Berlin, Stasi-Archiv

Antworten auf die Frage »Warum zur Hölle hat Manfred Schröder ab dem 10. September 1963 plötzlich Namen genannt?« finde ich am Tag drei meines zweiten Rechercheaufenthalts im Stasi-Archiv, in einer Akte mit der Signatur MfS AU Nr. 17523/64 Bd. 6. Auch sie hat einen pinken Umschlag. Auf den Seiten 38 und 39 hinter diesem Umschlag findet sich eine unscheinbare Tabelle. Es sind zwei Seiten vergilbtes, liniertes, blassgelb-beiges Papier, an den Rändern eingerissen. Leicht hätte man die Tabelle übersehen können. Neben der Titelzeile umfasst sie nur zwei weitere Zeilen. Der entscheidende Eintrag findet sich in Zeile zwei unter »Maßnahmen«. Er ist sehr unscheinbar, fast hätte ich ihn überlesen:

Auf Grund des Verhaltens des Beschuldigten wird eine vernehmungstechnische Variante erarbeitet und angewandt.

Ein paar Stunden später finde ich in der Akte den Vorschlag für eine Auszeichnung. Uwe Winkler soll mit dem »vaterländischen Verdienstorden in Bronze« ausgezeichnet werden, unter anderem für seine »planmäßige, konzentrierte und taktisch geschickte Vernehmungsführung«, mit der er »den hartnäckig leugnenden […] Terroristen Schröder zur Ablegung eines umfangreichen Geständnisses« zwang. Worin hat diese »planmäßige, konzentrierte und geschickte Vernehmungsführung« bestanden?

Sehr viel später werde ich aus dem Berliner Landesarchiv eine Antwort bekommen: Uwe Winkler hat Schröder bedroht. »Du krauchst hier auf dem Zahnfleisch aus deiner Zelle«, »Wir werden dich liquidieren.« Als das erfolglos blieb, setzt er einen »Zelleninformator« auf Schröder an. Diesem öffnet sich Manfred Schröder. Und teilte ihm seine größte Angst mit: Auslieferung nach Italien und dortige Folter. Auf dieser Information baute Winkler die vernehmungstechnische Variante auf: Ab August teilte er Schröder mit, er werde bald ein opulentes Essen erhalten und dann in ein Land ausgeliefert werden, »in dem man nicht deutsch spricht«. Am 3. oder 4. September wird Schröder das Essen serviert. Er darf seinen Anzug anziehen. Am Abend wird ihm mitgeteilt, er werde nach Italien ausgeliefert. Gemeinsam mit Winkler und weiteren Offizieren fährt er in einem Gefangenentransport zum Flughafen Schönefeld. Das Fahrzeug wird in der Nähe des Rollfeldes abgestellt. Nach ein bis zwei Stunden teilt man Schröder mit, die Aktion sei kurzfristig »abgeblasen« worden. Er wird zurück ins Untersuchungsgefängnis gebracht und ist nun davon überzeugt, dass er nach Italien ausgeliefert wird. Er sagte aus.

All das weiß ich aus einem Urteil gegen Uwe Winkler aus dem Jahr 1999. Er wurde auf Betreiben von Manfred Schröder wegen »Aussageerpressung« zu sechs Monaten auf Bewährung verurteilt.

Am Tag vier meines zweiten Stasi-Archiv-Recherchetrips greife ich, sehnsüchtig nach Überblick, zu dem Findbuch, das mir der reizende Archivar zur Verfügung gestellt hat. Es umfasst circa fünfzig Akten. Drei der Akten aus MfS AU Nr. 17523/64 enthalten fast ausschließlich Protokolle von Verhören mit Manfred Schröder. Verhör um Verhör, fast täglich. Das ganze restliche Jahr 1963 bis Anfang 1964 wird er verhört. Ich zähle die Fragen nicht, die Uwe Winkler ihm in diesen Wochen gestellt hat, glaube aber, dass er das Planziel von fünfundvierzig Fragen, das die »Aktion ›Internazi‹« fixiert hatte, übererfüllt hat.

Schröder erzählt bereitwillig und ausführlich. Wieder schleicht sich der Eindruck ein, dass es ihm eine gewisse Befriedigung bereitet, von all seinen Taten und Umtrieben zu erzählen. Und wäre das nicht nur logisch? Schröder hat

Tage, Monate und Jahre geplant, Netzwerke aufgebaut und Pläne durchgeführt. Er hat Niederlagen überwunden und Triumphe gefeiert. Nie hat er offen darüber gesprochen. Sehr ausgewählt mit seinen Kumpeln, niemals mit seinem Vater, noch weniger mit Außenstehenden. Nun hat er ein Publikum. Ein begieriges. Diesem Publikum erzählt Schröder mit Eifer von einer Fahrt nach Paris, bei der er zwecks Ausbildung einen hohen OAS-Schergen traf, von dem er gebeten wurde, beim nächsten Mal bitte keine Lederhosen zu tragen, man würde ihn sonst auf tausend Meter als Deutschen erkennen. Ich habe keine Ahnung, ob Schröder die Skurrilität dieser Anekdote bewusst ist, finde aber Gefallen an der Idee, dass er in seinen Geschichten absichtlich mit solchen Germania-Klischees spielt, und stoße auf andere Aussagen, bei denen das der Fall sein könnte: Porträts von Komplizen, die Kassetten mit Marschmusik sammeln und den Frauentyp »deutsches Gretchen« bevorzugen, die gerne Uniformen tragen und es lieben, mit Balletttänzerinnen Partys zu feiern.

Er erzählt von den Ausbildungslagern, die er mit seiner »Gruppe« durchführte, und von Aktivitäten gegen die Mauer und dass die Westberliner Polizei nichts dagegen einzuwenden hatte.

Mir fällt ein, dass ich mal etwas von Willy Brandt gelesen habe, und suche in meinen Unterlagen. Am 26. Mai 1962 im Sender Freies Berlin sagt er, damals regierender Bürgermeister von Berlin: »Meine Hörerinnen und Hörer, es hat einige Sprengstoffanschläge gegen dieses Schandmal in unserer Stadt gegeben, ich weiß nicht, wer die Urheber waren, und ich kann nur wiederholen, dass wir gegen Gewalt sind. Die Löcher, die wir uns in der Mauer wünschen, sind von anderer Art. Sprengstoff ist kein gutes Argument. Aber ich möchte doch wiederholen, was aus anderem Anlass im vorigen Jahr gesagt werden musste. Deutsche Polizei ist nicht dazu da, die Schandmauer zu schützen.«

In aller Ausführlichkeit schildert Schröder seine Versuche, über Walter König Sprengstoff zu organisieren: Wie er König 1962 in T. besucht, wie ihn dieser mit einem Kioskbesitzer zusammenbringt, der angeblich über die französische Armee Sprengstoff besorgen kann, und davon, dass König Ende August 1962 in die DDR abgetaucht ist.

Für meinen Onkel interessiert sich Uwe Winkler sehr. Immer wieder fragt er Schröder nach ihm, nach Treffen, nach Plänen und politischen Verbindungen. In einem dieser Verhöre schildert Schröder, wie mein Onkel ihm am 24. Mai 1963 den fatalen Sprengstoff übergab. Wie er meinen Onkel ein paar Tage nach seiner Fahrt nach Ostberlin wiedertraf, um zu berichten. Und wie er meinem Onkel mitteilte, er werde nach Ostberlin zurückkehren, um das letzte Paket wieder einzusammeln.

Als ich am Ende dieses Verhörprotokolls angekommen bin, schlage ich die Akte zu, verlasse den Lesesaal und mache mich auf den Weg in das unwirtliche Gebiet rund um den Alex. Es nieselt, und die einzige kulinarische Option ist ein Asia-Buffet.

Mein Onkel soll gewusst haben, dass Schröder zurück nach Ostberlin gehen wollte, um Sprengstoff zu holen? Warum hat er nicht gesagt: »Manfred, mein Lieber, vergiss den Kram. Lass den mal liegen in Ostberlin, das ist viel zu gefährlich. Ich besorg dir neuen.« Ich kann mir keinen einzigen Grund ausmalen, aus dem er diesen oder einen ähnlichen Satz nicht gesagt haben sollte. Im Interesse Schröders; aber, sogar angenommen, es hätte ihm nichts an ihm gelegen, zumindest in seinem eigenen Interesse. Niemand, der einigermaßen bei Verstand ist, kann es für eine gute Idee halten, einen Komplizen, der viele Dinge weiß, im Jahr 1963 auf eine halsbrecherische Mission nach Ostberlin gehen zu lassen.

Als ich meinen Onkel danach frage, bestreitet er, dass er von diesem Plan Kenntnis hatte. Niemals hätte er Schröder nach Ostberlin gehen lassen, um diesen Sprengstoff zu holen. »Bitte geh nicht wieder nach Ostberlin zurück«, habe er ihm gesagt.

Nachdem ich eine Frühlingsrolle und eine süßsaure Suppe im Asia-Buffet gegessen habe, gehe ich zurück in den Lesesaal. Auch außerhalb der Verhöre zeigen die Akten die beispielhafte Energie, Stringenz und den hohen Personalaufwand, mit dem die Stasi tätig war: Operative Kräfte reisten nach Italien. Ich frage mich, warum sie nicht einfach dortgeblieben sind. Italien in den 1960ern: Sonnenschirme und Vespas, Bikinis und Straßencafés, Sophia Loren und Marcello Mastroianni, Italien ohne Bausünden, ohne Massentourismus, ohne Dürre und die Lega Nord. Aber sie kamen zurück und hatten Fotos von Tankstellen und Bahnhöfen, von einer Schule in Bozen, Postkarten mit Ansichten von Verona, Trient, Mailand und Genua sowie Stadtpläne im Gepäck. Andere Stasi-Mitarbeiter fuhren nach Innsbruck und trugen Informationen über Norbert Burger zusammen, der sich nach München abgesetzt hatte, nachdem ein Vertrauter verhaftet worden war, obwohl ein Verfahren gegen ihn lief. Burger hatte in einem offenen Brief an den österreichischen Präsidenten mitgeteilt, er werde sich »weder vor der bekanntermaßen kommunistisch durchsetzten Staatspolizei noch vor Staatsanwälten und Untersuchungsrichtern verantworten«.

Die Operativen fotografierten ein fünfstöckiges graues Haus. Die letzte Adresse Burgers in Innsbruck. Aus Gründen, die sich mir nicht erschließen, ermittelten sie die Berufe der aktuellen Bewohner und Bewohnerinnen: Postbeamte, Kaufmann, Opernsänger, Jurist, städtischer Angestellter.

Wieder andere operative Mitarbeiter der Staatssicherheit reisten in die BRD. Nach Köln-Weidenpesch, wo sie meinen Onkel vermuteten und das sie irrtümlich Köln-Longerich nannten. Offenbar waren die Beamten in dem stillen Viertel unterwegs und stellten Fragen. Sie fanden heraus, dass mein Onkel am 1. September 1963 aus der Wohnung ausgezogen war, dass er eine Garage angemietet hatte, in der er einen hellgrünen Wagen untergestellt hatte, dass er finanziell gut gestellt war.

Mit welcher Ausrede haben die Stasi-Beamten wohl in Weidenpesch nach meinem Onkel gefragt? Wir sind alte Freunde aus dem Studium? Er hat geerbt? Sein Portemonnaie bei einer Sauftour liegen lassen? Welche Tarnung sie auch immer genutzt haben, gefunden haben sie meinen Onkel nicht: Niemand kannte seine neue Anschrift. »Im Adreß- und Telefonbuch von Köln ist B. nicht verzeichnet.« Für die Stasi war klar: Fritz Bünger ist untergetaucht.

Mein Onkel muss lachen, als ich ihm das erzähle. Er sei keinesfalls untergetaucht, sondern sei einfach umgezogen.

Auch nach Clausthal-Zellerfeld ist die Stasi gefahren. Die Beamten fotografierten das Haus, in dem mein Vater wohnte. »Zwei der ausgebauten Dachzimmer sind an Studenten der Bergakademie vermietet.« Eines dieser beiden Zimmer war das Zimmer, in dem mein Vater meiner Mutter Briefe schrieb. »Bünger wohnt bereits seit zwei Jahren dort und ist als solider junger Mann bekannt, […] gegenüber den Hauseigentümern ist er stets freundlich und zuvorkommend, jedoch sonst zurückhaltend.« Warum freut es mich, dass mein Vater auf die Hauseigentümer einen guten Eindruck gemacht hat? Dass die Stasi nichts Schlimmes über ihn herausgefunden hat? Ich will mir nicht vorstellen, was sie mit Informationen wie denen gemacht hätten, die die Verfassungsschutzstelle Osterode/Harz zur Verfügung hatte: »Bünger gilt als exzentrischer Individualist. Er neigt zu einem übersteigerten Patriotismus. In politischen Gesprächen lässt er eine starke nationale Einstellung erkennen.«

Warum ist das so? Es ist Mai 2022, mein Vater ist seit mehr als fünf Jahren tot. Ich bin heute fast zwanzig Jahre älter als er damals. Er hat schlimme Dinge getan. Was soll dieser Beschützerinstinkt gegenüber meinem Vater als jungem Mann?

Ein komischer Moment ist es, als ich mit dieser zweifelhaften Frühlingsrolle im Bauch im Lesesaal des Stasi-Archivs sitze und herausfinde, dass die Stasi bei meinen Großeltern war. Die Operativen haben das Haus fotografiert, in dem ich als Kind oft Kuchen gegessen habe. Damals sah ich aus dem Fenster in einen zauberhaft-verwilderten Garten, in dem wilde Kaninchen herumhüpften und, je nach Jahreszeit, an Narzissen oder Wiesenschaumkraut schnupperten. Jedenfalls kam es mir als Kind so vor. Heute denke ich, sie haben das nicht getan. Hinter diesem Garten, in dem wir nie, absolut nie saßen, lockte ein Baggerloch, das meinen Großeltern gehörte. Es war zu einem amtlichen See zugelaufen. Als Kind saß ich vor Platten mit Teilchen, und dieses durch die Bäume glitzernde Baggerloch kam mir vor wie das Paradies. Dort wollte ich sein. Nicht in diesem dunklen Zimmer, in dem die giftigen Kommentare von vergilbten Tapeten abprallten, mein Vater sich von meiner Großmutter mit Kuchen vollstopfen ließ und mein Großvater schweigend in einem Sessel saß. Einmal hatte ich dort hingehen dürfen. Das Baggerloch war mir vorgekommen wie ein Meer. Es gab hohe Bäume am Ufer und Buchten mit Sand. Der Wind zauberte kleine Wellen.

»Dürfen wir da schwimmen?«, habe ich gefragt.

Wir durften nicht.

Vor diesem Haus hat im Dezember 1963 die Stasi gestanden. Sie hat sich die Straße angeschaut (ungepflastert) und den Lagerplatz mit Schuppen der »Firma Heinrich Bünger, Kohlen- Wein- und Spirituosengroßhandel«. Sie ist herumspaziert und hat herausgefunden, dass meine Großeltern in der Stadt einen »guten Leumund« hatten. Und sie hat mit meiner Großmutter telefoniert:

Bei einem Telefongespräch mit Frau B. wurde bekannt: Sie haben zwei Söhne, einer mit dem Namen Fritz, der in Köln wohnhaft ist, wobei jedoch die Anschrift dieses Sohnes nicht bekannt sei. Der andere Sohn Heinrich studiert an der Bergakademie in Clausthal-Zellerfeld […]. Diesen Sohn würden sie des öfteren aufsuchen.

2. Dezember 1963, 7.15 Uhr, Berlin, Hauptstadt der DDR, Ministerium für Staatssicherheit, Haus 1

Seit der Genosse Propagandasekretär sie an den Genossen Minister Mielke ausgeliehen hat, bereitet das Fräulein den großen Konferenzsaal vor. Auf jeden der einundzwanzig Plätze legt sie eine Übersicht, die den Stand der Ermittlungen zusammenfasst, daneben einen Saxonia-Bleistift für Notizen. Außerdem gruppiert sie eine Auswahl von Limonaden und Erfrischungsgetränken auf die Tischreihe in der Mitte des Raumes, heute Vita Cola, Karena-Limonade sowie Selters. Vier Isolierkannen mit Schwarztee, dazu Milch und Zucker. Auf einem Tablett Gläser und die Mitropa-Tassen, die ihr so gut gefallen. Sie kennt Kolleginnen, die für solche Gelegenheiten versuchen, West-Produkte vorzubereiten, Coca-Cola oder Fanta. Aber sie nicht. Gebäck gibt es ebenfalls nicht. Der Genosse Minister mag effiziente Sitzungen. Die Servietten, die sie jeden Tag frisch unter die Erfrischungsgetränke legt, sind die einzige Extravaganz, die sie sich bei der Einrichtung des Saals erlaubt.

Als der Genosse Propagandasekretär Norden ihr vor einigen Wochen mitteilte, er werde sie für die Dauer der Ermittlungen im Komplex »Terrorist Schröder« an den Genossen Mielke ausleihen, war sie überrascht gewesen. War er nicht zufrieden mit ihr? Aber dann wurde ihr klar, wie groß der Vertrauensbeweis war, den der Genosse Propagandasekretär ihr da entgegenbrachte. Was könnte wichtiger sein, als den Fortgang dieser Ermittlung zu begleiten? Das Fräulein ist stolz darauf, dass sie die Bedeutung der Aktion ermessen kann. Erst heute Morgen beim Frühstück hatte sie sich schwer zusammenreißen müssen, um ihrer Mitbewohnerin nicht zu erklären, dass das Interview, das der Erste Sekretär Walter Ulbricht dem Westmedium »Stern« gegeben hat, die erste von drei Phasen der »Aktion ›Internazi‹« zur Propagandaauswertung des Terroristen Schröder ist. Am Vortag war es erschienen, die Auflage soll 1,5 Millionen betragen haben. Kaum jemand aus ihrem Bekanntenkreis hatte das Interview gelesen, aber alle sprachen darüber. Ihre Zimmergenossin hatte sich gewundert, dass der Erste Sekretär einem Feindmedium Rede und Antwort steht. Das Fräulein wusste es besser. Es war ihr gelungen, sich hier im Ministerium mit einem Exemplar des »Stern« auf ein stilles Örtchen zurückzuziehen und das Interview zu lesen. Ihre Finger hatten gezittert, und ihr Puls hatte heftig gepocht. Sie hatte sich über die zahlreichen Werbeanzeigen für Schnaps gewundert, mit denen die Kapitalisten ihre Zeitschriften ausstatten, und über die für eine neumodische Spülmaschine hinweggeblättert. Das Interview mit dem Ersten Sekretär Ulbricht war lang und mitunter verwirrend. Aber das Fräulein wusste, worauf er anspielte, als er die West-Reporter aufforderte: »Sorgen Sie mit dafür, daß in Bonn der Revanchismus eingestellt wird! Wenn man die Hetze zur Zerstörung der Mauer betreibt,

damit dort Sprengungen durchgeführt werden, dann werden wir selbstverständlich antworten, wie an jeder anderen Grenze. […] Die Bonner Absichten sind sehr gefährlich für den Frieden.«[19]
Fast hätte sie sich noch ein bisschen deutlichere Worte über den Terroristen Schröder gewünscht und fragte sich, ob der Propagandasekretär zufrieden war. Dieser Gedanke erschreckte sie. Hatte sie gerade gedanklich Kritik am Ersten Sekretär geübt?

Als der Sitzungssaal vorbereitet ist, setzt das Fräulein sich auf ihren Platz an einem kleinen Tisch neben dem Eingang. Sie mag es, wenn sie sehen kann, wer kommt, selbst aber nicht sofort gesehen wird. Das Fräulein kontrolliert ihren Stenoblock und die Bleistifte, streicht ihre Bluse glatt. Sie ist bereit.
Punkt acht Uhr sind die Tische voll besetzt mit Tschekisten, wie der Minister die Mitarbeiter seines Ministeriums nennt. Als Mielke eintritt, erheben sie sich, auch das Fräulein steht auf.
In den folgenden sechzig Minuten berichten die Genossen in einer streng festgelegten Reihenfolge. Zufrieden nimmt das Fräulein zur Kenntnis, dass die Verhöre des Terroristen Schröder laut Genossen Winkler nach Plan verlaufen. Schnell notiert sie Namen, Daten und Umstände, die sich neuerdings ergeben haben. Walter König ist ein solcher Name. Dazu notiert sie den Kenntnisstand: König soll dem Klassenfeind den Rücken gekehrt und in die DDR eingereist sein. Schröder soll versucht haben, Sprengstoff von ihm zu bekommen. Und sie hält den Ermittlungsauftrag fest, den der zuständige Tschekist bekommen hat: »Walter König finden und ver-

hören«. »Siegfried H.« ist ein weiterer Name, den das Fräulein gewissenhaft in ihre Notizen einträgt. Arbeitsauftrag: »Kontakt zum Bundesnachrichtendienst?«
Auch die Technik arbeitet entschlossen und effizient. Es gibt neue Erkenntnisse zu den Bindfäden, mit denen der Terrorist Schröder den Sprengstoff verpackte, die das Fräulein gewissenhaft notiert. Es folgen Berichte von den Operativen, die im Ausland eingesetzt waren, Fotos und Informationen liegen vor. Aus Italien werden die Genossen im Laufe der Woche zurückerwartet.
Wann immer sie einen Moment pausieren kann, schaut das Fräulein zum Minister, der ihr gegenübersitzt. Konzentriert ist er und effizient. Seine Rückfragen und Anmerkungen in Berliner Dialekt sind kurz und präzise und machen ihr das Protokollieren leicht. Als die Berichte zu Ende sind, klopft er ein paarmal mit dem Bleistift auf die Tischplatte, beugt sich vor und sagt: »Tschekisten, denkt daran: wir müssen alles wissen.« Die Sitzung ist beendet.
Das Fräulein räumt die Mitropa-Tassen auf einen Servierwagen, ebenso die leeren Flaschen der Erfrischungsgetränke. Die Vita-Cola- und Karena-Flaschen sind leer, vom Selters wurden nur zwei Flaschen getrunken. Als sie eine zerknüllte Serviette in einen Papierkorb wirft und bereits an die Suchzettel der neu in der Ermittlung aufgetauchten Personen denkt, die sie gleich anlegen wird, öffnet sich die Tür noch einmal. Es ist der Minister. »Fräulein, äh … wenn Sie hier fertig sind, kommen Sie bitte in mein Büro.« Das Fräulein knickst überrascht. Als der Minister wieder fort ist, beendet sie zügig das Aufräumen. Was kann er wollen? Nervosität mischt sich

mit einem leisen Gefühl der Enttäuschung. Als sie merkt, was die Enttäuschung verursacht hat, färbt Scham ihre Wangen. Wie konnte sie so vermessen sein, anzunehmen, der Herr Minister Mielke würde ihren Namen kennen?

Ehrlicherweise muss ich zugeben, dass ich nicht weiß, wie eine Sitzung im Ministerium für Staatssicherheit ablief. Gab es überhaupt regelmäßige Sitzungen mit den Mitarbeitern, in denen der Stand der Dinge ausgetauscht und neue Maßnahmen beschlossen wurden? Gab es Getränke, Servietten und eine Protokollantin? Vielleicht wurde auch bei einer so komplexen Ermittlung wie dieser alles hinter verschlossenen Türen entschieden und Arbeitsaufträge streng hierarchisch von oben nach unten verteilt? Mein kulturbetriebsüberformtes Gehirn hat diese Sitzung ausgespuckt, und ich habe mein beflissenes Fräulein hineingesetzt wie ein Kind eine Playmobilfigur in ein Playmobilkrankenhaus. Sie ist vielleicht nicht meine feministischste Fantasie. Und sie ist kein bisschen historisch verbürgt.

Was aber unstrittig ist, ist, dass Mielke die Ermittlung im Fall »Terrorist Manfred Schröder« persönlich leitete. Dass zahllose operative Kräfte mit diesem Fall befasst waren. Und dass Walter Ulbricht dem »Stern« sein erstes Interview mit einem Westmedium gab. Am 1. Dezember 1963 ist es erschienen. Wer das Papier zur »Aktion ›Internazi‹« gelesen hat, so wie mein fiktives Fräulein und ich, der weiß, dass es der erste von drei Schritten zur öffentlichen Auswertung des Falles »Terrorist Manfred Schröder« ist: »Bei passender Gelegenheit [...] die friedensschützende Funktion der DDR in Europa nochmals beton[en]«. Schritt zwei: Albert Nordens internationale Pressekonferenz, und Schritt drei: der Schauprozess gegen Manfred Schröder, stehen unmittelbar bevor.

Das Fräulein atmet tief durch, bevor es an die Tür des Büros von Minister Mielke klopft. Zu ihrer Verblüffung öffnet er persönlich und winkt sie direkt hinein. Das Büro ist groß und überraschend bunt. Das Fräulein nimmt sich kaum Zeit, die blauen Sessel und die roten Teppiche zu betrachten. Erleichtert stellt sie fest, dass der Minister sie an einen kleinen Tisch dirigiert, auf dem eine Carola-Schreibmaschine steht. Das Modell ist ihr vertraut. Offenbar geht es um ein Diktat. Vielleicht ist die Sekretärin des Ministers erkrankt?

»So«, sagt der Minister. »Ich höre, Sie sind eine wackere Kämpferin gegen die Feinde der Deutschen Demokratischen Republik?«

»Oh ja«, antwortet das Fräulein.

»Es ist eine gute Tat, wenn wir alle Verbrecher verhaften. Eine gute Tat für die sozialistische Sache. Bitte setzen Sie sich.«

Der Minister nimmt auf einem der Sessel Platz, schlägt die Beine übereinander und beginnt zu diktieren:

»An das Mitglied des Politbüros und Sekretär des ZK der SED Genosse Albert Norden Berlin Persönlich Ausrufezeichen Streng geheim Ausrufezeichen Lieber Genosse Norden Ausrufezeichen Beiliegend der Bericht über das Ergebnis der Untersuchung und Aufklärung der in der Hauptstadt der DDR durchgeführten Sprengstoffanschläge Punkt Wenngleich durch den Täter nicht selbst ausgesagt wurde Komma daß er im Auftrage anderer Stellen gehandelt habe Komma so zeigt doch das Ergebnis unserer Untersuchungen die große und aktuelle Bedeutung des Vorgangs …« Das Fräulein nickt zustimmend. Der Minister nimmt es nicht zur Kenntnis und spricht weiter. Der nächste

Satz geht schwungvoll los. »Die politischen Probleme Komma die Du«, diese fünf Worte, auch das Komma, hämmert das Fräulein fröhlich auf das Papier, aber dann, bei »benötigst«, zuckt sie zusammen, eine Millisekunde schweben ihre Finger über der Tastatur. Das elegante Fingerspiel, der schnelle, optimistische Rhythmus der Schreibmaschine, sie geraten ins Stocken. Das Fräulein muss sich eilen, um nicht den Anschluss zu verlieren. Schnell weiter. »Bitte ich«, schreibt sie. Aber dann geschieht es schon wieder: der Minister diktiert »herauszudiktieren und mir zur Kenntnis zu bringen Komma um noch diese oder jene Bemerkung machen zu können«. Die Finger erstarren, wie eingefroren. »Die politischen Probleme Komma die Du benötigst Komma bitte ich Komma herauszudiktieren und mir zur Kenntnis zu bringen Komma um noch diese oder jene Bemerkung machen zu können.« So lautet dieser Satz. Es ist kein Irrtum möglich. Wild sausen die Gedanken und tun das, was sie nicht dürfen, schon gar nicht beim Diktat. Fordert der Genosse Minister den Genossen Chefpropagandist gerade auf, Untersuchungsergebnisse zu bestellen, die zu seinen politischen Problemen passen? Läuft es nicht genau andersrum? Man ermittelt, wertet aus und leitet aus der Untersuchung politische Probleme ab, sollte es welche geben? In diesem monströsen Satz klingt es anders.
Die Wangen des Fräuleins färben sich rot, während sie ihre Gedanken und Finger unter Kontrolle bringt und das Diktat beendet. »Ich bitte noch zu beachten Komma daß von einer Auswertung solange Abstand genommen werden muß Komma bis der 1. Sekretär Komma Genosse Walter Ulbricht, mit Dir Rücksprache genommen hat.« Das Fräulein ist geistesgegenwärtig genug,

den Namen des Genossen in Kapitälchen zu setzen, so wie es üblich ist. Ein Schweißtropfen fällt von ihrer Stirn auf die Tastatur, als sie das Ausrufezeichen hinter »Mit sozialistischem Gruß« setzt. Sie knickst mechanisch, als der Minister ihr dankt und sie bittet, den aktuellen Untersuchungsbericht abzutippen und dem Brief beizulegen.

Diesen Brief habe ich mir nicht ausgedacht. Die vollständige Fassung kann man im Stasi-Archiv nachlesen. In einer Akte mit der Signatur BArch, MfS, ZAIG, Nr. 10745. Auf Seite 21.

Ich möchte es meinem fiktiven Fräulein ersparen, die Antwort zu lesen, die Albert Norden noch am selben Tag an Mielke schickte und in der er ihm rückmeldete, dass tatsächlich noch weitere »Probleme herausdiktiert« werden müssen:

Lieber Genosse Mielke!

[…] Der Bericht reicht, so wie er ist, natürlich für einen Prozeß gegen [Schröder] aus. Aber was die Pressekonferenz betrifft, so müssen neben den vorliegenden interessanten Tatsachen unter allen Umständen noch mehr die Zusammenhänge des und der Attentäter mit offiziellen bzw. offiziösen Stellen wie dem Verfassungsschutz […] hergestellt werden. […] Es kommt darauf an, daß auf der Pressekonferenz nicht der Eindruck entsteht, als ob es sich nur um einen individuellen Terroristen bzw. kleine Gruppen handelt, sondern wer hinter ihnen steht. […] Bitte veranlasse doch eiligst, daß das Material in dieser Richtung mir schnell bis spätestens Montag früh zukommt.«

Handschriftliche Ergänzung: wenn möglich, noch früher!

Ich möchte es meinem Fräulein ersparen, weil dieser Brief beweist, was wir heute wissen, aber mein Fräulein nicht: Dass die DDR wie alle autoritären, nicht demokratischen

Systeme, wie die Populisten und Faschisten dieser Welt ein kreatives Verhältnis zur Wahrheit hatte. Im Falle Manfred Schröder brauchte Norden mehr als Manfred Schröder. Um an den Propagandaerfolg des Prozesses gegen Adenauers Kanzleramtschef Globke anzuknüpfen, braucht er einen *vernetzten* Manfred Schröder. Einen Manfred Schröder mit Verbindungen. Nicht nur zur Organisation de l'armée secrète oder zur Jeune Nation. Sondern zum Verfassungsschutz und zum Bundesnachrichtendienst.

Oktober 1963, Berlin, Hauptstadt der DDR, Ministerium für Staatssicherheit

Man muss annehmen, dass Uwe Winkler gute Laune bekommen hat, als er den Ermittlungsbericht vom 23. Oktober 1963 über Walter König las. Nicht wegen der Lost-Soul-Biografie, die von einem jungen Mann erzählt, der im Alter von achtzehn die DDR verließ, über ein Flüchtlingslager nach T. verwiesen wurde, wo er in die Deutsche Reichspartei eintrat und eine Ausbildung als Einzelhandelskaufmann begann und wieder abbrach. Der wegen antisemitischen Schmierereien angeklagt, aber nicht verurteilt wurde. Der nach nur einem Jahr zurück in die DDR ging, dann aber, nachdem eine Kontaktaufnahme durch die Deutsche Reichspartei ihn in Stasi-Panik versetzt hatte, zurück in die BRD floh. Der in T. zuletzt bei der Bundespost als Postfacharbeiter angestellt gewesen war und dann, im August 1962, ein zweites Mal zurück über die Grenze ging und dabei circa 500 DM Schulden zurückließ. Nein, die Ruhe- und Heimatlosigkeit, die aus diesen Stationen spricht, wird Winkler wohl nicht interessiert haben. Aber dieser Satz auf Seite zwei des Berichtes muss ihm wie ein Geschenk des Himmels vorgekommen sein: »[König gab an], daß er seit März 1962 vonseiten des Bundesamtes für Verfassungsschutz zur Beobachtung rechtsradikaler Organisationen geschickt worden sei.«

Zwei Wochen später sitzt ebenjener Walter König vor Uwe Winkler im Verhörzimmer. Ist Winkler sofort klar, welch große Rolle dieser junge Mann in der Strategie von Albert Norden spielen wird? Jedenfalls nimmt Winkler sich den potenziellen Zeugen entschlossen vor. Wieder dringt die Effizienz und die Schlagkraft einer Stasi-Ermittlung noch sechzig Jahre später aus jeder Zeile der Akte: eifrig und ausführlich erzählt König laut dem Protokoll von seiner Anwerbung durch den Verfassungsschutz, den Berichten an den Führungsoffizier, seiner Beobachtung der Deutschen Reichspartei, seiner Entlohnung – »insgesamt können es schätzungsweise 250,– bis 300,– DM West gewesen sein«. In aller Bereitwilligkeit berichtet er von der Begegnung mit Manfred Schröder auf Burg Stettenfels an Pfingsten 1962: dessen neofaschistische Einstellung, Bekenntnis zur Gewalt, Ziel, ein nationalsozialistisches Großdeutschland zu errichten, Frage nach Sprengstoff, Kontakt zur französischen Untergrundbewegung OAS etc. König gibt auch zu Protokoll, dass er all diese Informationen an seinen Führungsoffizier weitergab – und er schildert dessen Reaktion: »Ich hatte den Eindruck, daß sich [redacted] gar nicht besonders für diese Sache interessierte, da er sinngemäß zum Ausdruck brachte, daß man diese Angelegenheit nicht so ernst nehmen könnte, da er nicht der Meinung sein würde, daß dies alles auf Wahrheit beruht ... Auf meine Frage [...], was der Verfassungsschutz nun in diese Richtung [...] unternehmen wird, um Sprengstoffanschläge zu verhindern, erklärte er mir, daß diese Angelegenheit – wie er sagte – nicht eine vorrangige Aufgabe des Verfassungsschutzes sei.«

Es kann nicht besonders lange gedauert haben, bis die Information, dass der Verfassungsschutz Kenntnis davon hatte, dass Manfred Schröder im Sommer 1962 national eingestellt, gewaltbereit und auf der Suche nach Sprengstoff war, bei Mielke gelandet ist. Ich nehme an, dass der das gut fand. Wenn ich richtig verstanden habe, wie Mielke so war, wird er vielleicht keine Luftsprünge gemacht haben, aber er wird zufrieden gewesen sein. Denn es ist genau das Untersuchungsergebnis, das Norden von ihm erbeten hatte: »Zusammenhänge der Attentäter mit offiziellen bzw. offiziösen Stellen wie dem Verfassungsschutz«.

Nun ist alles bereit für Phase zwei der »Aktion ›Internazi‹«.

Sommer 2021, Rheinland

Als ich im Winter 2020 zum ersten Mal mit Kuchen vor der Tür meines Onkels stand, übrigens derselben Tür, vor der ich als Kind gestanden hatte, um die Teilchen zu essen, die meine Großmutter gekauft hatte, war ich nervös. Wenig Zuversicht hatte ich empfunden, dass dieser Besuch gut verlaufen würde. Ich hatte Angst, dass mein Onkel schreien oder schweigen würde, wie mein Vater, wenn ich auf das Thema Südtirol zu sprechen kam. Ich hatte Angst, dass er leugnen oder überlegen grinsen würde, wie mein Vater. Ich hatte Angst, dass er mich auflaufen lassen und ich kein bisschen schlauer aus dieser Begegnung herauskommen würde. Die Begegnungen, die ich bis dato mit meinem Onkel gehabt hatte, waren kurz und selten gewesen. Als ich ein Kind war, hatte er uns einmal besucht und war ein paar Tage geblieben. Es muss zwischen 1983 und 1985 gewesen sein. Meine Mutter war nicht daheim, was für mich als Kind schon Grund genug gewesen war für allerlei unschöne Gefühle. Die Anwesenheit meines Onkels verstärkte das Gefühl von Verlorenheit, Unbehaustheit und Einsamkeit, das sich einstellte, wenn ich mit meinem Vater alleine war. Warum? Es gab nichts, was bedrohlich gewesen wäre: Mein Vater und mein Onkel tranken Schnaps und lachten. Mein Vater brachte uns ins Bett, kontrollierte, dass unsere Zähne geputzt waren. Vielleicht gab es ein wenig unkonventionellere und unregelmäßigere Mahlzeiten, aber oberflächlich betrachtet gab es keinen Grund für Unruhe. Und dennoch habe ich sie empfunden.

Ein Rest dieser Unruhe hallte in mir nach, als ich im Winter 2020 seit sehr langer Zeit zum ersten Mal wieder vor dieser Tür stand, im Kopf das Bild meines Onkels, das in meiner Familie zum Narrativ gehörte: Er als der Radikalere der beiden Brüder. Was ich in den folgenden Jahren mit meinem Onkel erlebt habe, passt nicht in dieses Bild. Mein Onkel war zugewandt, auskunftsfreudig, entspannt.

Als ich nach meinem Berlin-Recherchetrip im Sommer 2021 wieder vor dieser Tür stehe, habe ich ein Tablett mit Streuselkuchen in der Hand. Eine Nichte, die ihren alten Onkel besucht, weil der viel zu erzählen hat und sich über Ablenkung und Besuch freut. Wie schön wäre es, wenn das alles wäre. Aber ich habe im Stasi-Archiv gelesen, dass mein Onkel am 4. Juli 1963 mit Manfred Schröder verabredet gewesen war. Schröder aber hatte zu diesem Zeitpunkt im Verhör gesessen und seine Kameraden gedeckt. Mein Onkel hat also vergebens auf ihn gewartet. Mein Plan für heute ist, erst Streuselkuchen zu essen und Kaffee zu trinken und dann meinen Onkel zu fragen, wie es bei ihm nach dieser geplatzten Verabredung weitergegangen ist.

»Genau. Also man hörte nichts mehr von Manfred Schröder«, antwortet er, nachdem wir die Kaffeetafel verlassen und uns auf das Sofa gesetzt haben. Auch mein Vater lud seine Gäste nach dem Essen immer ein, es sich auf dem Sofa »gemütlicher« zu machen. »Eigentlich hatten wir regelmäßig Kontakt. Der fuhr dann per Anhalter nach Köln. Und besuchte mich da. Oder er rief an. Oder schrieb, und wir trafen uns dann irgendwo vor dem Bahnhof oder an irgendeiner Stelle. Ich glaube, bei mir zu Hause ist er nie gewesen. Und ich habe ihn aber auch öfters besucht. [...] Und ja ... Als er nun einmal überhaupt nicht mehr kam, dann bin ich zu seinem Vater gefahren. [...]. Und da hat er gesagt, er weiß auch nicht, wo der Manfred ist. Und er hatte ihn auch schon als vermisst gemeldet. Das war so vier, fünf Wochen später. Bei der Polizei. Und die haben ihnen gesagt, sie wissen auch nicht, wo der ist.«

Einige Wochen später werde ich in Duisburg in den achtzig Monsterakten um den »Burger-Kreis« ein Verhör finden, das die Kripo Köln mit Manfred Schröders Vater geführt hat. Er erzählt von den Besuchen meines Onkels im Sommer 1963:

In der Zeit von Mitte Juli bis Mitte August 1963 kam Fritz Bünger in meine Wohnung, um mich zu besuchen. [...] Bünger stellte sich mir jedoch mit dem Namen Kaiser vor. Den richtigen Namen habe ich erst viel später [...] erfahren. [...] Bünger besuchte mich von nun an mehrfach. Er kam in unregelmäßigen Abständen ohne vorherige Vereinbarung. Im Laufe dieser Besuche hatte ich für Bünger eine Sympathie bekommen. Mir gegenüber zeigte er sich von einer guten Seite. [...] Es spielte für mich eine Rolle, daß er der einzige war, der sich nach meinem Sohn erkundigt hat. [...] Nachdem mich Bünger bereits mehrfach besucht hatte [...], sagte er mir, daß er in Wirklichkeit Bünger heiße. Ich kann mich nicht genau auf eine Erklärung seitens Büngers besinnen, mit der er sein Auftreten unter falschem Namen begründet hat. Ich meine, er hätte als Begründung seine Kenntnis von meiner Einstellung zur politischen Haltung meines Sohnes angegeben. Er wußte von meinem Sohn, daß ich diese nicht billigte. Er rechnete wohl damit, daß ich den Namen Fritz Bünger kannte und welche politische Einstellung sich damit verband.

Mein Onkel nennt 2021 nach dem Streuselkuchen einen anderen Grund für den Decknamen: »Na ja, es … Es hat auch nicht jeder brave Bundesbürger die Sachen gemacht, die wir damals gemacht haben. Das heißt nach Südtirol … nach Berlin … und so. Und da haben wir schon Decknamen benutzt. Und ich hatte sehr viele Decknamen, auch nachher, als ich … also … Ich will nicht sagen im Untergrund war. Als ich mich verstecken musste. Da hatte ich viele Decknamen. Und in dem Fall war das nun der Deckname Kaiser. Wir waren uns schon bewusst, dass das alles nicht ganz legal war.«

Er erzählt mir, er habe Manfred Schröders Vater weiterhin besucht. »Ich würde doch sagen, alle vier bis sechs Wochen. Einfach weil mir der Sohn leidtat und [ich] mehr wissen wollte, wie es jetzt weitergeht mit dem.«

Anschließend, erzählt mein Onkel weiter, haben mein Vater und er einen Freund Schröders in Westberlin kontaktiert. »Und ich glaube, es war sogar dein Vater, der als Erster mit … Beckmann hieß der, wenn ich mich richtig entsinne, Kontakt aufgenommen hat, weil er nämlich dienstlich etwas in Westberlin zu tun hatte. Und da hat er ihn angerufen, und die haben sich in irgendeinem Lokal getroffen, in einer Brauereigaststätte. Und da hat er ihm erzählt, er, Schröder, ist nach Ostberlin rübergegangen. […] Und seitdem habe ich nichts mehr von ihm gehört und gesehen.«

Ich kenne Beckmann aus den Akten. Er ist einer der Berliner Kumpels von Schröder, einer aus seiner »Truppe«. Er war einer der Männer, die Manfred Schröder im Juni 1963 am Lehrter Bahnhof erwartet hatten, als er aus Ostberlin kam. Der mit ihm auf Höhe des Reichstags auf die Detonation am Ministerium für Außenhandel und Innerdeutschen Handel wartete. Die dann so enttäuschend ausfiel, dass sie sie nicht bemerkten.

Diesen Beckmann hat mein Vater also aufgetrieben und kontaktiert. Durchgezogen hat er auf der Suche nach Manfred Schröder. Findig war er. Durchziehen und Lösungen finden, das sind auch zwei meiner Superkräfte. Sie können wirklich was. Dieses Projekt realisieren zum Beispiel. Über viele Hürden haben sie mich hinweggetrieben: finanzielle, handwerkliche, organisatorische, psychische, dramaturgische, systemische und juristische. Leider wende ich diese Superkräfte selten im schwelgerischen Rausch und im Vertrauen auf ihre Kraft an, sondern eher wie unter Zwang. Als gelte es, einen aussichtslosen Kampf zu bestehen.

Wie ist es wohl meinem Vater ergangen, als er 1963 in Berlin den verlorenen »Kameraden« gesucht hat?

6. Dezember 1963, Berlin, Hauptstadt der DDR, Pressekonferenz Albert Norden

Meine Damen und Herren!

Vor einigen Tagen eröffnete Walter Ulbricht mit seinem bekannten Interview für eine westdeutsche Illustrierte ein offenes deutsches Gespräch.

Albert Norden, Halbglatze, schwarzer Anzug, Schlips, steht an einem halbrunden holvertäfelten Rednerpult. Vor ihm zwei Mikrofone. Seine Haltung ist aufrecht, die Hände sind für das Publikum unsichtbar rechts und links vom Körper aufgestützt. Er gestikuliert nicht.

Alle Lehren der Geschichte in den Wind schlagend, sind mächtige politische Gruppierungen der Bundesrepublik entschlossen, Rache für Hitlers Niederlage zu nehmen. Wir sprechen von den Revanchisten, die über starke Stützen in der Bonner Regierung und allen Regionen des Staatsapparates verfügen. Der Revanchismus findet in Westdeutschland seinen markanten Ausdruck in der Annexion der DDR und weiter Teile Polens, der Sowjetunion und der Tschechoslowakei. Er praktiziert heute die Durchdringung Österreichs, die politische Zersetzung und terroristische Unterwühlung Norditaliens.

Norden spricht akzentuiert und artikuliert. Sein Ton ist sachlich, aber bestimmt. Die langen Sätze liest er größtenteils vom Blatt. Er rollt das R bei »markant« und »terroristisch«. Einzelne Worte wie »Revanchismus« hebt er rhetorisch hervor. Immer wieder spricht er seine Zuhörer mit »Meine Damen und Herren!« direkt an. Der Saal ist gut gefüllt, das Publikum verfolgt aufmerksam, was Norden über die NS-Verstrickung und NS-Verbrechen Bonner Politiker zu sagen hat. Ausführlich widmet sich Norden der Vergangenheit Hans Krügers, des Präsidenten des Bundes der Vertriebenen.

Die Treibereien [...] schaffen die politische Atmosphäre, in der Attentate und Blutvergießen gedeihen. Wir unterbreiten heute die Beweise dafür, daß die Terrororganisationen und Attentäter, die in diesem Jahr in Norditalien durch ihre Sprengstoffverbrechen viele Italiener töteten und verwundeten und Sachschaden in Höhe von mehreren Millionen Lire hervorriefen, identisch mit jenen sind, die vorher und nachher in der Hauptstadt der DDR am antifaschistischen Schutzwall [...] unter dem Banner des Antikommunismus gemeingefährliche Sprengstoffverbrechen begingen. Der Haupttäter von Mailand, Verona, Trient und anderen Orten

Italiens befindet sich in Gewahrsam der Sicherheitsorgane der DDR. Er heißt Manfred Schröder …

Und damit ist es in der Welt. Alles, was bislang in geheimen Gesprächen, auf Pfingstlagern, in Verhörzimmern und DDR-Ministerien diskutiert worden war, ist nun öffentlich. Albert Norden lässt nichts aus. Nicht die Bomben im Kino in Paris mit der OAS, nicht den Brandanschlag auf eine Druckerei in Berlin-Wedding, nicht die Südtirol-Plakate, nicht die Bomben in Verona, Trient, Mailand und Genua, nicht die Anschläge auf das Rote Rathaus, das Gerichtsgebäude, das Ministerium für Außenhandel in Ostberlin. Was Norden nicht erwähnt, ist, dass Schröder in Ostberlin nur eine einzige Fensterscheibe zerstörte und ein Simsblech verbog. Wen er hingegen erwähnt, sind mein Vater und mein Onkel. Auf Seite fünfzehn seines Redemanuskriptes: »Fritz Bünger alias ›Peter‹, der für die Einsatzbefehle, den Sprengstoffnachschub sowie -transport verantwortlich war, Bomben legte und unmittelbar nach der Festnahme des Schröder seinen letzten Wohnsitz in Köln-Longerich konspirativ wechselte. Willi Bünger alias ›Franz‹, der die Sprengkörper komplettierte und legen half.«

Ich lese diese Rede daheim am Schreibtisch, nachdem der erste Schwung Reproduktionen aus dem Stasi-Archiv gekommen ist. Ich habe nicht herausgefunden, warum mein Vater in Ostberlin zunächst Willi genannt wurde. Vielleicht war es ein Deckname. Ich bin nicht überzeugt, dass der Wohnungswechsel meines Onkels konspirative Gründe hatte. Ich selbst habe einmal über ein Jahr lang gebraucht, um dem Einwohnermeldeamt einen Wohnungswechsel mitzuteilen. Teuer war das. Aber ansonsten deckt sich Nordens Interpretation mit meiner und mit der Erzählung meines Onkels. Bis auf einen entscheidenden Punkt, an dem Norden fundamental von der Geschichte abweicht, wie sie sich mir bislang darstellt: Bei ihm sind mein Vater und mein Onkel »V-Männer des Gehlen-Geheimdienstes«. Gehlen, damit ist der Chef des westdeutschen Bundesnachrichtendienstes Reinhard Gehlen gemeint, eine der umstrittensten politischen Gestalten der Bonner Republik. Als Leiter der Abteilung fremde Heere Ost war er mitverantwortlich für Hitlers Krieg gegen die Sowjetunion, nach 1945 hat er unter Aufsicht der amerikanischen Armee einen westdeutschen Geheimdienst aufgebaut, den Bundesnachrichtendienst.

Mein Onkel lacht, als ich ihm von seiner angeblichen Arbeit für den BND erzähle. Und er fragt sich, ob »die« das wirklich geglaubt haben.

Ich habe einmal mit einem sehr netten Herrn aus dem Archiv des Bundesnachrichtendienstes wegen dieser Geschichte telefoniert und meine Hartnäckigkeitssuperpower eingesetzt. Der Herr hat mir gesagt, dass keiner der Protagonisten jemals für den BND gearbeitet hat.

Für Nordens Argumentation aber ist diese Behauptung bedeutsam. Schließlich hatte er bei Mielke »Zusammenhänge des und der Attentäter mit offiziellen bzw. offiziösen Stellen wie dem Verfassungsschutz« bestellt. Entsprechend fällt seine Conclusio aus:

Meine Damen und Herren! Die heute hier mitgeteilten Tatsachen beweisen, welche Gefahr für den Frieden Europas die an den Schalthebeln der westdeutschen Politik sitzenden Revanchisten darstellen. […] Die sozialistische deutsche demokratische Republik weiß sich gegen die Politik und die Politiker des Revanchismus zu schützen. Seit dem 13. August 1961 ist ihnen ein unüberwindlicher Sperrriegel vorgeschoben. Der antifaschistische Schutzwall ist für die Deutschen in Ost und West ein Friedensgarant, an dem sich die, die dagegen anrennen, nur den Kopf einrennen.

7. Dezember 1963, Clausthal-Zellerfeld

Mein Vater war einer dieser Zeitungsleser, von denen es heute nicht mehr viele gibt. Beinah täglich las er die »FAZ«. Er lag dann oft mehrere Stunden auf dem Wohnzimmersofa und hielt das großformatige Blatt mit beiden Händen vor sein Gesicht. Manchmal fluchte er beim Lesen. Auch Leserbriefe hat er an die »FAZ« geschrieben. Bei meinen ersten Online-Recherchen zu dieser Geschichte habe ich einen Leserbrief aus dem Jahr 2011 gefunden. Mein Vater lästert über den Ausbau Erneuerbarer Energien. »Und sicherlich sind auch die Feuerlandstürme unabhängig vom Azorenhoch, so daß wir von dort noch Windstrom bekommen könnten, wenn mal in Europa Flaute herrscht ... Müßten nicht sogar Hochspannungsleitungen zwischen Deutschland und Südamerika gebaut werden?« Sein Fazit: »Preiswerten Strom aus Kernkraft zu produzieren, das überlassen wir lieber den mit uns konkurrierenden Schwellenländern. Wir selbst machen lieber Wind.« Ich werde traurig, wenn ich diesen Brief lese. Dieser fiese zynische Tonfall, diese Mischung aus Arroganz und Resignation. Warum hat mein Vater, der findige Ingenieur, nicht genug Kreativität, um sich vorzustellen, dass man aus Wind- und Sonnenenergie Wasserstoff erzeugen und diesen dann in Leitungen transportieren oder verflüssigen kann? Warum hat er den Klimawandel nicht ernst genommen, diese Schuld, die er und ich jeden Tag unseres Lebens auf uns laden?

Ich weiß nicht, wann er mit der täglichen »FAZ«-Lektüre angefangen hat. Ob er sie am 7. Dezember 1963 in Clausthal-Zellerfeld schon regelmäßig gelesen hat. Es war ein Samstag. Mein Vater hat nicht im Institut gearbeitet. Vielleicht hatte er Pläne mit meiner Mutter. Seit zwei Monaten wohnt und arbeitet sie in Goslar, zwanzig Kilometer entfernt von Clausthal-Zellerfeld. Noch reicht das Geld nicht für eine Heirat und eine Wohnung, aber die räumliche Nähe ist der erste Schritt in eine gemeinsame Zukunft.

Seit dem Spätsommer oder seit dem frühen Herbst weiß mein Vater, dass Manfred Schröder in Ostberlin verschwunden ist, dass auch seine Kumpels in Berlin nicht wissen, wo er steckt. Übergelaufen, verhaftet oder verunglückt, das sind die Möglichkeiten. Ich nehme an, dass meinem Vater klar war, dass Verhaftung die wahrscheinlichste war. Was er aber wohl nicht ahnte, ist, dass Albert Norden die Propaganda-Messer wetzt. Sogar wenn er Nordens Globke-Prozess verfolgt haben sollte, niemand in Westdeutschland im Jahr 1963 kann so hellsichtig sein, sich eine »Aktion ›Internazi‹« vorzustellen. Aber ich kann mir denken, dass mein Vater wachsam war und die »FAZ« auf unliebsame Neuigkeiten geprüft hat, falls er sie damals schon gelesen hat. Dann könnte ihm der Bericht auf Seite drei aufgefallen sein. »Ost-Berlin beschuldigt Krüger«, lautete die Headline. Wenn mein Vater den kurzen Artikel gelesen hat, dann wird er danach in aller Ruhe getan haben, was immer er am 7. Dezember 1963 tat. Ich hingegen lese den Artikel im Sommer 2021 in der »FAZ«-Datenbank der Universitätsbibliothek Köln und bin nach der Lektüre verwirrt. Die »FAZ« berichtet auf fünfunddreißig schmalen Zeilen von Nordens Pressekonferenz. Sie teilt mit, dass Norden Anschuldigungen gegen Bundesvertriebenenminister Hans Krüger erhoben hat. Dieser sei im polnischen Chojnice »Sonderrichter und Ortsgruppenleiter der NSDAP gewesen«. Tatsächlich sah Krüger sich 1964 gezwungen, als Vertriebenenminister zurückzutreten.[20] Aber das ist nicht der Anlass meiner Verwirrung. Ich bin verwirrt, weil die »FAZ« sich jedwede Bewertung, jedweden Kommentar zu den Vorwürfen versagt. Ich bin aber noch verwirrter, weil sie mit keinem Wort Manfred Schröder erwähnt. Offenbar war ein »FAZ«-Korrespondent auf Nordens Pressekonferenz. Er hat die ganze Sache nachrichtenwürdig gefunden und über die ungemütlichen, aber bekannten Vorwürfe gegen Krüger geschrieben. Kein Wort aber war ihm die Neuigkeit wert: Nordens Behauptung, ein junger Mann aus der Eifel habe im Auftrag des Verfassungsschutzes und mit Unterstützung von unter anderem Fritz und Heinrich Bünger Bomben in Südtirol gelegt.

Nicht nur mein Vater konnte dröhnend schweigen und meisterhaft verdrängen, seine Lieblingszeitung konnte es auch.

Sommer 2021, Berlin, Archiv des Auswärtigen Amtes

In Italien hingegen wird nicht geschwiegen. »Gesamte italienische Presse veröffentlichte heute in größter Aufmachung Meldung von Verhaftung des Deutschen Manfred Schröder aus der Eifel in der Sowjetzone, der an Dynamitanschlägen in Südtirol beteiligt gewesen sein soll.« So steht es in einem Brief aus dem Auswärtigen Amt vom 9. Dezember 1963, den ich im Archiv des Auswärtigen Amtes in Berlin gefunden habe. Der Brief ist an das Bundesinnenministerium gerichtet und bittet um Stellungnahme.

An dieser Stelle der Geschichte hätte es geschehen können: ein Beamter im Bundesinnenministerium hätte die vorliegenden Informationen über die rechtsradikale Szene prüfen und die Landesämter für Verfassungsschutz um Informationen bitten können. Er hätte die Berichte von Walter König über Manfred Schröder, dessen Suche nach Sprengstoff im Frühjahr 1962, dessen Gewaltbereitschaft, rechtsnationale Ideologie und Kontakte zur französischen Untergrundbewegung OAS finden können. Er hätte eins und eins zusammenzählen, die Namen von Schröders mutmaßlichen Mittätern aus der italienischen Presse heraussuchen und zu seinem Vorgesetzten stapfen können. Der hätte die Kripo in Köln, im Harz und in Saarbrücken informieren können. Ermittlungen gegen meinen Onkel, meinen Vater und den Rechtsreferendar mit dem Vornamen Frank und auch gegen den unbekannten Rechtsreferendar aus Saarbrücken hätten aufgenommen werden können. Es wäre herausgekommen, dass mein Vater und mein Onkel Mitglieder im Bund Nationaler Studenten waren, dass mein Vater zu »übersteigertem Patriotismus« neigte und zu einer »stark nationalen Einstellung«. Zeugen und Indizien wären gefunden worden. Ich nehme an, mein Vater und mein Onkel wären verhaftet worden. Sie wären nach Alibis gefragt worden, die sie nicht gehabt hätten – noch nicht. Es ist wahrscheinlich, dass dieses Verfahren nicht mit einer Einstellung geendet wäre, sondern mit einer Verurteilung. Dann wäre mein Vater ins Gefängnis gekommen und hätte meine Mutter nicht heiraten können. Ich wäre nicht auf die Welt gekommen. Dass ich jetzt hier sitze und diese Sätze schreiben kann, ist das das Ergebnis eines lustlosen Vorgehens des Innenministeriums in der rechten Szene der 1960er-Jahre?

Am 20. Dezember 1963 wird beim Bundesnachrichtendienst folgende Antwort an das Auswärtige Amt verfasst:

Manfred Schröder, in sowjetzonaler Pressemeldung als Mitarbeiter des BND bezeichnet, ist hier unbekannt. Eine Person dieses Namens wurde im Zusammenhang mit den Ereignissen in Südtirol bisher nicht festgestellt. Identifizierung des angeblichen Manfred Schröder aus der Eifel ist nach hiesigen Unterlagen nicht möglich. Der Komplex Manfred Schröder bildet einen Teil der derzeitigen sowjetzonalen Propaganda-Aktion gegen […] Bundesminister Krüger […], [der] dabei auch als Auftraggeber der Sprengstoffattentate in Südtirol hingestellt [wird].

Offenbar hat niemand die Berichte von Walter König gelesen. Mein Onkel und mein Vater können 1963 in Ruhe Weihnachten feiern. Ich nehme an, zumindest mein Vater hat bei seinen Eltern gefeiert. Wahrscheinlich hat meine Großmutter sehr viel Essen serviert, in der Wohnung, um die einige Wochen zuvor Mitarbeiter der Stasi herumgestreift waren. Und in der ich viele Jahre später vor Bergen von Teilchen sitzen und viele weitere Jahre später mit meinem Onkel Streuselkuchen essen werde.

21. Februar 1964, Oberstes Gericht der DDR, Ostberlin

Der Gerichtsdiener nickt dem Fräulein zu, als es in aller Frühe durch das Portal des großen Gerichtsgebäudes tritt. Er kennt sie. Oft ist sie in den letzten Tagen ein und aus gegangen. Sicher nimmt er an, sie hat noch etwas Wichtiges zu erledigen. Aber sie hat keinen Grund, so früh hier zu sein. Es ist alles vorbereitet. Dennoch konnte sie nicht anders, sie musste sich noch einmal vergewissern, dass alles für Phase drei der »Aktion ›Internazi‹« vorbereitet ist. Sie musste noch einmal allein in der Ausstellung stehen, bevor die Journalisten aus der ganzen Welt ihr Werk betrachten werden. Kritisch prüft sie die Plakate, die sie mit so viel Bedacht hergestellt und im Gerichtskorridor aufgehängt hat. Eines zeigt Schröders Verbindungen zu den Terrorgruppen in Westberlin und der Deutschen Bundesrepublik. In säuberlichen Kästen sind die Namen der Mittäter und ihre Verbrechen aufgeführt. »Beckmann, Fred, circa 22 Jahre 17.6.62 Anschl. auf Druckerei in WB.teilgen. Aufbew.v.Sprengst.Kapseln-Zünder-

Batterie-Beutel-schwarzes Tuch«, steht zum Beispiel in der linken unteren Ecke eines Kastens mit der Überschrift »Vom Januar bis März 1962 aktive Organisierung von Terrorgruppen in der DBR u. Westbln.« Die Texte in den Kästen hat das Fräulein auf der Carola-Schreibmaschine geschrieben, dann ausgeschnitten und aufgeklebt. Die Überschrift hat sie handschriftlich auf das Plakat geschrieben. »Westbln« musste sie ein bisschen quetschen. Überhaupt war es schwierig, die vielen Männer, die vielen Schandtaten auf diesem Plakat unterzubringen. Deswegen sind Abkürzungen wie »Aufbew.v.Sprengst.Kapseln« entstanden. Dennoch ist sie mit dem Ergebnis einigermaßen zufrieden. Die bunten Verbindungslinien hat sie sorgfältig mit dem Lineal gezogen, das macht etwas her. Sie geht weiter. Auch die Überschrift des nächsten Plakates »Verbindungen des Schröder zu Parteien-Organisationen und Untergrundbewegungen« hat sie wegen der Einheitlichkeit selbst geschrieben. Um den Besuchern klarzumachen, über welche weitverzweigten internationalen Verbindungen die Schröder-Bande verfügt, hat sie kleine Flaggen von der BRD, England, Frankreich und Österreich auf das Plakat gezeichnet. Zu ihrer großen Freude hatte sie sogar Fotos von einigen der Komplizen Schröders zur Verfügung, die sie ausschneiden und aufkleben konnte. Nun prangt zum Beispiel unter der österreichischen Fahne ein Foto von Norbert Burger, dem österreichischen Hitler-Soldaten und Terroristen, der von der DBR geschützt wird. Leider hatte sie kein einziges Foto der Schröder-Komplizen aus der DBR, nicht von Fritz Bünger, nicht von dessen Bruder. Immerhin wissen sie dank der tadellosen Arbeit der operativen Kräfte inzwischen, dass er nicht Willi, sondern Heinrich Bünger heißt.

Als ihr Blick auf den einsamen Namen »Frank« stößt, der neben den Bünger-Brüdern steht, steigt der Ärger in ihr hoch. Immer noch ist das Fräulein erzürnt, dass von diesem ominösen Frank nicht mehr als der Vorname auf dem Plakat steht. Der Nachname war einfach nicht aus dem Terroristen Schröder herauszubekommen. Wahrscheinlich weiß er ihn wirklich nicht.

Das Fräulein geht weiter zu den Plakaten, die die Attentate Schröders und seiner Gruppe in Westeuropa zeigen. Auf dieses Ausstellungsstück ist sie besonders stolz. Hier können die Besucher mittels elektronischer Impulse die Tatorte sichtbar machen, an denen Schröder sein terroristisches Geschäft ausübte: Paris, Italien, die Hauptstadt der DDR.

Neben diesem Prunkstück befindet sich die Sektion der Tatortfotos. Grausam verwüstete Räume sind zu sehen. Zimmer, übersät mit Schutt, Staub und zerstörten Möbeln. Das Fräulein selbst hatte dem Genossen aus dem Presseamt vorgeschlagen, diese Fotos zu verwenden. Zuvor hatte sie lange auf das Bild des Ministeriums für Außenhandel und Innerdeutschen Handel geschaut, das die Fotografen nach dem Anschlag aufgenommen hatten. Auf die zerstörte Fensterscheibe. Und auf das durch seine Sprengung verbogene Simsblech. Die Innenräume waren nicht von der Bombe erfasst worden. Das Fräulein hatte versucht, sich vorzustellen, wie diese Bilder neben den Plakaten mit den internationalen Netzwerken Schröders wirken würden. Sie hatte den Techniker um eine Ausschnittvergrößerung gebeten. Die spinnennetzförmigen Risse in der Scheibe waren angeschwollen, aber das Muster, das sie bildeten, hatte zart gewirkt, fast schön. Es hatte nicht nach blindwütiger Zerstörung ausgesehen. Sie hatte testweise eine Bildunterschrift verfasst, die die Geistesgegenwart der Volkspolizisten lobte, weil sie größeren Schaden verhindert hatten. Aber auch das hatte sie nicht zufriedengestellt. Und dann hatte sie die Tatortfotos von einem anderen Anschlag gefunden, der einige Wochen zuvor verübt worden war. Nicht von Manfred Schröder, sondern von einem unbekannten Feind der Republik. Sie war zum Genossen aus dem Presseamt gegangen und hatte ihm vorgeschlagen, diese zu benutzen, um Schröders Taten auf den Plakaten zu illustrieren. Der Genosse war erst ein wenig ungeduldig gewesen, aber er hatte die Fotos angeschaut, dann das Fräulein, und er hatte genickt. Sie spürt noch den Stolz, den sie an dem Tag empfand, als sie vor den vergrößerten Tatortfotos steht, die sie säuberlich auf Karton geklebt hat.

Ja, sie kann zufrieden mit ihrer Leistung sein. Arbeitsreiche Wochen liegen hinter ihr. Die Ausstellung, in der das Fräulein nun steht und die den Tatbestand und die politischen Zusammenhänge erläutert, war nur ein Teil der Arbeit. Gemeinsam mit zwei Genossinnen war sie für alle Schreib- und Hilfsarbeiten innerhalb der Arbeitsgruppe verantwortlich gewesen, der die »Anleitung der Presse und Sicherstellung der Argumentation im Fall Terrorist Schröder« oblag. Sie hatte erleben dürfen, wie die wichtigsten Säulen der DDR, das Zentralkomitee, die oberste Staatsanwaltschaft, das Presseamt, die Presseabteilung des Ministeriums für Auswärtige Angelegenheiten und das Ministerium für Staatssicherheit zusammenarbeiten.
Sechzig Vertreter unterschiedlicher Publikations-

organe hatten das Fräulein und ihre Kolleginnen für den heutigen Tag eingeladen, darunter zentrale Tagespresse der DDR, Fernsehfunk und Rundfunk, aber auch die wesentlichen in der DDR akkreditierten ausländischen Korrespondenten und Vertreter namhafter Zeitungen aus Österreich und Frankreich. Außerdem Vertreter westdeutscher und internationaler Zeitschriften und Nachrichtenagenturen. Das Fräulein hatte die Telegramme an die Westmedien geschickt. Auch den Text hatte sie vorgeschlagen und war sehr stolz gewesen, dass er fast ohne Änderungen übernommen worden war:

Am Freitag, dem 21.2.1964, beginnt um 9h vor dem Obersten Gericht der DDR der Prozeß gegen den Terroristen und Diversanten Manfred Schröder. Ihre Redaktion hat die Möglichkeit, zu diesem Prozeß einen Berichterstatter zu entsenden. Bitte teilen Sie uns umgehend, spätestens bis Donnerstag mittag, die Personalie Ihres Vertreters mit. Presseamt beim Vorsitzenden des Ministerrates der DDR.

Sie hatte auch das zweifelhafte Vergnügen gehabt, das freche Telegramm dieser Kölner Zeitung entgegenzunehmen, in dem in schlechter Orthografie gestanden hatte: »WIR KENNEN HERRN SCHROEDER NIHT WIR WUESSTEN AUCH GERN, WAS EIN TERRORIST UND EIN DIVERSANT IST BEVOR WIR UNS ENTSCHEIDEN KOENNEN OB WIR EIN REDAKTIONSMITGLIED ZUM PROZESS ENTSENDEN.« Sie hatte die Anmeldungen der Journalisten der Westmedien »Spiegel«, »Neue Ruhr Zeitung«, »Frankfurter Rundschau« und »Süddeutsche Zeitung« und der »Deutschen Presseagentur« erfasst und den Herrn Minister des Inneren um Aufenthaltsgenehmigung für die Journalisten gebeten. Auch die Einladung an den italienischen Generalkonsul in Westberlin hat das Fräulein getippt. Sie weiß, dass Norden sich von der Anwesenheit des Konsuls zusätzliche Effekte erhofft. Schließlich gibt es in Italien eine starke kommunistische Bewegung und ein großes Interesse daran, die Attentate aus den Jahren 1962 und 1963 aufzuklären.

Die internationalen Journalisten hingegen waren von ihren beiden Kolleginnen betreut worden. Beinahe wäre an denen der gesamte Agitationsplan, die gesamte »Aktion ›Internazi‹« gescheitert. Das Fräulein versteht immer noch nicht, wie die dummen Gänse auf die Idee gekommen sind, die Anfrage der römischen Nachrichtenagentur eigenständig und völlig ohne Absprache zu beantworten.
Zum Glück war sie genau in dem Moment in das Büro der beiden getreten, um sich ein Farbband auszuleihen, als sie versuchten, eine Antwort auf die Frage aus Rom zu verfassen. Die Journalisten hatten die Phase zwei der »Aktion ›Internazi‹« offenbar aufmerksam verfolgt, sie hatten sich beim Presseamt gemeldet und wissen wollen, ob es weitere Informationen zu den Tätern von Verona, Trient und Bozen gäbe. Der Brief war wohl für eine Anmeldung zum Prozess gehalten worden und unglücklicherweise auf dem Schreibtisch der beiden dummen Gänse gelandet. Als das Fräulein auftauchte, waren sie gerade dabei gewesen zu antworten! Die eine war wie eine schrecklich schlechte Kopie des Propagandaministers im Zimmer auf und ab gegangen und hatte der anderen diktiert: »Die Bombe, die am 20. Oktober 1962 in Verona hochging, war gemeinschaftlich von

Manfred Schröder, Peter Kienesberger sowie Fritz und Willi Bünger gelegt worden.«
»Er heißt Heinrich!«, hatte das Fräulein gerufen und »Was macht ihr denn da?«. Und dann war alles herausgekommen. Beinahe hätten sie ein paar der wichtigsten Anklagepunkte bereits vor Prozessbeginn an eine römische Nachrichtenagentur ausgeplaudert. Das Fräulein war in einem Ausmaß wütend geworden, das sie vorher nicht für möglich gehalten hätte. Am liebsten hätte sie die beiden Gänse direkt an den Haaren zum Propagandaminister gezogen. Aber der saß in einem anderen Gebäude. Außerdem wäre sie wohl nicht an seinem Vorzimmer vorbeigekommen. Also verbot sie den Gänsen, irgendwas Weiteres zu unternehmen, wozu sie eigentlich nicht befugt war, und schrieb einen Bericht, den sie bis spät in die Nacht fünfmal abtippte und den Mitgliedern der Arbeitsgruppe mit dem Vermerk »Eilt« zukommen ließ. Bereits am nächsten Morgen hatte es eine Anhörung gegeben, und die beiden Gänse waren strafversetzt worden.

Das Fräulein wirft einen letzten Blick auf das Bild des Terroristen Manfred Schröder, das zuoberst auf dem Plakat »Verbindungen des Schröder zu Parteien-Organisationen und Untergrundbewegungen« prangt. Sein Blick ist starr hinter der Brille. So sieht ein neofaschistischer Verbrecher aus. So sieht die Bedrohung des Friedens der Völker aus, denkt das Fräulein. Und heute, am 21. Februar 1964, wird es die Welt erfahren.

Wieder habe ich mein fiktives Fräulein benutzt, um mir vorzustellen, wie dieser Teil des Staatsapparates der DDR im

Winter 1963/64 gearbeitet hat. Wieder habe ich mir Dinge ausgedacht. Ich weiß nicht, ob es damals Sekretärinnen gab, die eigenmächtig internationalen Presseagenturen geantwortet haben. Fakt ist, dass es Anfragen aus Italien gab, wo man bislang ergebnislos nach den Tätern von Verona gefahndet hatte. Es gab Einladungen an Westmedien mit genau dem Text, den ich meinem Fräulein zugeschrieben habe, und es gab eine Antwort vom »Kölner Stadt-Anzeiger«, die mein Fräulein nur als Frechheit empfinden konnte. Auch gab es Journalistinnen und Journalisten aus fünfzehn Ländern, für die im Foyer des Gerichts eine Ausstellung installiert war, die den »Tatbestand und die politischen Zusammenhänge« erläutern sollte und in der genau die Plakate aufgetaucht sind, auf die das Fräulein so stolz ist.

Einige der Plakate gibt es noch heute. Sie haben über sechzig Jahre in irgendwelchen Aktenschränken gelegen. Ich habe sie im Lesesaal des Stasi-Archivs angeschaut. Im Bundesarchiv in Koblenz habe ich eine Liste mit den Journalisten und Journalistinnen gefunden, die sich für den Prozess akkreditiert haben. Das Fernsehen der DDR war ausgiebig vertreten, ebenso Print und Radio. Aber auch die westdeutschen Medien, die mein Fräulein erfasst hat. Außerdem Pressevertreter und -vertreterinnen aus Österreich, Russland, der Tschechoslowakei, Finnland, Polen, Serbien, Dänemark, Norwegen, Frankreich, Italien und den USA. Für die Agentur Reuters war Frederick Forsyth akkreditiert, der später als Autor von Spionagethrillern Weltruhm erlangen sollte.

Mein fiktives Fräulein steht vor dem Sitzungssaal des 1. Strafsenats des Obersten Gerichts. Ich verlasse sie hier. Sicher wird sie zufrieden sein mit Phase drei der »Aktion ›Internazi‹«, dem Prozess gegen Manfred Schröder.

24. Februar 1963, 1. Strafsenat des Obersten Gerichts der DDR, Ostberlin

Ich glaube, alle in der DDR waren zufrieden mit dem Verlauf des Prozesses. Denn aus der Perspektive Albert Nordens performt Manfred Schröder meisterlich. Er setzt das fort, was er in den Vernehmungen angefangen hat, und erzählt alles. Von seiner politischen Einstellung, seiner Lektüre von »Mein Kampf« und Hans Grimms »Volk ohne Raum«. Von den Südtirol-Parolen, den Flugblättern, den Attentaten. Er beschreibt die Schaffung eines »Deutschen Reiches nationalsozialistischer Grundlage« als sein »Nahziel«:

Dieses Deutschland müsste seine Grenzen nach dem sogenannten ethnografischen Prinzip haben, d.h., Deutsche in Mitteleuropa oder Deutsch sprechende Menschen in Europa müssten in einem Staatsverband vereinigt sein. Dazu zähle ich u.a. Deutschland in seinen Grenzen 1937, dann das Sudetenland, also praktisch, um es mit einem Wort zu sagen, das Großdeutsche Reich.

Er nennt die Namen seiner Mittäter. Den Namen meines Onkels und meines Vaters. Er nennt sie vor großem Publikum, vor DDR-Fernsehkameras, vor dem italienischen Botschafter aus Westberlin, vor internationalen Journalisten und vor Frederick Forsyth.

Unter den Zeugen hat Walter König den eindrucksvollsten Auftritt. Ich kenne seine Stimme. Im Stasi-Archiv liegen Aufnahmen von allen drei Prozesstagen. Beflissen klingt er, als er von seiner Begegnung mit Schröder und seinen Berichten an den Verfassungsschutz erzählt:

Jedenfalls auf alle meine weiteren Fragen, den Herren des Verfassungsschutzes gegenüber, hieß es, dass der Schröder für sie wenig interessant sei. Sie zeigten sich am laufenden Band desinteressiert, immer, wenn mein Gespräch daraufhin kam. Und ich stellte fest, dass zumindest zu der Zeit, wo ich noch in Westdeutschland war, nichts in dieser Richtung unternommen wurde gegen Schröder und gegen diese Bestrebung.

Bei einem späteren Archivbesuch werde ich erfahren, dass es ein bisschen Aufregung beim Verfassungsschutz gegeben hat, weil ein V-Mann in der SBZ über geheime Operationen plaudert. Allerdings hat man sich recht schnell wieder beruhigt:

Da König ausschließlich auf dem Rechts-Sektor mit [...] zusammenarbeitete und dies auch nur kurze Zeit der Fall war, konnte er keinen Einblick in unsere Organisation und unser besonderes Aufgabengebiet gewinnen. Er dürfte daher nicht in der Lage sein, wesentliche Dinge in der SBZ zu berichten.

Zufrieden war Albert Norden wohl auch mit dem Plädoyer des Generalstaatsanwaltes Josef Streit:

Herr Vorsitzender, hoher Senat, in den vergangenen zwei Tagen der Beweisaufnahme vor dem Obersten Gericht der Deutschen Demokratischen Republik wurde eine Kette gefährlichster Verbrechen enthüllt.

Und mit dessen Forderung für das Strafmaß:

Hohes Gericht, ich komme zum Strafantrag. Angesichts der Gefährlichkeit der Verbrechen des Angeklagten, die geeignet sind, das friedliche Leben und die Sicherheit unseres ganzen Volkes zu gefährden, ist die dauernde Isolierung des Angeklagten von der Gesellschaft erforderlich. Ich bean-

trage, den Angeklagten Schröder wegen schwerer Diversion in Tateinheit mit Terror und Hetze zu lebenslangem Zuchthaus zu verurteilen.

Am 26. Februar 1963 um sechzehn Uhr wird Manfred Schröder von dem Vorsitzenden Richter des 1. Strafsenats der DDR zu einer lebenslänglichen Zuchthausstrafe verurteilt. Nicht wegen der Attentate in Italien, die waren nur einbezogen worden, um die »kriminelle Karriere des Angeklagten« darzustellen, sondern weil er am 16. Juni 1963 in Ostberlin drei Sprengstoffpakete abgelegt hatte, von denen eines zur Explosion gekommen und eine Fensterscheibe zerstört hatte.

Sechs Wochen später wird er nach Bautzen überführt, dem berüchtigten Gefängnis der DDR, in dem unter anderem Gefangene aus Westdeutschland einsitzen.

Sommer 2021, Köln

Im Sommer 2021, nach dem Streuselkuchen, erzählt mir mein Onkel, wie er sich damals informiert hat, über den Prozess gegen Manfred Schröder. Ich bin ein bisschen beeindruckt, als er von der Bibliothek im Bundesministerium für gesamtdeutsche Fragen berichtet, in der es DDR-Presse gab. »›Neues Deutschland‹ und sonst alles da […]. Und da bin ich dann öfters hingefahren und habe das nachgelesen, was da jetzt über Schröder in der Zeitung stand.«

Mein Onkel hat die DDR-Presse gelesen. So wie ich fast sechzig Jahre später. Die »Berliner Zeitung« (»Sumpfblüte des Revanchismus«), die »Tribüne« (»gefördert und gesteuert vom Bundesamt für Verfassungsschutz und dem Bundesnachrichtendienst«), das »Neue Deutschland« (»Schröder ist Faschist«), die »Junge Welt« (»Bonner Verfassungsschutz schickte Bombenleger«) und die vielen anderen Artikel aus den drei Prozesstagen. Er hat den Namen Peter Kienesbergers, seinen und den meines Vaters gelesen. In Sätzen wie diesen: »Schröder arbeitet damals mit dem zu Bonner Geheimdiensten in Verbindung stehenden Terroristen Bünger, alias ›Peter‹ zusammen.« (»Berliner Zeitung«, 21.2.1964), »Unter der Devise ›Südtirol hilft Berlin – Berlin hilft Südtirol‹ kam es zwischen der Terrorgruppe Schröder und dem Sprengstoffattentäter Bünger sowie Hintermännern zu einer verbrecherischen Aktionsgemeinschaft.« (»Neues Deutschland«, 25.2.1964)

Mein Onkel muss über die Anschuldigungen in der DDR-Presse lachen, als ich sie ihm vorlese. »Hast du das auch gelesen mit russischem Roulette? Stand auch in der DDR-Presse. Bünger hätte vorgeschlagen, jetzt spielen wir mal russisches Roulette. Das ist nur was für richtige Männer.«

Wenn es meinen Onkel damals nervös gemacht hat, seinen Namen in diesen Zeitungen gedruckt zu sehen – als ich ihn knapp sechzig Jahre später danach frage, ist davon nichts zu spüren:

»Und habt ihr euch Sorgen gemacht?«, frage ich.

»Um Schröder?«

»Ja, um Schröder … Und um euch?«

»Um uns haben wir uns keine Sorgen gemacht. […] Ich weiß nicht, ob wir damals in der Stimmung verurteilt worden wären von einem Gericht. Ich bezweifle es eigentlich. Ich finde auch Folgendes interessant: Der Staatsanwalt hat behauptet […], ob man das nicht irgendwie vergleichen könnte mit Graf Stauffenberg. Das war die Stimmung damals. Um Schröder haben wir uns aber große Sorgen gemacht, und ich kann mich noch gut erinnern, dass wir befürchtet haben, dein Vater und ich, wenn wir zusammensaßen, über Schröder sprachen, dass wir gesagt haben: Hoffentlich verurteilen sie ihn nicht zum Tode. Das haben wir befürchtet. Insofern richtig eine Erleichterung, als er schließlich nur lebenslänglich gekriegt hat. Wobei allgemein gesagt wurde, lebenslänglich ist in der DDR eben nicht lebenslänglich, da kommt man doch verhältnismäßig schnell wieder raus.«

Als ich nach diesem Gespräch im Regionalexpress sitze, wird mir klar, dass ich soeben einen der Gründe erfahren habe, aus denen mein Onkel so entspannt ist. Wer sich in der Tradition Stauffenbergs sieht, der ist nicht nervös. Der kann gut schlafen.

Auch in Russland wurde über den Prozess berichtet. Und in den USA. Die »New York Times« schreibt am 27. Februar 1964 unter der Headline »West German Is Sentenced By East as Bomb Terrorist«:

Schröder, who is 22 years old, was described by the court as a »dangerous terrorist«. Judge Walter Z. said his »intellectual instigators« could be found in the West German Government. The court declared the trial showed that East Germany could not leave it to the West Germans to determine who could enter East Berlin and who could not.

Die Berichterstattung der westdeutschen Presse fällt anders aus. Die »FAZ« beklagt das »Barbarische Urteil für einen Wirrkopf«. Die »Süddeutsche Zeitung« schließt sich mit einem Zitat von Walter König dem Urteil des Verfassungsschutzes an, »dass Schröder wenig interessant sei«. Der »Tagesspiegel« analysiert: »Der Angeklagte mußte zum Prototyp des Westdeutschen gestempelt werden, um an seiner Seite die Bundesrepublik auf die Anklagebank setzen zu können.« Und die »Welt« resümiert gemeinsam mit Schröder über die sozialistische Gesellschaft: »Sie hat mich nicht überzeugt.« Keine Westzeitung nimmt die Vorwürfe des DDR-Staatsanwaltes ernst, keine geht auf die internationalen Verbindungen, die Organisationen, Treffpunkte und Kontexte ein.

Ich werde Gideon Botsch im Sommer 2023 diese Berichterstattung zeigen. Er wird in den Artikeln drei klassische Motive der Narrative rechter Gewalt ausmachen: den Einzeltäter, den Wirrkopf, die Verharmlosung der Tat. Er wird auf die lange Tradition dieser Motive eingehen und historische Beispiele nennen, etwa einen Anschlag mit Blausäure auf den SPD-Politiker Philipp Scheidemann im Jahr 1922, der im Nachgang als Ulk, als Streich bezeichnet wurde. Er wird darlegen, wie die Isolierung der Täter als einzeln Handelnde, als psychisch Beeinträchtigte von der Tatsache ablenkt, dass es eine gesellschaftliche Stimmung gibt, die die Tat trägt.

Ich glaube, dass die postfaktische Verzerrung der DDR-Propaganda im Falle Schröder es der BRD besonders leicht gemacht hat, die Kontexte und Netzwerke zu ignorieren.

Allerdings geht die Ignoranz nicht so weit, dass Schröders Mittäter unerwähnt bleiben würden. Der Name meines Vaters und meines Onkels stehen im Zusammenhang mit Sprengstoffverbrechen in Italien in der Zeitung. Und da hat mein Onkel sie entdeckt, wie er mir erzählte:

»Ich kann mich noch genau erinnern. Da hatte ich die ›Frankfurter Allgemeine‹ abonniert. Und die war immer im Briefkasten, als ich morgens ins Büro fuhr, nach Ford. Und da las ich da: Ein Westdeutscher in Ostberlin. […] Und ja, dann sahen wird das da. […] An mehr kann ich mich nicht erinnern.«

Mein Onkel erzählt mir, dass er meinen Vater informiert hat. Und dann habt ihr besprochen, was man macht?, frage ich.

»Ja, und kamen zu der Erkenntnis, am besten gar nichts. Was kann man da schon machen?«

Am Abend des Tages, an dem ich mit meinem Onkel Streuselkuchen gegessen habe, klappe ich den Deckel der Kiste auf, in der das Material liegt, das ich im Herbst 2019 auf dem Speicher meines Elternhauses gefunden habe. Ich lege das Schulzeugnis meines Vaters zur Seite, ebenso sein Diplom. Auch Hitlers »Mein Kampf« interessiert mich im Moment nicht, nicht die zweite Auflage der »Nürnberger Gesetze« von 1937 oder »Deutschlands blutende Grenzen«, ebenso wenig die Korrespondenz meines Vaters mit seinem Anwalt, das Landser-Heft.

An den Bewerbungsfotos meines Vaters bleibe ich hängen. Mein Vater sieht gut aus. Er schaut freundlich, seine Lippen und seine Stirn sind entspannt. Das weiße Hemd ist ordentlich, der Schlips hat kleine geometrische Figuren. Ich meine, mich an ihn zu erinnern. Das Sakko sitzt.

Der Fotograf hat seine Sache gut gemacht. Irgendwie gehe ich davon aus, dass in den 1960er-Jahren im Fotostudio in Clausthal-Zellerfeld ein Mann für Bewerbungsfotos zuständig war. Denn dort sind diese Fotos aufgenommen, wie mir ein blauer Stempel auf der Rückseite verrät. »Foto Hess, Clausthal-Z.« steht da, auf einigen außerdem in Schreibmaschinenschrift die Anschrift meines Vaters: Heinrich Bünger, Clausthal-Zellerfeld, Bergstr. 2. Damit ist klar, wann diese Fotos entstanden sind: Ende 1965 oder Anfang 1966. Als mein Vater ein gut angezogener, gut aussehender Ingenieur war, der sich auf seine Bewerbung in einem der großen Chemieunternehmen der aufstrebenden Bundesrepublik vorbereitete. Seine Promotion war beinahe abgeschlossen, er hatte beste Zeugnisse, er hatte Verbindungen. Ideale Startbedingungen für eine Karriere.

Nichts auf diesem Foto deutet darauf hin, dass ein junger Mann aus der Eifel der Weltöffentlichkeit am 24. Februar 1964 erzählt hat, der junge Ingenieur wäre ein Attentäter. Dass er daraufhin im zweiten Mailänder Südtirol-Prozess angeklagt wurde. Dass der junge Ingenieur zu der Zeit, als diese Fotos entstanden sein müssen, seine Freunde fragte, ob er nicht vielleicht im Oktober 1962 mit ihnen zusammen gewesen sei und ob sie das in Mailand vor Gericht bestätigen würden.

Keine Spur all dieser Vorgänge findet sich auf diesen Fotos. Der einzige Hinweis auf eine Unruhe, die mein Vater Ende 1965, Anfang 1966 empfunden haben könnte, ist ihre schiere Anzahl. Ich lege sie nebeneinander auf meine Schreibtischplatte. Wie ein fertig gespieltes Puzzle mit nur einem einzigen Motiv. Mein Vater schaut aus neunundzwanzig Augenpaaren freundlich und gut ausgeleuchtet zu mir hoch. Warum so viele? War doch klar, dass sich die Personalbüros von BASF, Bayer und Dynamit Nobel die Finger nach ihm lecken würden.

Aber diese mögliche Unruhe ist nichts als eine steile These. Und ich darf nicht vergessen, dass mein Vater es liebte, über Material in großer Anzahl zu verfügen: Muttern, Unterlegscheiben, Schmuckabschlüsse von Gardinenstangen, Einmachgläser, Gummiringe und Briefmarken.

Abgesehen von dieser steilen These lassen die Fotos keinerlei Hinweis auf Untergrundbewegung erkennen. Sie haben eine spiegelglatte Oberfläche, genau wie das Leben meines Vaters zu dem Zeitpunkt, an dem sie entstanden sind: Am 23. Februar 1966 schloss er seine Promotion mit »Summa cum laude« ab. Dieses »Summa cum laude« ist ein legendärer Begriff in meiner Familie. Ich selbst habe nur ein »Magna cum laude«. Eine Woche später trat er eine Stelle bei Bayer in Leverkusen an. Als Vorstandsassistent. Er forscht zu neuen Plastikverbindungen. Bayer ist mitten in der »großen Beschleunigung«, die globale Wirtschaft wächst um den Faktor fünfzehn. Mein Vater ist mittendrin.

Dass am 12. Januar 1966 in Mailand der zweite Mailänder Südtirol-Prozess eröffnet und mein Vater angeklagt wurde, scheint niemanden zu interessieren.

Dass die »Süddeutsche« am 1. Februar und die »Die Zeit« am 18. Februar 1966 über den Prozess schreiben und meinen Vater und meinen Onkel erwähnen, scheint niemanden zu interessieren.

Irgendwann Ende 1965 oder Anfang 1966 setzen mein Vater und meine Mutter ein Datum für die Hochzeit fest. Im August 1966 wollen sie vor den Altar treten.

TEIL 4

JULI 1966, Goslar

Eine oder zwei Wochen, bevor ich Goslar verlassen hätte, kriegte ich ein Telegramm aus dem Klingelpütz aus Köln. Da war nicht viel vermerkt, außer: Mach dir keine Sorgen, das wird sich alles aufklären, dein Heiner. […] Und ich bin aus allen Wolken gefallen, ich habe von nichts 'ne Ahnung gehabt. […] Ich glaube, ich hab im ersten Moment, vielleicht auch aus Selbstschutz, gedacht: Das muss ein Irrtum sein, das wird sich wieder auflösen. Aber das hat sich nicht aufgelöst. Nein. Sechs Monate hat der da gesessen. Und ich musste meine Hochzeit absagen. Die ganzen Gäste ausladen.

Meine Mutter hat mir im Sommer 2022 von diesem Tag erzählt, an dem sie aus allen Wolken fiel. Mein Vater war verhaftet worden und saß im Kölner Gefängnis »Klingelpütz« in Untersuchungshaft. Er hatte mit ihr ein Restaurant für die Hochzeit ausgesucht, er hatte mit ihr die Gästeliste besprochen, er hatte mit ihr eine gemeinsame Wohnung in Leverkusen angemietet. Aber er hatte ihr nichts erzählt. Nicht, dass er in Mailand angeklagt war. Nicht, dass er am 20. April 1966 in Mailand in Abwesenheit zu einundzwanzig Jahren und sieben Monaten verurteilt worden war, wegen Sprengstoffverbrechen und Mord. Nicht, dass das Urteil fragwürdig war, weil es sich auf die Berichte aus Ostberlin über die Aussagen Schröders in einem DDR-Schauprozess stützte. Nicht, dass es angesichts der Aussage Schröders, der Zeitzünder in Verona habe versagt und sei ungeplanterweise tagsüber explodiert, hart ausgefallen war. Und auch nicht, dass er trotzdem Glück gehabt hat: Deutsche dürfen laut Verfassung nicht ans Ausland ausgeliefert werden.

19. Juli 1966, Vormittag, Darmstadt

Der Staatsanwalt des Landgerichts Köln und der ermittelnde Kommissar sind persönlich nach Darmstadt gereist. Am frühen Vormittag stehen sie mit einem Kollegen des Landeskriminalamtes vor dem zweistöckigen Haus mit den blauen Fensterläden, in dem Frank Berger ein Zimmer bewohnt. Sie klingeln. Alles bleibt still. Gegen 10.30 Uhr verlässt Frank Berger das Haus und geht zu seinem Pkw. Er wird festgenommen und in das Haus begleitet, wo ihm Haft- und Durchsuchungsbefehl ausgehändigt werden. Nach der Lektüre des Haftbefehls erklärt er, es müsse sich um einen Irrtum handeln.

Bei der Durchsuchung des Zimmers von Frank Berger werden unter anderem Behältnisse mit nazistischen Emblemen, wie NSDAP-Parteiabzeichen und Hitler-Postkarten gefunden. Des Weiteren eine Anzahl von Büchern zur Situation Südtirols.

Aus den Unterlagen, die in seinem Zimmer gefunden werden, ist ersichtlich, dass Berger stellvertretender Kreisvorsitzender der NPD ist und dass er für die NPD Prozesse gegen die Stadt Darmstadt geführt hat wegen Verweigerung, einen Saal bereitzustellen, sowie gegen den NDR wegen der Behauptung, die NPD sei eine Nachfolgeorganisation der NSDAP.

Im Laufe der Durchsuchung äußert Berger, er kenne die Brüder Bünger nur flüchtig. Fritz Bünger habe er ein einziges Mal besucht. Über Manfred Schröder befragt, will Berger diesen zunächst nicht kennen, räumt dann aber ein, ihn auf Burg Stettenfels getroffen zu haben. Nach Abschluss der Vernehmung wird Berger dem Dezernat 5 der Kripo Darmstadt zugeführt.

19. Juli 1966, Abend, Leverkusen

Es ist noch hell, als die zwei Kripobeamten aus Köln und ihre beiden Kollegen aus Leverkusen das Doppelhaus in einer kleinen Straße ganz in der Nähe des Bayer-Werkes erreichen. Sie betätigen die Klingel der linken Doppelhaushälfte. Die Hauseigentümerin öffnet die Tür. Als sie nach ihrem Mieter gefragt wird, gibt sie an, er habe das Haus gerade verlassen, um etwas zu erledigen. Die Beamten postieren sich in der Wohnung der Wirtin und warten. Gegen 20.40 Uhr kommt der Mieter zurück. Er betritt das Haus. Ein Beamter stellt sich vor, bittet um seinen Ausweis, ein zweiter blockiert die Tür. Er hält fest, dass es sich um den gesuchten Dr. Heinrich Bünger handelt, zeigt ihm den Haftbefehl und teilt ihm mit, dass sie nun seine Wohnung durchsuchen werden. Bünger bittet darum, mit seinem Anwalt telefonieren zu dürfen, die Nummer hat er zur Hand. Der Anwalt rät ihm, die Durchsuchung zu gestatten, und teilt ihm mit, dass auch gegen seinen Bruder etwas »im Gange« sei.
Die Wohnung besteht aus einem möblierten Zimmer im zweiten Stock, die Beamten sind mit der Durchsuchung schnell fertig. Sie beschlagnahmen fünfundzwanzig Gegenstände, unter anderem einen Wahlaufruf der NPD und ein Schreiben an einen Mann namens Heinz Nowak, das die Frage enthält, ob er bereit wäre, zu bezeugen, dass er am 19. Oktober 1962 mit Bünger zusammen war. Bünger verhält sich während der gesamten Aktion kooperativ und sachlich.
Nach abgeschlossener Durchsuchung wird der Häftling nach Köln transportiert, erkennungsdienstlich erfasst und vernommen. Er bestätigt den Ablauf der

Verhaftung und die freiwillige Herausgabe der Beweismittel, besteht allerdings darauf, dass sie nicht als »Beweismittel« im Protokoll auftauchen, sondern als »Unterlagen«. Er bestreitet, im Sinne der Vorwürfe des Haftbefehls schuldig zu sein, und verweigert weitere Aussagen zur Person und zur Sache.
Die Vernehmung des Bünger dauert bis 24 Uhr. Im Anschluss wird er dem Gewahrsamsdienst überstellt.

Mein Vater muss mit so etwas gerechnet haben. Das Verschwinden Schröders, der Prozess in Ostberlin, die Anklage in Mailand, das Urteil. Er war vorbereitet. Ein Alibizeuge war gefunden, der Anwalt informiert. Allerdings war er nicht so gut vorbereitet, dass er diese persönliche Alibianfrage an Nowak versteckt hätte. Oder verbrannt. Ich verstehe das nicht.

Wie hat er sich wohl gefühlt, als er am 19. Juli um 20.40 Uhr in seine Wohnung kam und vier Polizisten in der Küche seiner Vermieterin saßen? Ich weiß nicht, ob sie in der Küche saßen. Vielleicht saßen sie auch im Wohnzimmer. Vielleicht standen sie im Flur. Alle anderen Informationen, die Anzahl der Polizisten, die beschlagnahmten Beweismittel, die Uhrzeit, die Adresse, findet man im Landesarchiv NRW in Duisburg. Ebenso findet man dort Hinweise darauf, dass mein Vater kooperativ und sachlich war. Man findet Anweisungen, ihn von seinen Mitbeschuldigten getrennt zu halten, Feststellungen, dass weder mit Selbstmord noch mit Selbstbeschädigung und Gewalttätigkeit zu rechnen ist, dass keine besondere Flucht- oder Verdunklungsgefahr besteht und dass nichts über seelische oder geistige Abartigkeiten oder gleichgeschlechtliche Neigungen bekannt ist. Tatsächlich sind in dem Protokoll seelische und geistige Abartigkeiten und gleichgeschlechtliche Neigungen in einer Kategorie zusammengefasst.

Was man nicht findet, sind Hinweise darauf, was mein Vater gedacht oder gefühlt hat, als ihm klar wurde, dass er nun verhaftet wird, und in den Stunden danach. Ich hätte ihn das gerne einmal gefragt. Hat er dieses allumfassende Erschrecken erlebt, das ich so gut kenne? Dieses Erschrecken, das den ganzen Körper erfasst und das die absolute Gewissheit mit sich bringt, dass nun alles verloren ist. Dass nichts mehr gut werden kann. Dass alle Mühe, Vorbereitung und Gedankenarbeit sich nicht ausgezahlt haben. Dieses Erschrecken erlebe ich oft. Auch bei Kleinigkeiten. Wenn ich vergessen habe, ein Abonnement zu kündigen. Wenn ich einen Fehler im Abendprogramm einer von mir kuratierten Veranstaltung übersehen habe. Das Erschrecken bezieht seine Kraft auch daraus, dass es mit einem Gefühl der Zwangsläufigkeit auftritt. Dieses Gefühl flüstert mir zu, dass es so kommen musste, weil ich zu lässig, zu nachlässig, zu dumm und zu faul bin, um meinen Alltag und meinen Beruf im Griff zu haben. Als wäre es nur eine Frage der Zeit gewesen, bis dieser Umstand ans Licht kommt. In meinem Leben ist dieses Erschrecken zumeist unverhältnismäßig.

An dem Abend des 19. Juli 1966 im Leben meines Vaters hingegen wäre es völlig angemessen.

19. Juli 1966, Abend, Sinnersdorf

Drei Beamte der Kölner Kriminalpolizei klingeln an der Tür einer Doppelhaushälfte. Der Hausherr öffnet die Tür selbst, anwesend ist außer ihm seine Frau. Die Beamten bitten um einen Ausweis und stellen fest, dass es sich bei dem Mann um Fritz Bünger handelt. Sie teilen ihm mit, dass gegen ihn ein Haftbefehl vorliegt und dass sie sein Haus durchsuchen werden. Nach einer telefonischen Beratung mit

seinem Anwalt erklärt sich Fritz Bünger mit allem einverstanden. Er wirkt auf die Beamten abgeklärt und schicksalsergeben.
Die Hausdurchsuchung beginnt um 20.15 Uhr im Wohnzimmer. Herr und Frau Bünger bestehen darauf, bei der Durchsuchung anwesend zu sein. Während zwei der Beamten Behältnisse durchsuchen und als eventuelles Beweismaterial Fotos und Schriftstücke sicherstellen, bewacht der dritte Beamte das Ehepaar. Gegen 21.15 Uhr ist die Durchsuchung der Räume im Erdgeschoss beendet. Die Durchsuchung wird im ersten Stockwerk des Hauses fortgesetzt, wo sich das Schlafzimmer, ein Büro, ein Badezimmer und ein Kinderzimmer befinden. Als sie die Treppe hochgehen, nehmen die Beamten das Ehepaar Bünger in die Mitte und riegeln so den potenziellen Fluchtweg ab.
In dieser Reihenfolge wird auch das Schlafzimmer betreten: Zuerst ein Beamter, dann das Ehepaar Bünger, dann zwei weitere Beamte. Einer der Beamten beginnt die Durchsuchung. Fritz Bünger gibt an, verhindern zu wollen, dass Nachbarn das Zimmer einsehen können, und zieht den Vorhang vor das verschlossene Fenster. Der Beamte weist ihn an, sich neben seine Frau auf das Ehebett zu setzen. Ein Beamter platziert sich neben einer Truhe zwischen dem Bett und der Schlafzimmertür, der dritte wendet sich dem Kleiderschrank zu, um ihn zu durchsuchen. Plötzlich stürzt Fritz Bünger Richtung Tür, reißt sie auf, rast hinaus, schlägt die Tür zu und schließt von außen ab. Der ganze Vorgang ereignet sich innerhalb von Sekunden. Augenblicklich versuchen die Beamten, die Tür zu öffnen. Aber das Schloss ist eingerastet, die Tür ist aus massivem Holz und wird von einem Eisenrahmen gehalten. Sie

öffnen das Fenster und bitten Passanten, die Polizeiwache in Köln-Weiden zu alarmieren. Noch bevor die Verstärkung eintrifft, gelingt es den Beamten, die Tür mit Gewalt aufzubrechen. Augenblicklich wird die Umgebung nach dem Flüchtigen abgesucht. Ohne Ergebnis.
Frau Bünger schweigt zu allen Fragen über die möglichen Fluchtpläne ihres Mannes, erklärt sich aber bereit, den Beamten die Garage zu zeigen. Die Beamten stellen fest, dass das Garagentor geöffnet ist und das Kfz fehlt. Fritz Bünger muss in Hemd und Hose in seinem Auto geflohen sein. Bei der fortgesetzten Durchsuchung werden weitere Beweisstücke gefunden, außerdem die gesamten Fahrzeug- und Personalpapiere des Fritz Bünger. Augenblicklich werden Fahndungsmaßnahmen über Polizeifunk, Telefon und Fernschreiben eingeleitet.

Catch me if you can. Es sind Umstände denkbar, in denen eine solche Szene für mich die reinste, eleganteste Heldentat wäre. Wenn es zum Beispiel Oktober 1962 und mein Onkel ein Redakteur des »Spiegel« gewesen wäre und sich in der »Spiegel«-Affäre auf diese Weise der Verhaftung wegen Verdachts auf Landesverrat entzogen hätte. Eine schillernde Familienanekdote, die immer wieder erzählt werden müsste. An der Kaffeetafel, unter dem Weihnachtsbaum, am Lagerfeuer unter dem Sternenferienhimmel. »Pappa, erzählst du noch mal, wie der Onkel Fritz damals der Polizei entkommen ist?« Die man an die eigenen Kinder weitergibt und voller Gram feststellt, dass diese sie nicht immer und immer wieder hören wollen.

Aber diese Anekdote ist keine, die man in meiner Familie mit Stolz, Inbrunst und Identifikation erzählt.

Als ich sie im Sommer 2021 zum ersten Mal von meinem

Onkel höre, erzählt er sie gut. Detailreich, dramaturgisch versiert. Ich glaube, er erzählt sie nicht zum ersten Mal. Er lacht nur sehr leise über die Beamten und hält ihnen zugute, dass sie ihre Waffen nicht benutzt haben, um die Tür aufzuschießen. Sie wollten niemanden in Gefahr bringen, sagt er.

Für mich ändert sich nichts. Keine Identifikation mit dem schlauen Ausbrecherkönig. Mehr als eine theoretische Bewunderung für Mut und Geistesgegenwart und ein ungläubiges Kopfschütteln über die Reaktionsgeschwindigkeit der Beamten ist bei mir nicht zu holen.

Herbst 2021, Duisburg, Landesarchiv NRW

Ich lese die Berichte von der erfolgreichen Verhaftung meines Vaters und Frank Bergers und von der gescheiterten Verhaftung meines Onkels im Landesarchiv NRW, wo ich mich nach meiner Rechercheresie nach Berlin wieder einmal den achtzig Akten der Ermittlungen gegen den »Burger-Kreis« widme. Noch immer warten Tausende von Seiten Ermittlungen auf mich. Zufall, dass ich recht früh an diesem Archivtag an den Bericht gerate, der diesen dramatischen Wendepunkt in der Geschichte dokumentiert. Kriminalhauptkommissar Klaus Zimmermann hat ihn verfasst. Man merkt dem Bericht die Anstrengung an, mit der er versucht, das Verhalten seiner Beamten als vorschriftsmäßig erscheinen zu lassen: Er beschreibt, wie sie die Tür gesichert haben, erwähnt, dass Fritz Bünger gleichmütig gewirkt habe. Nutzen wird es Klaus Zimmermann nichts: er wird einige Wochen nach der Flucht meines Onkels seinen Posten niederlegen, wie ich den Zeitungsartikeln entnehme.

Nur ein paar Akten später finde ich die Presseberichte zu dem Vorgang und komme mir vor wie auf der Kirmes. Morgen-, Abend- und Mittagszeitungen, nationale Zeitungen, Boulevardblätter und Regionalzeitungen. Was für eine Presselandschaft! Und man könnte den Eindruck gewinnen, alle hätten über meinen Onkel und die drei Polizisten im Schlafzimmer geschrieben. Reizüberflutet jage ich durch Berichte:

»Der Mittag«: »Peinlicher Vorfall in Köln: 3 bewaffnete Kripobeamte eingesperrt«. Die »NRZ«: »Kriminalbeamte schrien im Schlafzimmer um Hilfe«. Hier erfahre ich weitere oder andere Details, nämlich, dass Mitglieder des Sinnersdorfer Gemeinderates nach einer Sitzung auf dem Heimweg waren, als sie von den eingesperrten Polizisten aufgefordert wurden, die Tür aufzubrechen. Ein Ratsmitglied wird zitiert mit »Da kann ja jeder kommen und sagen, er ist von der Polizei!«. In einem langen Artikel des »Kölner Stadt-Anzeiger« mit dem Titel »Die Kripo saß im Schlafzimmer« lese ich, dass mein Onkel zweiter Vorsitzender der CDU Sinnersdorf war, seine Ämter jedoch »bis zur restlosen Klärung des Falls« niederlegte, als bekannt wurde, dass er in Mailand angeklagt war. Das hat er mir erzählt. Und er hat hinzugefügt, dass er vom Vorsitzenden des CDU-Kreisverbandes Rückendeckung erhielt. »Mit dem hatte ich ein sehr gutes Verhältnis. Den hatte ich dann auch aufgesucht, und wir hatten über die Vorwürfe gegen mich gesprochen und so weiter. Und da sagte seine Frau zu ihm: ›Aber wir haben die Leute, die die Anschläge gemacht haben, noch immer gut verstanden. Solange da keine Personenschäden aufgetreten sind.‹«

Bis in den süddeutschen Raum schafft es die Geschichte: die »Stuttgarter Zeitung« schreibt ausführlich über Flucht und Kontext und geht auch auf die Tatsache ein, dass die Staatsanwaltschaft Köln das Mailänder Urteil für eine Anklage nicht verwenden kann: »Vor allem aber kann der Bericht des italienischen Konsuls in Berlin über den Prozeß gegen den Angeklagten Schröder vor einem Ost-Berliner Gericht nicht herangezogen werden. Dies sei illegitim; denn dieser Staat [gemeint ist die DDR] sei von Italien nicht als legal anerkannt.«

Der Kölner »Express« widmet meinem Onkel eine ganze Artikelserie. Mit großem personellem Aufwand und einigem investigativem Ehrgeiz bleibt man dran an der Geschichte. Noch im Oktober 1966 gibt es einen Bericht mit der Headline »Kölner Attentäter zechte bei Wien! Express auf den Spuren Büngers«. In dem Artikel kann man lesen, dass mein Onkel in einem Dorfgasthof bei Wien gesehen wurde, der direkt neben dem Haus von Norbert Burger liegt, was mein Onkel ein paar Wochen später in einem Leserbrief an den »Express« bestreitet: »Wahr ist vielmehr, daß ich mich niemals in einem neben dem Haus Dr. Burgers liegenden Gasthaus und auch in keinem anderen Gasthaus in der Nähe von Wien aufgehalten habe.« Er bestreitet auch seine Beteiligung an Attentaten: »In Ihrer Überschrift bezeichnen Sie mich als ›Kölner Attentäter‹. Diese Bezeichnung ist falsch. Richtig ist vielmehr, daß ich niemals Attentate begangen habe und daß alle diesbezüglichen Anschuldigungen im wesentlichen auf unwahre Behauptungen der Sowjetzonenpropaganda zurückgehen.«

Mein Onkel erzählte mir, das sei der einzige Leserbrief, den er in seinem Leben geschrieben hätte. Dessen Inhalt bestätigte er im Wesentlichen und legte Wert darauf, Burger nur entfernt gekannt zu haben und ihn nicht sympathisch gefunden zu haben.

Das Nachrichtenmagazin »Deutsches Panorama« wiederum stellt sich vor, wie mein Onkel den Beamten am 19. Juli »misstrauisch« die Tür öffnete, und berichtet über die angebliche Fluchtroute, die mein Onkel mir gegenüber nicht bestätigte. Weiterhin behauptet das »Deutsche Panorama«, die österreichischen Behörden hätten ihm ohne Pass kein Asyl geben wollen, woraufhin er ausweislos und trotz laufender Fahndung nach Niedersachsen zu seinem Schwiegervater gereist sei. Dieser habe dann den Gemeindedirektor des kleinen Ortes aktiviert, der wiederum Fritz Bünger einen Ausweis zur Verfügung gestellt habe. Sogar die Ausweisnummer kennt das »Deutsche Panorama«: Nr 831. Auch der »Kölner Stadt-Anzeiger«, die »Bild« und der »Express« schreiben über den Schwiegervater und den Gemeindedirektor, der dem Flüchtigen einen Ausweis zur Verfügung gestellt habe.

Ich werde in den kommenden Monaten in allen achtzig Akten im Landesarchiv NRW nach Ermittlungen gegen den Gemeindedirektor Ausschau halten, aber abgesehen von einem Aktenzeichen einer niedersächsischen Ermittlung keine Informationen finden. Ich werde eine Anfrage an das Niedersächsische Landesarchiv stellen und erfahren, dass es keine Bestände zu dem Aktenzeichen 24, AR 291/66 gibt. Irgendwann hat wohl die Staatsanwaltschaft diese Akten dem Niedersächsischen Landesarchiv angeboten, und irgendeine Archivarin oder ein Archivar hat sie als nicht archivwürdig eingestuft. Das ergeht circa neunundneunzig Prozent aller staatsanwaltlichen Akten so. Ein Recherche-Dead-End, das mich sehr frustriert.

Mein Onkel bestätigt, dass der Gemeindedirektor ein alter Kumpel seines Schwiegervaters gewesen sei und ihm einen Pass ausgestellt habe. Er habe den Pass zurückgegeben, als der Gemeindedirektor unter Druck geriet. In Österreich habe er dann keinen gültigen Pass gehabt, nur einen abgelaufenen, den die Kripobeamten bei der Hausdurchsuchung nicht mitgenommen hätten und der ihm anschließend zugespielt worden sei.

Wieder ist mein Vater stiller als mein Onkel. Keine Leserbriefe, keine spektakulären Aktionen, die das Interesse der

Presse auf sich ziehen. Ich finde einen einzigen Artikel im »Kölner Stadt-Anzeiger«, Ausgabe Leverkusen, der sich meinem Vater widmet. »Warf die Bombe ein Leverkusener?« lautet die Headline. Der Artikel bietet nur eine einzige Überraschung: mein Vater wird als »Leverkusener Arbeiter« bezeichnet. Er war Vorstandsassistent. Kein Arbeiter. Hat da jemand einen Arbeiter aus ihm gemacht, um dem mächtigen Bayer-Konzern die Peinlichkeit zu ersparen, dass eine obere Führungskraft in ein Verbrechen verwickelt sein könnte?

Dieser Archivtag wartet noch mit einer weiteren Sensation auf: mein Onkel hat ein Interview gegeben.

Vor Kamera.

Auf der Flucht.

Am 2. August 1966 wurde es gesendet in der Nachrichtensendung »Heute«, Rubrik »Themen des Tages«.

Geführt hat das Interview ein Mann namens Horst Kowalski, eigentlich Chemiker wie mein Vater, aber nebenberuflich als freiberuflicher Journalist tätig. Eine gute Woche nach Ausstrahlung des Interviews wurde er vernommen, wollte sich aber zunächst nicht zum Ort und den Umständen des Interviews äußern. Zwei Tage später schrieb er einen Brief mit genaueren Angaben. Diese mache er freiwillig, hielt er fest, nach dem NRW-Pressegesetz sei er nicht dazu gezwungen. Kowalski gab an, dass er am 30. Juli am Nachmittag von einem Mann, der sich als »Helmut« vorstellte, einen Anruf bekommen habe. Helmut habe gesagt, er rufe aus Österreich an und habe einen entsprechenden Dialekt gehabt. »Er bot mir an, ein Interview mit Herrn Bünger zu beschaffen, wenn ich am 31.7. gegen 12 Uhr an der Ortsausfahrt Traunstein/Bayern an der Einmündung der Landstraße aus Weibhausen einem dort wartenden Pkw Peugeot 404 mit hellem Anstrich und österreichischer Nummer folgen würde.«

Ich habe kaum Zeit, darüber zu staunen, dass es einen Ort

mit dem Namen »Weibhausen« gibt, denn es geht weiter wie in einer mitteloriginellen Agenten-Serie:

[Mein Kameramann] und ich gelangten auf die bereits beschriebene Weise an den angegebenen Ort. Der Wagen wartete dort bereits. Soviel ich mich entsinnen kann, hatte er vor der Zulassungsnummer ein »L« und das übliche österreichische Zulassungszeichen. An die Zahlenkombination kann ich mich nicht entsinnen. Wir fuhren dem Wagen bis kurz vor Freilassing nach (B 304), wo er rechts in eine kleine Nebenstraße und von da in einen Feldweg einbog. Der Fahrer gab uns ein Zeichen auszusteigen, wendete und fuhr zurück. Herr Bünger kam dann etwa 15 Minuten später allein aus einem Waldstück auf uns zu. [...] Als das Interview beendet war, ging B. den gleichen Weg zurück, wobei wir noch bemerkten, daß er sich etwa 100 m entfernt mit einem Mann mit Jäger- oder Tirolerhut traf und beide weitergingen. Ich nehme an, daß dies der Pkw-Fahrer war und es sich bei diesem um einen österreichischen Staatsbürger handelt ...«

Die folgenden Seiten in der Akte zeigen eine Kölner Kripo, die ergebnislos herauszufinden versuchte, wo das Interview stattgefunden hat: Der Kameramann weiß nicht mehr als der Journalist. Auch das Präsidium der bayerischen Grenzpolizei kann nicht helfen: »wegen der sehr duerftigen gelaendebeschreibung ist das gpk nicht in der lage mit sicherheit zu sagen, an welcher stelle die unterredung ev. stattgefunden haben kann.« Ein Telex voller Sackgassen, das am 18. August 1966 in Köln eintrifft.

Mehr als die Vermutung, dass Fritz Bünger wohl in Österreich sein muss, kann die Staatsanwaltschaft aus der ganzen Affäre nicht ableiten. Aber peinliche Fragen muss sie sich gefallen lassen. Der WDR zum Beispiel will unter anderem wissen, ob die eingesperrten Kriminalbeamten etwas mit der

Sache zu tun hätten, ob einer der weiteren Attentäter »der Dipl.-Chemiker und Zeitzünder-Spezialist Heinrich Bünger aus Leverkusen« sei und ob die Staatsanwaltschaft der Meinung sei, dass »auch Kölner Burschenschaftler zu dem Kreis der ideologisch oder auch praktisch fördernden Terroristen gehören«.

Als ich an diesem Tag das Archiv verlasse, gehe ich zu Fuß zum Bahnhof. Zu voll ist der Kopf für die Straßenbahn. Was für ein PR-Stunt vor laufender Kamera! Offensichtlich hatte mein Onkel Unterstützung. Von Menschen, die über Kenntnisse einsamer Wiesen im Niemandsland zwischen Bayern und Österreich verfügten, über Autos, vertrauenswürdige Pressekontakte und Tirolerhüte. Diese Menschen hatten die Nerven und die Fähigkeiten, nur zwei Wochen nach der Flucht ein Interview für meinen Onkel zu organisieren. Sie sorgten dafür, dass kein Kripobeamter aus dem Busch sprang und die Handschellen zückte. Was für ein veritables Netzwerk! Ist der Mann im Tiroler- oder Jägerhut der Regisseur dieser Episode? Helmut, der Mann mit dem österreichischen Akzent? Was verband ihn mit meinem Onkel? Ein gemeinsamer Plan? Eine gemeinsame Ideologie?

Mein Onkel sagt, »Bekannte aus Österreich« hätten sich gekümmert. Namen nennt er nicht.

Herbst 2021, Köln, Archiv des WDR

Das WDR-Archivhaus ist ein Stahlbetonbau aus den 1960ern. Hier hat der Beitrag mit dem Interview meines Onkels fast sechzig Jahre überdauert. Wie so vieles andere. Ich darf ihn anschauen und bin ein bisschen nervös. Das erste Bild zeigt Unterholz. Rechts eine Buche, links eine Buche, dazwischen ein Durchgang. Wie eine Theaterbühne. Und dann erscheint in diesem Durchgang mein Onkel im Alter von einunddreißig Jahren. Er nickt dem Journalisten verbindlich zu, beide gehen an der Kamera vorbei zu zwei Baumstümpfen, die in idealem Interviewabstand stehen. Sie legen ihre Jacken auf die Schnittflächen, setzen sich. Das muss die Regie angeordnet haben. Vielleicht wurde es sogar geprobt.

Mein Onkel sieht aus wie ein Checker, ein Durchzieher, wie jemand, den es nicht über die Maßen interessiert, ob man ihn mag. Gefährlicher als der entspannte alte Herr, mit dem ich Streuselkuchen esse und der so im Reinen mit sich und seinem Leben scheint, dass er mir freundlich und geduldig jede Frage beantwortet. Im Wald, auf der Flucht ist er gekleidet in ein dunkles Sakko, eine helle Hose und ein weißes Hemd, um den Hals ein schwarzer Schlips mit weißen Punkten, der mich an den erinnert, den mein Vater auf seinen Bewerbungsfotos trägt. Mein Onkel spricht mit deutlich rheinischem Akzent, der an Willy Millowitsch erinnert und den ich an ihm nicht kenne. Er sieht gut aus, tritt selbstbewusst auf. Oft legt er die Stirn in die berühmte Bünger-Falte. Er bestreitet rundweg, an einem Attentat beteiligt gewesen zu sein:

»Sie haben also nie an derartigen Aktionen teilgenommen?«

»Niemals. […] Die plötzliche Verhaftung ist mir unerklärlich.«

»Herr Bünger, das Material der Staatsanwaltschaft in Mailand beruht also offensichtlich auf Aussagen von Herrn Schröder bzw. der Version von Herrn Norden. Halten Sie dieses Material für stichhaltig?«

»Das ist keineswegs stichhaltig. […] Ganz offensichtlich hat man Herrn Schröder drüben in der sowjetzonalen Haft entsprechend unter Druck gesetzt, um die Bundesrepublik als solche zu diffamieren.«

[…]

»Herr Bünger, Sie fühlen sich also unschuldig. Warum stellen Sie sich hier in Deutschland nicht den Behörden? Es kann Ihnen doch nichts passieren, oder was ist der Grund dazu?«

»Ja, ich muss sagen, dass mir die Handlungsweise der Staatsanwaltschaft etwas sehr voreilig erscheint. Es ist ja bemerkenswert, dass dieses Material bereits seit 1963 auch in der Bundesrepublik bekannt ist, und man hat in der ganzen Zwischenzeit nichts unternommen, keine Vorladung, keine Durchsuchung, gar nichts. Und dieses Material soll auf einmal sogar für eine Verhaftung ausreichen. Ich habe aber kein Interesse daran. Mir ist der Gedanke unerträglich, dass ich als Unschuldiger vielleicht monatelang in Untersuchungshaft sitzen muss, bevor sich in einer Hauptverhandlung meine Unschuld herausstellt.«

Als ich meinen Onkel frage, warum er dieses Interview gegeben hat, zuckt er mit den Schultern. »Ich weiß nicht mehr. Vielleicht wollte ich nur die Behörden ärgern. Das ist durchaus möglich, dass das der Grund war.«

Im WDR-Archiv gibt es einen weiteren Beitrag über Südtirol-Attentäter aus Nordrhein-Westfalen, in dem es um meinen Onkel geht. Er wurde im Oktober 1966 gesendet. Nach einigen Minuten Testbild und dem entsprechenden Sound – lange habe ich das nicht mehr gesehen und gehört, und ich staune, dass das Testbild beinahe die gleichen Farben hat wie die Regenbogenflagge – startet der Beitrag. »Damals wie heute führten unsere Recherchen nach Köln«, sagt der Sprecher, »und von hier aus flüchtete im Juni Fritz Bünger.« Schwenk auf die Doppelhaushälfte, aus der mein Onkel floh, Zoom auf das Klingelschild mit dem Namen Bünger. Es ist aus Aluminium, rechteckig, mit einer weißen, runden Klingel, der Name weiß auf schwarzem Hintergrund, mit zwei Schrauben befestigt. Ein Zwilling dieses Klingelschildes hing neben der Tür des kleinen, gemütlichen Reihenhauses, in dem ich meine Kindheit verbracht habe. Eine Eckbank in der Küche, ein Mini-Garten mit Planschbecken und Wäschespinne, der Duft nach Plätzchen, meine Mutter drückt mich, als ich aus der Schule komme. Eine Idylle. Momentweise. Trotz allem.

Nach diesem Interview ging mein Onkel nach Wien, wo er trotz Fahndung in der BRD an der Hochschule für Welthandel eine Promotion abschloss. Hier war im Jahr zuvor eine Demonstration gegen den antisemitischen Professor Taras Borodajkewycz in einer Straßenschlacht gemündet, nach der das erste Opfer rechtsradikaler Gewalt in Österreich nach dem Zweiten Weltkrieg zu beklagen war: Ein ehemaliger Widerstandskämpfer wurde von einem jungen Mann mit einem Faustschlag am Kopf getroffen und verstarb wenig später an den Folgen. Ich kenne den Namen des jungen Mannes. Er war mit meinem Vater bekannt. Mein Onkel kannte ihn nicht, wie er mir sagt.

Als ich das WDR-Archiv verlasse, habe ich dieses Erlebnis, das Kriminalkommissare laut Krimiautoren oft erleben: das Gefühl, etwas Bedeutsames erfahren zu haben, aber nicht zu wissen, was es ist. Das Bedeutsame ist überlagert von den Eindrücken des selbstbewussten Auftritts meines Onkels in einem Wald in Österreich oder Bayern, von diesem Schlips, dem so ähnlich, den mein Vater in einem Fotostudio in Clausthal-Zellerfeld trug, und vom Staunen über diese perfekt organisierte Aktion. Es braucht eine Weile, bis das Bedeutsame durchdringt: Mein Onkel hat recht. Warum diese Verhaftung am 19. Juli 1966? Fast drei Jahre nach Albert Nordens großem Auftritt bei der internationalen Pressekonferenz, bei der alle Tatsachen auf dem Tisch lagen? Gut, der Tisch war ein Schauprozess. Und die Tatsachen präsentierte der Chefpropagandist eines Staates, der völkerrechtlich nicht anerkannt war. Es waren rhetorisch aufgebauschte und postfaktisch ergänzte Tatsachen. Aber überprüfbare.

Ich ziehe eine andere Schlussfolgerung als mein Onkel in diesem Interview. Die Verhaftung war kein voreiliges Vorgehen der Staatsanwaltschaft. Nein, irgendwas muss in der Ermittlung zwischen 1963 und 1966 geschehen sein. Ich weiß nicht, was es ist. Aber ich weiß, wo es zu finden sein wird: in Duisburg, im Landesarchiv NRW irgendwo in den circa fünfzig Akten, die ich noch nicht gelesen habe. Ich fahre am Kolumba-Museum vorbei, halte mein Gesicht in den Nieselregen und schwöre: wenn es nötig ist, werde ich jeden Tag meines restlichen Lebens nach Duisburg fahren und Akten lesen. Und wenn ich im Landesarchiv NRW Wurzeln schlage, wenn man mich für Inventar halten wird, ich werde so lange dort sitzen, bis ich herausgefunden habe, was in der Ermittlung zwischen 1963 und 1966 geschehen ist, das zu diesen Haftbefehlen geführt hat.

Herbst 2021, Duisburg, Landesarchiv NRW

In diesem späten Herbst, in dem sich die Welt vor Omikron fürchtet, verbringe ich sehr viel Zeit im Landesarchiv NRW. Ich trage eine Maske und desinfiziere Tischplatten und Hände, ich lerne das Angebot des Snack-Automaten schätzen und den Kaffee. Je mehr Akten ich lese, desto mehr Achtung habe ich davor, dass diese Akten hier sind, dass jemand sie bewahrt hat und ich sie lesen darf. Dass sie wohl noch viele Zeithistorikerinnen und Zeithistoriker lesen und aus ihnen lernen werden.

An diesen Tagen finde ich einen Bericht über den Besuch eines Nachbarn meines Onkels auf einer Polizeidienststelle, der befürchtete, sein Haus könne von Rachesprengungen der Italiener betroffen werden, und eine Vernehmung eines Kumpels von Manfred Schröder aus der Eifel, der aussagt, Schröder habe darüber nachgedacht, wie man mit selbst gebastelten Raketen Flugblätter über die Berliner Mauer schießen könnte. Ich finde den Bericht des Staatsanwaltes, der nach München fuhr, um dort das Gasthaus »Roter Hahn« zu überprüfen, das ein Treffpunkt der rechtsnationalen Szene sein soll, der aber dort keine rechtsnationalen Studenten angetroffen hat, sondern »eine Migrantengruppe«. Ich freue mich, dass er nicht »Ausländergruppe« sagt. Ich finde die Fingerabdrücke meines Vaters und stelle fest, dass ich mir nicht klargemacht hatte, dass ich irgendwann seine Fingerabdrücke finden würde. Ich starre sie lange an und erinnere mich an die Hände meines Vaters. Trocken und warm waren sie. Mit ausgeprägten Adern, schmalen Fingern und kräftigen, kurz geschnittenen Fingernägeln. Werkzeug haben diese Hände gehalten, die Brille haben sie geputzt. Und als ich ein Kind war, lag meine linke Hand oft in seiner rechten.

Ich höre die Mühlen der Bürokratie knirschen, wenn ich Berichte über kleine Versäumnisse der Beamten lese, eine doppelt gebuchte Reise, eine möglicherweise vergessene Aufklärung über ein Zeugnisverweigerungsrecht.

Und obwohl ich nie gerne gepuzzelt habe, baue ich mir mit vielen Unterbrechungen, Umwegen und Sackgassen Stück für Stück die Ermittlung der Kripo Köln zusammen.

Die Ermittlungen der Kripo Köln

Ich bin überrascht, als ich lese, dass bereits am 8. Juli 1963 gegen meinen Onkel ein Ermittlungsverfahren eröffnet wurde, wegen »Verdachts der Geheimbündelei und der Teilnahme an Sprengstoffverbrechen«. Ein Blick in mein Whiteboard bestätigt: Manfred Schröder hat zu diesem Zeitpunkt noch eisern über seine Kameraden geschwiegen. Wie ist mein Onkel ins Blickfeld der Kölner Kripo geraten? Hat der Verfassungsschutz doch seine Schlüsse gezogen?

Nein, ganz und gar nicht. Das erfahre ich, als ich weiterlese. Mein Onkel ist ins Blickfeld der Ermittlungen geraten, weil eine Akte ihren Weg aus Bayern nach Köln gefunden hatte. In dieser Akte stehen Informationen wie diese: Peter Kienesberger ist am 13. Februar 1963 am Brenner auf dem Weg nach Italien verhaftet worden. Es gibt ein Gutachten der Bundespolizeidirektion Innsbruck, in dem zusammengefasst ist, dass Materialien wie Zeitzünder, Sprengkapseln, Sprengmittel und Detonationszündschnur im Kofferraum seines Wagens gefunden wurden, außerdem eine Pistole, Marke Walther. Zwei gefüllte Magazine trug er laut dem Gutachten in der »Rocktasche«. Der Inhalt einiger Sprengstoffpatronen konnte als Ammongelit, Erzeugnis der Firma Dynamit Nobel, identifiziert werden.

Bei der Durchsuchung der Wohnung Norbert Burgers in Innsbruck, in der Kienesberger unangemeldet unter dem Namen Walter Mayer gewohnt hatte, sind laut dem Gutachten eine weitere Pistole der Marke Walther sowie Materialien zum Bombenbau gefunden worden. Weiterhin berichtet die Akte davon, dass Kienesberger wegen Sprengstoffbesitzes und »bestehender Verabredungsgefahr und Fluchtgefahr« in Untersuchungshaft genommen und verhört worden ist. Und dass er in diesem Verhör meinen Onkel erwähnte: »Danach soll der österreichische Staatsbürger Peter Kienesberger, der am 13.02.1963 bei dem Versuch, die österreichisch-italienische Grenze zum Brenner mit einer größeren Menge Sprengstoff zu überschreiten, festgenommen worden war, den in Köln wohnhaften Beschuldigten Fritz Bünger als führende Person einer ›Geheimen Befreiungsfront‹ (für Südtirol) bezeichnet haben.« So steht es in der Akte.

Da ist sie wieder: die ominöse Befreiungsfront.

In einem späteren Verhör bestreitet Kienesberger, den Namen meines Onkels erwähnt zu haben.

Wenn es aber doch stimmen sollte: Warum hat er das getan? Was wäre los gewesen mit seiner Kameradentreue? Im Gegensatz zu Schröder ist ihm sicher nicht mit Abschiebung nach Italien gedroht worden. Es stand kein Schauprozess im Raum und keine lebenslängliche Haft in Bautzen. Die Gründe sind rätselhaft und werden es wohl bleiben. Mein Onkel sagte mir, er wisse es auch nicht. Er sagte das sehr abgeklärt, verständnisvoll und ohne Groll gegen Kienesberger. »Ich kann mir nur vorstellen, dass der schwer unter Schock stand, nach der Verhaftung. [...] Er war ja auch noch ganz jung, der Kienesberger.«

Ich muss eine Weile puzzeln, um herauszufinden, wie es weiterging: Die Akte, die nach der Verhaftung Kienesbergers im Februar 1963 angelegt wurde und in der unter anderem der Name meines Onkels stand, wird von den österreichischen Ermittlern an die Kollegen in Bayern weitergegeben. Es dauert knapp fünf Monate, bis sie ihren Weg von Bayern ins Rheinland findet.

Ich habe bereits geschrieben, was in diesen fünf Monaten geschehen ist: Mein Onkel ist mit Manfred Schröder, Frank Berger und einem unbekannten Rechtsreferendar ein weiteres Mal nach Italien gefahren und hat dort Sprengsätze an Bahnhöfe in Genua und Mailand und Tankstellen in Cesano Maderno und Como gelegt. Fünf Feuerwehrmänner und ein

Polizist wurden verletzt. Mein Onkel hat Manfred Schröder Sprengstoff gegeben. All das hat er mir erzählt, wobei er behauptet, von den verletzten Feuerwehrmännern und dem Polizisten nichts gewusst zu haben. In diesen fünf Monaten ist Manfred Schröder mit dem Sprengstoff in den Taschen einer eigens geschneiderten Weste und einem Tagespassierschein nach Ostberlin gereist und hat drei Sprengsätze an offizielle Gebäude der DDR gelegt, wovon einer explodiert ist und eine Fensterscheibe zerstört hat.

Was wäre geschehen, wenn die Staatsanwaltschaft Köln die Akte früher in die Finger bekommen hätte? Wären Ermittlungen eingeleitet worden? Wäre mein Onkel daran gehindert worden, in Genua, Mailand, Cesano Maderno und Como Bomben zu legen? Manfred Schröder Sprengstoff zu geben? Was wäre aus Manfred Schröder geworden? Ich kann mir nicht vorstellen, dass er seinen Kampf für Deutschland aufgegeben hätte.

Anfang Juli 1963 sind die fünf Monate vorüber, die Akte wird aus Bayern ins Rheinland geschickt, und die Information, dass Kienesberger in einem Verhör in Innsbruck Fritz Bünger erwähnt hat, erreicht die Staatsanwaltschaft Köln. Und nun? Was geschieht mit der süddeutschen Akte in Nordrhein-Westfalen, frage ich mich und wühle mich durch nicht chronologisch abgelegte Berichte, Verhörprotokolle und Dienstpläne. Beginnt die Akte nun allmählich auf den stattlichen Umfang von achtzig Einzelakten anzuschwellen?

Nein. Im Juli 1963 wird die Akte nicht dicker. Denn niemand will sich mit ihr beschäftigen. Sie wird auf eine Odyssee durch die Justizverwaltung von Nordrhein-Westfalen und der BRD geschickt, mit dem Ziel, jemanden zu finden, der sich ihrer annehmen möchte:

Die Staatsanwaltschaft Köln fragt das LKA Düsseldorf,

ob man dort von einem Ermittlungsverfahren gegen die »Geheime Befreiungsfront« weiß.

Am 30. August kommt die Antwort: Ja, es gäbe beim Generalbundesanwalt ein Ermittlungsverfahren gegen unbekannte Angehörige der Geheimen Befreiungsfront.

Eine gute Woche später verlässt die Akte Köln, sie geht an den Generalbundesanwalt in Karlsruhe mit der Frage, ob er die Ermittlung gegen Fritz Bünger »wegen Sachzusammenhangs« mit der Geheimen Befreiungsfront übernehmen möchte.

Der Generalbundesanwalt schickt sie gute zwei Wochen später, am 23. September, wieder Richtung Rheinland: Die ermittelnde Sicherungsgruppe in Bad Godesberg möge bitte prüfen, »ob ein Sachzusammenhang besteht«.

In Bad Godesberg scheint diese Prüfung negativ ausgefallen zu sein, denn am 29. November schickt der Generalbundesanwalt die Akte wieder nach Köln:

Ich habe davon abgesehen, das Verfahren hierher zu übernehmen, da nach dem letzten Stand der Ermittlungen kein hinreichender Verdacht besteht, daß es sich bei den Mauerattentätern in Berlin, den Hintermännern der Sabotageakte in Südtirol und den Herausgebern, Druckern und Verteilern der Schrift »Dritte Macht« der »Geheimen Befreiungsfront« um denselben Personenkreis handelt.

Über die rätselhafte Geheime Befreiungsfront steht mir kein Urteil zu. Aber in Bezug auf einen möglichen gemeinsamen Täterkreis in Berlin und Südtirol muss ich dem Generalbundesanwalt eine radikale Fehleinschätzung bescheinigen. Von dem Motto »Berlin hilft Südtirol – Südtirol hilft Berlin« konnte er nichts ahnen, aber dass die Attentäter in Berlin und Südtirol Ideologien und Netzwerke verbinden, das war kein Geheimnis: Nur acht Monate zuvor hat sich ein junger

Mann in Berlin aus dem Kontext der Mauersprenger beim Hantieren mit Sprengstoff in der Wohnung seiner Mutter selbst getötet. Seine Kontakte zum Bund Nationaler Studenten waren der Polizei und der Presse bekannt.

Ich habe keine Ahnung, ob der Hintergrund dieser Entscheidung ein übervoller Schreibtisch oder sture Bürokratie ist. Aber auch wenn ich es nicht beweisen kann, ich werde den Verdacht nicht los, dass die altbekannte Sehschwäche auf dem rechten Auge der BRD-Behörden in den 1960ern hier ihre Effekte gehabt haben könnte.

In seinem Schreiben vom 29. November 1963 teilt der Generalbundesanwalt mit, Fritz Bünger möge bitte von den Kölnern vernommen werden. Mehr als neun Monate nachdem sein Name von Kienesberger erwähnt wurde, fast fünf Monate nachdem diese Information die Kölner Kripo erreicht hat.

Am 3. Dezember 1963, nur wenige Tage bevor in Ostberlin Albert Norden eine Pressekonferenz abhält, wird mein Onkel in Köln vernommen. Das Verhör wird zur Akte genommen, macht sie aber nicht entscheidend umfangreicher, denn der Text seiner Aussage ist sehr kurz:

Zur Sache:

Herr Kienesberger ist mir unbekannt. Ich vermute, daß er meine Adresse bereits seit circa 4 Jahren besitzt, da ich vor 4 Jahren Mitglied des Bundes Nationaler Studenten gewesen bin und dadurch meine Anschrift weit bekannt wurde (in nationalen Kreisen). Zu den Angaben des Herrn Kienesberger, daß ich führendes Mitglied der Geheimen Befreiungsfront sein soll, muß ich sagen, daß mir dies völlig unerklärlich ist und es nicht den Tatsachen entspricht. Mir ist unbekannt, was die Geheime Befreiungsfront überhaupt ist. Ich habe nie davon gehört. Seit dem Verbot des BNS gehöre ich keiner politischen Organisation mehr an und betätige mich nicht mehr politisch.

Mein Onkel erinnert sich im Gespräch mit mir nicht an ein solches Verhör. Er sagt, die Behörden hätten sich bei ihm nie nach der Geheimen Befreiungsfront erkundigt. Sie hätten Kienesbergers Aussage wahrscheinlich auch absurd gefunden.

Nach dem Verhör passiert fünf Monate gar nichts. In diesen fünf Monaten inszeniert Albert Norden seine große Show, seine perfekt komponierte »Aktion ›Internazi‹«. Mit Pressekonferenz und Schauprozess, mit Beteiligung von Pressevertretern aus fünfzehn Ländern. Mit Berichterstattung in der »New York Times«. Mit Namensnennung meines Onkels in der »Frankfurter Allgemeinen«, der »Süddeutschen Zeitung« und vielen anderen Zeitungen. In diesen fünf Monaten antwortet das Innenministerium dem Auswärtigen Amt, dass über Manfred Schröder nichts bekannt sei.

Ich finde keinen Hinweis in den achtzig Akten, dass sich in der Staatsanwaltschaft Köln in diesen fünf Monaten irgendjemand für den Ostberliner Schröder-Prozess interessiert hat. Die Reaktion der BRD auf Nordens große Show war nicht mehr als ein tiefes Schweigen. Vielleicht wurde alles als Ostpropaganda abgetan. Möglicherweise war man untätig, weil man die Ermittlungen nicht aufbauen konnte auf Aussagen, die in einem Staat entstanden sind, dessen Existenz man nicht anerkannt hat. Fast eine philosophische Anordnung. Ich denke, dass die Akte in dieser Zeit irgendwo bei der Staatsanwaltschaft Köln lag. Vielleicht hing sie auch in einem Hängeregister. Sie war noch weit entfernt vom dem stattlichem Umfang, den sie im Jahr 1982 nach der Einstellung des Verfahrens haben wird.

Und dann, am 10. April 1964, übermittelt der Generalbundesanwalt der Staatsanwaltschaft Köln Informationen über Manfred Schröders Aussage in Nordens Schauprozess. Das Urteil ist mehr als zwei Monate alt. Manfred Schröder sitzt zu diesem Zeitpunkt bereits in Bautzen, der Sonderhaftanstalt der Staatssicherheit.

Und nun geht es los: Die Ermittlungen gegen meinen Onkel werden fortgeführt, die gegen meinen Vater und zwei »namentlich nicht bekannte Gerichtsreferendare« werden aufgenommen. Vielleicht hat die Akte in diesen Tagen ihren Namen bekommen: »Bünger, Fritz, Diplom-Kaufmann, und andere Angehörige des Burger-Kreises, wegen Sprengstoffattentaten und Mord in Verona, Trient, Bozen, Genua, Mailand, Cesano-Maderno und Como/Italien«.

Es gibt also doch eine behördliche Reaktion auf die Propaganda-Schlacht der DDR, trotz Hallstein-Doktrin, so mein Gedanke, als ich dieses Puzzlestück platziere. Monate später werde ich diesbezüglich noch einmal nachdenklich. Denn dann werde ich von einer Besprechung im Auswärtigem Amt erfahren, und diese Besprechung legt eine andere Theorie nahe, warum die Ermittlungen aufgenommen worden sind.

Vertreter des bayerischen Innenministeriums und der Justiz, des baden-württembergischen Innenministeriums und der Justiz, des Innenministeriums des Bundes und der Justiz sowie des Verfassungsschutzes und der Bundesanwaltschaft sind am 19. Februar 1964 zu einer Krisensitzung zusammengekommen, die »nicht sehr ergiebig« verlaufen sei, wie der Leiter abschließend resümiert. Anlass war eine diplomatische Note, die der italienische Botschafter dem Auswärtigen Amt am 11. Januar 1964 überreicht hatte. Man war in Italien alarmiert, weil Manfred Schröder in Ostberlin ausgesagt hatte, dass er mit Kienesberger und meinem Vater und Onkel in Italien Sprengsätze gelegt hatte. Ganz grundsätzlich war man in Italien alarmiert wegen Norbert Burger.

Norbert Burger hatte sich nach Kienesbergers Verhaftung nach München abgesetzt, obwohl in Österreich ein Verfahren gegen ihn lief und er nur aufgrund eines Gelöbnisses, Österreich nicht zu verlassen, aus der Untersuchungshaft entlassen worden war. In München war er wegen eines Aufenthaltsverbotes zwei Wochen in Haft gewesen, hatte dann Rechtsmittel eingelegt und war bis zur Entscheidung entlassen worden.

Glaubt man den Ermittlungen des LKA München, dann hat Norbert Burger im Haus der rechtsnationalen Burschenschaft Danubia Quartier genommen, wo er nachts Besuch von Männern mit Bergstiefeln und Rucksäcken empfing und Geld für Prozesse gegen die von ihm für den »Freiheitskampf« in Südtirol akquirierten Burschenschaftler sammelte.

Glaubt man den Befragten aus Ermittlungen in Tirol, dann tauchte Burger weiterhin konspirativ in Österreich auf, traf Mitglieder des Befreiungsausschusses Südtirol, organisierte Waffen und fragte herum, wer NATO-Sturmgewehre besorgen könne.

Glaubt man dem »Münchner Merkur«, der »Passauer Neuen Presse«, der »Deutschen National- und Soldatenzeitung«, dann gab er all diesen Zeitungen Interviews über den »Südtiroler Freiheitskampf«.

Glaubt man der dpa, dann stellte Norbert Burger am 19. November 1963 einen Antrag auf Anerkennung als ausländischer Flüchtling und tauchte anschließend bei Bekannten in Süddeutschland ab, denn »er will der vollstreckung des aufenthaltsverbotes und einem sofortigen abschieben aus der bundesrepublik solange entgehen, bis die rechtsmittel ausgeschöpft sind«. So die Meldung.

Das Katz-und-Maus-Spiel wird erst am 21. Juni 1964 ein

Ende nehmen, als ein Fernsehjournalist Norbert Burger in Klagenfurt in eine Falle lockt und er verhaftet und vor Gericht gestellt wird. Obwohl Burger im Prozess offen bekennt, »einer der 10 führenden Männer im Befreiungsausschuss Südtirol« zu sein, außerdem Sprengstoff besorgt, Masten gesprengt und »Freiheitskämpfer« im Umgang mit Waffen ausgebildet zu haben, wird er freigesprochen. Das Geschworenengericht folgt der Argumentation der Verteidigung und nimmt »schuldausschließenden Notstand« an.

Anfang 1964 weiß man davon in Italien noch nichts. Ich nehme an, dass man in Italien Burgers Interviews in der deutschen Presse kennt. Und ich kann mir vorstellen, dass man darüber ungehalten ist. Vor allem aber ist man ungehalten darüber, dass Bundesinnenminister Hermann Höcherl (CSU) am 15. November 1963 in einer Fragestunde im Bundestag zu Protokoll gegeben hat, wenn es nach ihm ginge, würde Burger nicht nur nicht ausgeliefert, sondern bekäme sogar Asyl.[21] Zwar geht es nicht nach ihm, diese Frage ist Länderangelegenheit, aber ungehalten ist man in Italien dennoch: »A Bonn promettono asilo a Burger?« (»Bonn verspricht Burger Asyl?«) fragt »Il Giorno«; »Bonn interviene per Burger« (»Bonn interveniert für Burger«) titelt »Alto Adige«.

Die italienische Botschaft verlangt Aufklärung. Auch über die Anschuldigungen, die in Ostberlin durch Schröder laut wurden. Im Notfall werde man sich selbst an Pankow wenden, also an die Regierung der DDR. Eine grauenhafte Vorstellung für das Auswärtige Amt der BRD, wie man einer Aufzeichnung vom 14. Januar 1964 entnehmen kann. Denn dann »wäre damit zu rechnen, daß die Antwort über das Justizministerium der Zone nach Italien geleitet würde, wodurch die Gefahr einer Anerkennung Pankows entstehen könnte«.

Und so kommen die Vertreter der Justiz- und Innenministerien am 19. Februar 1964 im Auswärtigen Amt zusammen, um zu besprechen, was man mit Burger anstellen soll und wie man verhindern kann, dass diese grauenhafte Vorstellung Realität wird. Einig ist man sich, dass die deutsch-italienischen Beziehungen durch Terrorakte in Südtirol, »deren Spuren nach [...] Deutschland führen, [...] ernsthaft bedroht werden könnten«. Interessanterweise wird gefolgert: es müsse alles geschehen, um »auch nur den Anschein einer Beteiligung von Deutschen zu vermeiden«.

Uneinig ist man sich, was mit Burger geschehen soll: ausweisen, findet der Vertreter des bayerischen Innenministeriums; strafrechtlich verfolgen, meint der Verfassungsschutz. Müßig ist die Angelegenheit ohnehin – niemand weiß, wo Burger steckt. Uneinig ist man sich auch, wer die Ermittlungen gegen Burger führen soll: Bayern und Baden-Württemberg würden gerne alles beim Generalbundesanwalt zentrieren, das aber sieht der Vertreter der Generalbundesanwaltschaft gar nicht: »Heranwachsende gehören nicht vor den Bundesgerichtshof«.

Als ich an dieser Stelle des Protokolls ankomme, werde ich kurz nachrechnen: Einige Wochen nach dieser Sitzung wird Norbert Burger seinen 35. Geburtstag feiern.

Eine heiße Diskussion entbrennt um die Frage, ob in der Ermittlung Rechtshilfe aus Italien in Anspruch genommen werden kann: Lieber nicht, findet der Vertreter des Bundesjustizministeriums, am Ende verlangen die Italiener eine entsprechende Gegenleistung. Auf den Hinweis, Italien habe Material angeboten und ausdrücklich auf »Gegenseitigkeit verzichtet«, lenkt er ein, besteht allerdings darauf, dass das Material nur als Ausgangspunkt für die deutschen Ermittlungen dienen dürfe.

Von dieser Sitzung weiß ich noch nichts, als ich im Herbst 2021 im Landesarchiv Nordrhein-Westfalen sitze und puzzle. Aber sie könnte dazu geführt haben, dass der Generalbundesanwalt am 10. April 1964 der Kölner Kripo Informationen aus dem Schauprozess gegen Manfred Schröder übermittelt. Ebenso könnte sie dazu geführt haben, dass am 22. April 1964 Commissario Capo Dr. Silvano Russomanno, Sachbearbeiter im italienischen Innenministerium und zuständig für Sprengstoffanschläge, in Köln auftaucht. Italien hat Material angeboten, Commissario Capo Dr. Silvano Russomanno hat Material.

Dieses Material wird einen Quantensprung in der Ermittlung auslösen. Russomanno berichtet den Kölnern, wie ihm die Rede Albert Nordens »bekannt wurde«, die dieser am 6. Dezember 1963 hielt – Phase zwei der »Aktion ›Internazi‹«. Es hat fast ein halbes Jahr gedauert, und die Stimme des Vertreters eines dritten Staates, eines NATO-Partners, war nötig, aber endlich ist es Albert Norden gelungen: Schröders Aussagen werden in der BRD zur Kenntnis genommen. Russomanno berichtet weiterhin, er habe einen italienischen Pressekorrespondenten zum Schauprozess gegen Schröder geschickt und diesen gebeten, alle Einzelheiten mitzuschreiben. Der daraus entstandene Bericht weicht in kleinen Einzelheiten von den Aussagen Schröders ab, die ich im Stasi-Archiv gelesen habe. So wurde das Auto (der marokkogrüne Ford) in Russomannos Bericht bei Grenzübertritt gründlich untersucht, was mir neu ist. Außerdem behauptet der Bericht, Kienesberger, Schröder, mein Vater und mein Onkel seien nicht wegen moralischer Bedenken von der Idee abgekommen, den Carabinieri-Chef von Bozen zu erschießen, sondern weil sie Nachteile für die Südtiroler Bevölkerung befürchtet hätten.

Aber Russomanno hat nicht nur Manfred Schröders Aussagen dabei. Er hat, so berichtet er den Kripobeamten, die Angaben Schröders mit den Tatortfeststellungen der italienischen Behörden abgeglichen und festgestellt, dass sie in allen wichtigen Punkten übereinstimmen. Auch in Details, die nur die Täter wissen konnten, weil die italienische Polizei sie nicht an die Presse weitergegeben habe.

Außerdem hat er die in Schröders Aussage auftauchenden Personen überprüft und bei der Bozener Polizeibehörde die Hotelanmeldungen des Hotels Weißes Rössl gefunden. Eine Kopie des Melderegisters bringt er mit. Ich finde es in einer Akte mit der Signatur Rep248/437 Band 2. Das Melderegister besteht aus einer Tabelle, handschriftlich ausgefüllt in einer schönen, gleichmäßigen Schrift. Nur zwei Seiten, die der Akte beigefügt werden, die sie aber unverhältnismäßig gewichtiger machen. Denn unter der Nummer 709 steht der Namen meines Onkels, unter der 710 der meines Vaters. Am 17. Oktober 1962 sind sie angekommen, am 19. Oktober wieder abgereist.

Neben der Kopie des Melderegisters des Hotels Weißes Rössl bringt Russomanno noch ein weiteres, unscheinbares Papier mit: Einen in Druckschrift verfassten Brief an eine Bozener Zeitung, der die Sprengstoffanschläge vom April 1963 mit den Autonomie-Bestrebungen Südtirols rechtfertigt. »Ein solcher Brief soll nach den Angaben Schröders vor dem Obersten Gericht der Deutschen Demokratischen Republik von einem nicht benannten Gerichtsreferendar aus Saarbrücken geschrieben worden sein«, halten die Kölner Ermittler fest. Nur wenige Zeilen umfasst dieser Brief. Ein einziges Blättchen wird der Akte beigefügt. Es wird in den folgenden Monaten viele Schriftgutachter beschäftigen und ein wichtiges Indiz im Prozess werden.

Russomanno reist wieder ab, die Beamten der Kriminalpolizei Köln legen los: Sie stellen meinen Onkel unter Beobachtung. Sie prüfen, ob mein Vater und mein Onkel zur Tatzeit bei der Arbeit waren. Das Ergebnis habe ich schon an meinem allerersten Tag im Landesarchiv NRW gefunden: »Heinrich Bünger nahm seinen Jahresurlaub 1962 vom 15. bis 23. Oktober.« Nun erfahre ich, dass auch mein Onkel zur Tatzeit nicht an seinem Arbeitsplatz war.

Nur ein paar Seiten später finde ich das nächste Puzzleteil. Es ist eins von diesen, die man mit besonders großer Befriedigung zu den anderen legt, weil sie mit einem Schlag ein wichtiges Detail des Bildes sichtbar machen:

Am 10. Oktober 1964 beobachtet ein Kripobeamter einen Wagen, Typ VW, der vor dem Haus meines Onkels in Sinnersdorf vorfährt. Hinter der Frontscheibe befindet sich ein rot-weißes Plakat mit der Inschrift »55 Jahre Südtirol«, ein weiteres Plakat mit der Aufschrift »An Südtirol denken, für Südtirol wirken« ist an der rechten hinteren Seitenscheibe angebracht. Bei der Kfz-Zulassungsstelle wird in Erfahrung gebracht, dass der Halter des Wagens der Gerichtsreferendar Frank Berger ist. Eine Anfrage beim Landesamt für Verfassungsschutz legt offen, dass er »Mitbegründer« des BNS war und 1959 bei der BNS-Tagung in Mainz teilgenommen hat.

Mein Onkel hat den Besuch von Frank Berger mir gegenüber bestätigt.

Zwei Monate später haben die Ermittler herausgefunden, dass Frank Berger als Gerichtsreferendar in Saarbrücken tätig gewesen ist. Noch weiß man in Köln nicht, dass Manfred Schröder der Stasi von einem Referendar aus Saarbrücken mit dem Namen Frank erzählt hat. Dennoch werden Ermittlungen gegen Frank Berger aufgenommen. Die Sache nimmt Fahrt auf. Nicht so viel wie die »Aktion ›Internazi‹«, aber ordentliche, nordrhein-westfälische Fahrt:

Am 17. Dezember 1964 schickt der hessische Minister für Justiz auf Anfrage Unterschriftproben Bergers nach Köln. Einige Tage später, am 29. Dezember 1964, erbittet die Kripo

Köln ein Kurzgutachten von einem Schriftsachverständigen des Bundeskriminalamtes.

Und dann wird es ganz schlimm. Ich lese und sehe vor meinem inneren Auge Bilder von Kripobeamten, die mit nordrhein-westfälischem Schwung agieren, sehe sie Hintergründe checken und BNS-Verbindungen offenlegen, ich lese einen ausführlichen Zwischenbericht mit allen bisherigen Ermittlungen, ich sehe die Akte dicker und dicker werden, sicher passt sie schon bald nicht mehr in ein Hängeregister, aber: alldem zum Trotz geht es nicht vorwärts:

Am 7. Januar 1965 antwortet der Sachverständige und teilt mit, ein Gutachten sei leider nicht möglich, da das Bekennerschreiben, anders als die Unterschriftenprobe, in Druckbuchstaben verfasst sei.

Am 18. Februar 1965 wird die Akte noch einmal nach Karlsruhe zum Generalbundesanwalt geschickt. Die Bitte um Prüfung der Übernahme klingt dringlich: Das Verfahren würde Aufsehen erregen, die Beziehungen zu Italien belasten, in der SBZ propagandistisch ausgeschlachtet werden, die Beschuldigten seien Akademiker – einer sei sogar CDU-Funktionär – und möglicherweise Mitglieder einer Geheimorganisation, die sich unter Führung Burgers über das ganze Bundesgebiet und Österreich erstrecke, so argumentiert der Staatsanwalt.

Am 12. März 1965 schickt der Generalbundesanwalt die Akten unter Ablehnung der Übernahme zurück nach Köln.

Und dann wird es sogar noch schlimmer: Es dauert weitere dreizehn Wochen, bis neue Schriftproben von Frank Berger aus dem Saarland kommen. Aufgeregt suche ich nach dem Ergebnis des Schriftgutachtens, muss aber erfahren, dass die Schriftproben zu einem »gültigen Schriftvergleich wenig geeignet« sind. Wieder drei amtliche Schreiben und sechs Wochen später, am 8. Juli 1965, liegen dem Gutachter endlich geeignete »Vergleichsschriftunterlagen« vor. Noch im selben

Monat, am 30. Juli 1965, kommt das Ergebnis des Kurzgutachtens: Berger ist »mit größtmöglicher Wahrscheinlichkeit« Urheber des Bekennerschreibens von 1963.

Puh, denke ich, als ich das Puzzlestück zwischen Hunderten von Seiten mit Berichten, Zwischenberichten, Abrechnungen von Dienstreisen, Vermerken der Gewerbeaufsicht bezüglich eines Sprengstofferlaubnisscheins an Fritz und Heinrich Bünger (wurde nicht erteilt) und Listen von Mitgliedschaften von Verdächtigen finde. Jetzt passiert was, denke ich und trommele mit den Fingern auf dem Tisch im Lesesaal.

Aber es passiert erst mal nichts bzw. nicht das, was ich erwartet habe: Denn zwar wurde die Urheberschaft »mit größtmöglicher Wahrscheinlichkeit« festgestellt, jedoch nur durch ein Kurzgutachten. Nun muss ein ausführliches Gutachten erstellt werden. Drei Wochen später ist es da: Berger ist »mit sehr großer Wahrscheinlichkeit« der Verfasser des Bekennerschreibens.

Reicht es nun für eine Verhaftung? Ich blättere, lese, überfliege – und erfahre: nein. Nun muss der Wahrheitsgehalt von Schröders Aussagen beim Schauprozess in der DDR geprüft werden. Berechtigterweise, so rufe ich mich im Lesesaal des Landesarchivs NRW zur Ordnung. Schließlich ist Schröders Aussage unter Zwang entstanden. Da Schröder weiterhin in Bautzen einsitzt und in der BRD nicht verhört werden kann, werden sechsundzwanzig ehemalige Mithäftlinge gefunden, die nach abgebüßter Strafe wieder in die BRD zurückgekehrt sind, und zwischen dem 5. Oktober 1965 und dem 19. Januar 1966 im gesamten Bundesgebiet vernommen. Sie beschreiben einen Schröder, der recht unumwunden von seinen Sprengstoffattentaten erzählte, sich den Mithäftlingen gegenüber immer gut und korrekt verhielt (»Er war einer der besten Kameraden in Bautzen II«), den Wachleuten gegenüber jedoch provozierend und widerständig war. Von einem Schröder, der offenbar damit rechnete, von seinen Freunden befreit zu werden, der einen Mithäftling bat, nach seiner Entlassung mit meinem Onkel Kontakt aufzunehmen, ihm Schröders Erlebnisse zu schildern und ihm auszurichten, er »solle den Kopf nicht hängen lassen, sondern weitermachen«. Die Staatsanwaltschaft kommt zu dem Schluss, dass Schröder als Überzeugungstäter gehandelt habe.

Am 7. März 1966 ist Silvano Russomanno wieder in Köln. Er berichtet vom zweiten Mailänder Prozess, vom Urteil und übergibt Protokolle von Zeugen, die für meinen Vater und meinen Onkel ausgesagt haben.

Mein Onkel hat vier Alibizeugen benannt, die im Oktober 1962 und im April 1963 mit ihm zusammen gewesen sein sollen, darunter auch seine Frau und seinen Schwiegervater. Einer der zwei anderen Männer heißt Rudolf Klaussner. Einige Jahre habe ich diesen Namen nicht gehört. Aber in den 1990ern recht oft. Er war Schreiner und hat im Haus meiner Eltern diverse Einbauschränke gebaut, einmal habe ich ihn mit meiner Familie zum Abendessen besucht und er hat von seiner Zeit in »Deutsch-Südwest« erzählt, womit Namibia gemeint war. Die Einbauschränke sind von guter Qualität.

Der Name des Alibizeugen meines Vaters ist ebenfalls vertraut: Heinz Nowak. Mein Vater hat ihn oft ausgesprochen. Nicht den vollen Namen, nur den Nachnamen. »Ich muss Nowak mal wieder besuchen.« »Ich habe Nowak noch nicht zum Geburtstag geschrieben. Man kommt ja zu nichts.« In meiner Erinnerung klang er nicht freudvoll, nicht energetisch, nicht begeistert, wenn er diesen Namen aussprach. Es war kein Lächeln in seiner Stimme, wie ich es oft in meiner höre, wenn ich die Namen meiner Freundinnen und Freunde ausspreche. In der Stimme meines Vaters schwang eher so etwas wie Pflichterfüllung mit. Als müsse er sich um ein vernachlässigtes Haustier kümmern. Es war auch nicht so, dass Nowak im Anzug und Schlips mit einer schicken Frau zu einem Abendessen zu uns nach Hause gekommen wäre. Irgendwie schien mein Vater ihn weniger offiziell zu treffen, nicht in den familiär codierten Räumen, sondern in irgendwelchen Männerecken. In einer Kneipe, bei seiner Studentenverbindung.

Am 14. April 1966 wird Heinz Nowak in München verhört. Er bestätigt, dass er am 19. und 20. Oktober 1962 mit meinem Vater zusammen war: in München, weit entfernt von Italien. Die Alibizeugen meines Onkels versichern, dass sie am 19. Oktober 1962 bzw. am 27. April 1963 mit meinem Onkel Zeit verbracht haben, in Köln »in einer Gastwirtschaft« bzw. auf der Geburtstagsfeier eines Freundes.

Wieder einmal bin ich sehr nachdenklich auf meinem Weg zwischen Archiv und Zuhause. Als ich mit dem Zug an den zersplitterten Glasflächen des Bahnhofs Duisburg vorbeifahre, muss ich an Momente denken, in denen ich von meinen Freundinnen und Freunden absolute Loyalität erwartet habe. Es waren schwierige Momente für mich, eine toxische Situation bei der Arbeit, eine komplizierte Schwangerschaft. In diesen Momenten hatte ich mir gewünscht, dass meine Freundinnen und Freunde, meine Familie rückhaltlos an meiner Seite sind. Sie sollten meine Urteile teilen, mir die Daumen drücken und mit mir fluchen. Ich habe nichts Illegales verlangt. Aber ich kenne diese Sehnsucht nach totaler Loyalität in Krisensituationen. Es gibt sechs Menschen in meinem Leben, denen das Kunststück immer gelungen ist, diese Sehnsucht zu befriedigen. Und sogar noch ein größeres: es ist ihnen gelungen, in Krisen für mich da zu sein, ohne mit mir zu verschmelzen. Sie haben mich verstanden, ohne sich aufzugeben. Sie haben mir Trost und Unterstützung angeboten, aber auch ihre Perspektive. Anschließend war ich schlauer als zuvor. Und weniger allein.

Mein Vater hat einen Menschen gefunden, der ihm in einer Krisensituation bedingungslos beistand. Ich kann mir nicht vorstellen, dass Heinz Nowak ihm eine neue Perspektive eröffnet hat, dass er Argumente hatte, die meinem Vater noch nicht eingefallen waren, und dass meinen Vater diese Argumente schlauer gemacht haben. Ich glaube, Nowak hat getan, worum mein Vater ihn gebeten hat. Vielleicht ist das genau der Unterschied zwischen Kameradschaft und Freundschaft.

Der Zug steht wie so oft vor der Hohenzollernbrücke. Vor den Fenstern ist es dunkel.

Der treue Nowak ist am 14. April 1966 in München verhört worden. Kein Zweifel, dass er meinen Vater darüber informiert hat. Mein Vater arbeitete zu dem Zeitpunkt seit sechs Wochen bei Bayer in Leverkusen.

Frühjahr 2023, Rheinland

Dieses Mal habe ich Schwarzwälder Kirschtorte gekauft. Ich habe mich den ganzen Tag darauf gefreut, am Nachmittag Schwarzwälder Kirschtorte zu essen. Kalorien, Zucker, die CO_2-Bilanz von Sahne – all das spielt heute keine Rolle, denn ich muss meinem Onkel ein paar Fragen stellen, vor denen ich mich bislang gedrückt habe: Wurde im Oktober 1962 diskutiert, einen Carabiniere zu erschießen? Hat mein Onkel mit Schröder geplant, ein zehn Meter großes Loch in die Berliner Mauer zu sprengen? Waren die Attentate in Italien im Frühjahr 1963 absichtsvoll in die Zeit der dortigen Parlamentswahl gelegt? War er ein führendes Mitglied der Geheimen Befreiungsfront?

Als ich vor der Tür stehe, fällt mir ein, dass ich heute Nacht schon einmal hier gestanden habe. Ich habe von diesem Besuch geträumt. Mein Onkel hat mir im Traum selbst die Tür geöffnet. Er hat sich gefreut, mich zu sehen. Wir haben über den Klimawandel gesprochen und wir waren nicht komplett uneinig: Zwar zitierte er meinen Vater mit der Theorie, die Sonnenflecken seien für die Erderwärmung verantwortlich, und äußerte leise Zweifel am menschengemachten Klimawandel, es sei ja schon ab 1945 immer wärmer geworden, fand es aber dennoch vorbildlich, dass ich mit einem Elektroauto gekommen war. Ich hatte in diesem Traum blöderweise die Zahlen über den CO_2-Ausstoß nicht parat und argumentierte eher allgemein, dass das Klima ein komplexes System sei, in dem auch natürliche Schwankungen vorkämen, dass aber der durch CO_2 verursachte Treibhauseffekt unter Klimaforschern, Physikern und Mathematikern unstrittig sei. Aber mein Zweidrittelwissen war ausreichend. Friedlich hat mein Onkel mir zugestimmt und gesagt, auch er sei der Meinung, man solle CO_2 einsparen. Zumindest könne es nicht schaden. Meine Rede für die Verkehrswende fand seine Zustimmung. Über die Fahrradwege in Kopenhagen wollte er Details wissen.

Als ich mit der Torte vor seiner Tür stehe, hallt dieser Traum in mir nach. Er kommt mir nicht unrealistisch vor. Mein Vater hingegen hätte niemals Details über ein grünes Projekt wissen wollen. Wenn ich ihm von den schräg aufgestellten Mülleimern in Kopenhagen erzählt hätte, in die man beim Radfahren problemlos seinen Müll hineinwerfen kann, hätte er wahrscheinlich gesagt: und mit so was soll unsere Regierung ihre Zeit verplempern?

Ich kann schlecht mit Ablehnung umgehen, hat meine Therapeutin richtigerweise festgestellt. Zugleich bin ich meinungsstark. Eine schwierige Kombination. Eine sehr schwierige Kombination in der Beziehung zu meinem Vater. Nicht aber in meinen bisherigen Gesprächen mit meinem Onkel. Er war stets zugewandt, interessiert und alles andere als borniert oder autoritär.

Als ich an diesem Tag nach der Schwarzwälder Kirschtorte zu meinen Fragen komme, achte ich auf meine Körpersprache und frage:

»Als ihr dann nach Innsbruck gefahren seid, gab es eine Besprechung in einer Skihütte. Und da gibt es eine Aussage, dass Kienesberger in diesem Zusammenhang vorgeschlagen hätte, einen Carabiniere zu erschießen.«

Mein Onkel ist überrascht.

»Blödsinn. Wer hat das gesagt?«

»Das steht im Urteil.«

»Im Urteil? Im Urteil gegen uns? Nee, das ist also Blödsinn. [...] Davon weiß ich nichts.«

Ein paar Wochen später kommt er noch einmal auf diesen Punkt zurück. Ihm sei da noch was eingefallen. Kienesberger habe tatsächlich über den Carabiniere gesprochen. Darüber, dass der Kameraden gefoltert habe und dass man ihn eigentlich erschießen müsse. Das sei aber kein Vorschlag gewesen, sondern reine Rhetorik, um die moralische Empörung über die Folterungen zu unterstreichen. Niemals habe jemand vorgehabt, tatsächlich jemanden umzubringen.

Dass die Parlamentswahlen in Italien genau mit seinem zweiten Attentat zusammenfielen, weiß er nicht. Er sei kein führendes Mitglied der Geheimen Befreiungsfront gewesen. »Das gibt's gar nicht. Davon habe ich noch nie gehört.«

Ich frage ihn zu der Pass-Affäre und will wissen, warum er auf der Flucht ein Fernsehinterview gegeben hat. Er erzählt mir, wie sein Schwiegervater ihm anbot, ihm über den befreundeten Gemeindedirektor einen Pass zu organisieren, und dass er ihn an den Gemeindedirektor zurückgegeben hat, als der unter Druck geriet. Immerhin, denke ich.

Wir sprechen dann noch über seine Zeit in Südafrika, wohin er floh, als sein Antrag auf Asyl in Österreich abschlägig beschieden worden war. Nach einer Station an der Universität in Durban gründete er eine Kiwi-Farm. Ungefähr hundertzwanzig »schwarze Mitarbeiter« habe er gehabt. Das N-Wort benutzt er nicht. Für deren Kinder habe er eine Schule gegründet. Es hätte Subventionen vom Department of Education für »Farm Schools« gegeben. Es sei ein Gebäude errichtet worden, das Department habe die Lehrer bezahlt. Er sei selbst ein- oder zweimal in die Schule gegangen. Die »Kinderchen« hätten sich immer gefreut, ihn zu sehen. Allerdings habe der Unterricht schlecht funktioniert, denn der Lehrer hätte die Kinder gezwungen, Gemüse anzubauen, das er dann verkauft hätte. Man habe da nichts machen können. Die Schule würde heute noch existieren.

Auch von seinem Kiwi-Business erzählt er. Der Boden sei ideal gewesen, eine tiefe Lehmschicht hätte den Regen gespeichert, noch heute seien einige der Pflanzen bei Google Earth zu sehen. Aber trotz optimaler Bedingungen hätten die Pflanzen der Hayward-Sorte damals nicht wachsen wollen. Erst ein neuseeländischer Experte hätte herausgefunden, dass den Pflanzen eine halbe Stunde Tageslicht am Tag gefehlt hatte. Mein Onkel lacht über sein damaliges Pech. »Das darf ich aber keinem sagen, die denken alle, das ist eine Entschuldigung. In Wirklichkeit war ich zu blöd, da einen Erfolg draus zu machen.«

Ein paar Wochen später spreche ich mit ihm über die Apartheid. Schlimme Zeiten seien das gewesen, sagt er. Kurz durchfährt mich die absurde Hoffnung, er spräche von den Repressionen, der Segregation, von den vielen Tausend Toten durch politische Gewalt, von Steve Biko, der unter der Folter weißer Polizisten starb. Einen Moment denke ich, die Gewalt gegen und die Unterdrückung von Schwarzen Menschen in ihrem eigenen Land habe meinen Onkel nicht kaltgelassen. So wie ihn die Minderheitenrechte der Südtiroler nicht kaltgelassen haben. Aber nein. Mein Onkel, der ehemalige Farmer aus Südafrika, spricht nicht von Ungleichheit und Polizeigewalt, wenn er von schlimmen Zeiten spricht. Er spricht über Gewalt von Schwarzen untereinander. Von Schwarzen, die andere Schwarze mit Autoreifen gefesselt und verbrannt hätten, von Winnie Mandela, die die Massen angestachelt hätte. Die Polizei sei machtlos gewesen.

Als ich ihn nach Soweto frage und den Schülerinnen und Schülern, die gegen die Einführung von Afrikaans als Unterrichtssprache protestierten, fällt ihm nicht die Polizeigewalt ein, nicht der dreizehnjährige Hector Pieterson, der bei der Demonstration von der Polizei erschossen wurde. Das Foto des sterbenden Hector Pieterson in den Armen Umbiswa Makhubos ging damals um die Welt, ganz ähnlich wie einige Jahre zuvor das des toten Peter Fechter im Todesstreifen der Berliner Mauer. Meinem Onkel fällt eine andere Geschichte aus Soweto ein: einmal habe er versucht, sich selbst ein Bild zu machen. Der schwarze Taxifahrer habe sich geweigert, ihn hinzufahren. Er würde sich in Lebensgefahr bringen, wenn er mit einem weißen Menschen durch Soweto führe. »Na ja, kann man nichts machen, hab ich gesagt. Fahren wir wieder zurück.«

Dann erzählt er mir, er sei 1992 bei dem Referendum gegen die Abschaffung der Apartheid als »Permanent Resident« stimmberechtigt gewesen. Er habe gegen die Abschaffung der Apartheid gestimmt. Inzwischen sei er allerdings der Meinung, die Abschaffung der Apartheid wäre nicht aufzuhalten gewesen: »Was hätten die Weißen denn machen können? Drei Millionen Weiße gegen vierzig Millionen […] Schwarze.«

Er sei nicht der Meinung, dass die Schwarzen während der Apartheid ausgebeutet und unterdrückt worden seien. Die

Situation in Südafrika sei heute viel schlechter als damals. »Die Führungskräfte sorgen vor allem für ihr eigenes Bankkonto.« Bittere Armut, die Post würde nicht mehr zugestellt, es gäbe keinen Personenzugverkehr mehr, der Strom falle häufig aus.[22]

Es ginge ihm nicht darum, »to give them [den Schwarzen Menschen] a bad name«, schließt mein Onkel. Ich glaube ihm, dass er sich für sachlich hält, wenn er das sagt. Zugleich: Es gibt nichts zu verteidigen, zu erklären oder zu rechtfertigen, wenn es um die Apartheid geht.

Mein Onkel sagt mir, er hoffe, dass ich ein sachliches Buch schreibe.

Ja, sage ich. Und er ergänzt: »Es gibt ja drei Möglichkeiten, wie man die Leute jetzt betrachtet, die damals [in Südtirol] beteiligt waren. Entweder ist man der Meinung, das sind dumme Irre oder fanatische Rechtsradikale, oder man beurteilt auch die Beweggründe richtig. […] Ich glaube, wir waren weder irre Rechtsradikale noch Halbekloppte, sondern einfach Idealisten, die etwas für die Leute erreichen wollten und auch erreicht haben. Was wir aber schwer bezahlen mussten.«

Mein Onkel wirkt authentisch, als er das sagt. Ich aber blicke anders auf diese Geschichte. Ich schaue nicht zurück auf Heldentaten alter Tage, und ich sehe keine Idealisten. Ich bin traurig und wütend darüber, dass mein Vater mit siebenundzwanzig Jahren so selbstherrlich und gewaltbereit war. Ein Mensch, den Verletzungen von Minderheitenrechten in Südtirol so sehr in Rage versetzten, dass er Sprengstoff in Bahnhöfen platzierte, den aber Menschenrechtsverletzungen an Schwarzen Menschen in Südafrika, den USA oder an Algeriern kein bisschen interessiert haben, wie ich aus vielen Gesprächen weiß, kann sich nicht auf sein intaktes Unrechtsbewusstsein berufen. Ich kann es mir nicht anders vorstellen, als dass er auch an sein heiß geliebtes Deutschland und seine »blutenden Grenzen« gedacht hat, als er im Oktober 1962 Richtung Süden fuhr.

Winter 2021, Köln

Das Puzzeln war zäh. Die Ermittlungen in der damaligen Bundesrepublik waren es auch. Ein Riesenunterschied zu der gnadenlosen Effizienz der Stasi, die nur fünf Monate brauchte, um Manfred Schröder zu verhören, eine Aussage zu erpressen, eine »Aktion ›Internazi‹« zu konzipieren, inklusive Ermittlungen in Italien, Österreich und der BRD, sowie eine Pressekonferenz und einen Prozess durchzuführen und öffentlichkeitswirksam zu inszenieren.

Ein Riesenunterschied vor allem auf der Ebene der höheren Verwaltung. Ganz im Gegenteil zur DDR fehlt der BRD in dieser Angelegenheit eine übergeordnete Strategie, eine Idee, ein Bewusstsein dafür, dass diese Vorgänge für den Staat Bedeutung haben könnten. Kennt man diese Geschichte, dann ist die Entscheidung des Generalbundesanwaltes, die Ermittlungen gegen Burger, meinen Onkel, meinen Vater, Schröder und Berger nicht zusammenzulegen, kaum nachvollziehbar. Nicht nachvollziehbar das Argument, »Heranwachsende gehören nicht vor den Bundesgerichtshof« in Bezug auf den fünfunddreißigjährigen Burger.

Aber auf der unteren Verwaltungsebene, der Ebene der Staatsanwaltschaft und der Kripo, zeigt es eine Ermittlung, die vielleicht nicht kühn oder visionär geführt wurde, aber mit Akribie und im Sinne der Rechtsstaatlichkeit. Indizien wurden zusammengetragen, Gutachten erstellt, Alibis und Aussagen überprüft.

Ich bin oft ungeduldig geworden im Landesarchiv Nordrhein-Westfalen wegen der unzulänglichen Schriftproben, der

Kurzgutachten und ausführlichen Gutachten, wegen der über die gesamte BRD verstreuten sechsundzwanzig Ex-Häftlinge aus Bautzen. Aber nun, wo das Puzzle fertig ist, sehe ich eine sorgfältige und ergebnisoffene Prüfung und Bewertung jedes Details ohne postfaktische Ergebnisse, herausdiktierte Aussagen und eilige Schlüsse. Ich sehe die Arbeit der Institution einer Demokratie, die ihrem verfassungsmäßigen Auftrag mit den verfassungsmäßigen Mitteln nachkommt.

Ermittelt hat sie Hinweise darauf, dass mein Onkel und Kienesberger Kontakt hatten, dass die Ausweise meines Vaters und Onkels zum Tatzeitpunkt in Bozen in einem Hotel abgegeben wurden, dass Frank Berger mit »größtmöglicher Wahrscheinlichkeit« Verfasser eines Bekennerschreibens ist, dass Manfred Schröder seine Aussagen aus dem Schauprozess gegenüber seinen Mithäftlingen wiederholt hat. Mein Puzzle zeigt ein Bild, das verdächtig genug ist, um Haftbefehle auszustellen.

Und genau das geschieht am 15. Juli 1966. Die Haftbefehle liegen in einer Akte im Landesarchiv NRW und sind pink. Erstaunlich viele wichtige Papiere in dieser Geschichte sind pink.

24. Juli 1966, Sankt Martin, Südtirol

Kurz nach Mitternacht wird aus Schnellfeuerwaffen auf drei italienische Soldaten geschossen. Salvatore G. ist auf der Stelle tot, Giuseppe D. verstirbt einige Tage später an den Folgen seiner Verletzungen, der dritte Soldat wird leicht verletzt.[23]

Wenig später geben Peter Kienesberger und Norbert Burger in den Wäldern des Grenzgebietes zwischen Österreich und Italien zwei Fernsehjournalisten ein Interview. Es wird am 29. Juli 1966 im Magazin »Monitor« gesendet und zieht eine scharfe Reaktion aus Rom nach sich:

Monitor: »Sie sind aber der Ansicht, dass die Untergrundbewegung ›Befreiungsausschuss Südtirol‹ etwas mit dem Mord vom Sonntag zu tun hat?«

Burger: »Das Wort ›Mord‹ möchte ich sofort zurückweisen. Sollte es sich bei der Aktion vom Sonntag um eine solche der Freiheitskämpfer handeln, so ist das Wort Mord sicher nicht angebracht.«

Monitor: »Aber es ist doch von hinten geschossen worden auf drei Leute mit zwei Schnellfeuergewehren?«

Burger: »Unter Mord versteht man bekanntlich die Tötung aus gemeinen, niedrigen Motiven, und das kann man ja den Aktionen der Freiheitskämpfer nicht unterstellen, dass sie solche verfolgen. Denn das Ziel, das sie haben, ist ein sehr edles und hohes, und dass es dabei ohne Opfer nicht geht, ist selbstverständlich.«

[…]

Monitor: »Aber rechtfertigt das solche Erschießungen – um es vorsichtig auszudrücken, von Leuten, die in Zivil in einem Dorf an einer Feier teilgenommen haben?«

Kienesberger: »Wir werden uns bemühen, solche Leute – wenn schon – zu erwischen, die also effektiv bei Folterungen oder Übergriffen beteiligt waren.«

Monitor: »Glauben Sie, dass das in diesem Fall so gewesen ist?«

Kienesberger: »Ja, davon bin ich überzeugt. Sofern – also ich weiß es nicht – ich kann nicht darüber aussagen, ob das nun wirklich unsere Leute waren –, aber wenn es unsere Leute waren, war es sicherlich sehr gut überlegt, und die haben auch genau gewusst, wen sie erwischen.«

[…]

Monitor: »Sie gehen also nicht ab von ihrer Ansicht, dass Terror das richtige Mittel ist?«

Kienesberger: »Glauben Sie, dass wir liebend gern darauf verzichten würden, unser Leben einzusetzen, wenn es andere

Mittel geben würde und friedliche Mittel geben würde, die Selbstbestimmung und eine echte internationale Volksabstimmung in Südtirol zu erreichen.«

Monitor: »Wann glauben Sie, werden die nächsten Anschläge stattfinden?«

Kienesberger: »Ich hoffe bald.«

Es sind dieses und einige weitere Interviews, wegen denen Norbert Burger seine einzige rechtskräftige Verurteilung in Österreich erleben wird: acht Monate wegen Gutheißens von Verbrechen. Peter Kienesberger wird zu vier Monaten verurteilt.

3. August 1966, JVA Köln

Vorgeführt aus der Untersuchungshaft erscheint Herr Dr. Karl Heinrich Bünger. In Begleitung seines Verteidigers.

Heinrich Bünger: »Ich will mich zur Sache äußern. [...] Nach meiner politischen Betätigung befragt, weise ich darauf hin, daß ich Aktiver der Alten Breslauer Burschenschaft war. Eine bestimmte Zahl von Abenden im Semester war dafür vorgesehen, daß Bundesbrüder zu aktuellen politischen Themen sprachen. Dabei wurde auch das Südtirol-Problem erwähnt. [...] Der Tenor unserer Diskussionen im Südtirol-Problem war wohl der, daß wir der Auffassung waren, daß es im Interesse Europas günstiger sei, wenn die Italiener im Sinne des Pariser Abkommens den Südtirolern mehr Autonomie überließen. Über Attentate und ihre Bewertung wurde im Bund meines Erinnerns nicht gesprochen. Zumindest während meiner Anwesenheit in Bonn war davon nicht die Rede. Ich weiß auch nicht, ob bis 1961, als ich aus Bonn fortging, schon Attentate unternommen wurden.«

Kommissar: »Wie stehen Sie zu Attentaten in Südtirol?«

Heinrich Bünger: »Befragt, wie ich heute zur Frage ›Attentate in Südtirol‹ stehe, muß ich sagen, daß ich Attentate, die die Zivilbevölkerung in Gefahr bringen, verletzt oder getötet zu werden, für schändlich halte, Attentate, die Sachschaden hervorrufen, für unsinnig halte. Meiner Meinung nach kann man den Südtirolern zur Zeit als Privatperson nur helfen, indem man sie moralisch und wirtschaftlich unterstützt.«

Kommissar: »Waren Sie Mitglied im BNS?«

Heinrich Bünger: »Befragt, ob ich Mitglied im BNS gewesen bin, kann ich nur sagen, daß ich nie einen Mitgliedsausweis besessen habe, jedoch als Mitglied betrachtet wurde.«

Kommissar: »Sie kennen die Ihnen im Haftbefehl vorgeworfenen Taten. Sie wissen, daß Sie dieserhalb in Italien in erster Instanz verurteilt wurden. Sind Sie an diesen Taten beteiligt?«

Heinrich Bünger: »Nein.«

Mein Vater spricht. Aber die Wahrheit sagt er nicht. Sicher hat er mit seinem Anwalt besprochen, wie er sich am besten zu seinem politischen Engagement äußert, zur Situation in Südtirol, zu den Anschlägen. Dass es nicht schlau wäre, eine Mitgliedschaft zum BNS zu bestätigten, ebenso wenig, sie komplett zu leugnen. Ich finde die Protokolle seiner Verhöre im Winter 2021 im Landesarchiv Nordrhein-Westfalen, als ich fertig gepuzzelt habe und wissen will, wie es nach der Verhaftung weiterging.

In den kommenden Wochen wird mein Vater immer wieder verhört. Bereitwillig antwortet er und erzählt eine Version dieser Geschichte, die ganz anders klingt als die, die ich hier rekonstruiert habe.

Auch diese Geschichte liegt im Landesarchiv Nordrhein-Westfalen in Duisburg. Sie beginnt im Sommer 1961:

Es muss wohl im Sommer 1961 gewesen sein, als ich von meinem Bruder gefragt worden bin, ob ich bereit sei, meinen Ausweis für Fluchthilfeaktivitäten an der deutsch-deutschen Grenze zur Verfügung zu stellen. Er kenne jemanden, der reisewilligen Ostdeutschen helfe und sie unter Zuhilfenahme falscher Ausweise in die BRD schmuggele. Den Namen dieser Person nannte er damals nicht. Jedenfalls stellte ich ihm meinen Ausweis zur Verfügung. Ich kann es mir nicht anders erklären, als daß dieser Ausweis mißbräuchlich in Bozen zur Anwendung kam.

Am Mittwoch, dem 17.10.1962, war ich in G., um die Verlobung meines Bruders Fritz […] zu feiern. Die Verlobung war am Samstag, dem 13.10.1962. Ich bin am Samstagvormittag mit dem Omnibus aus Braunschweig, wo ich übernachtet hatte, in G. angekommen. Hier fand ich im Haus der zukünftigen Schwiegereltern meines Bruders Unterkunft. Zur Verlobungsgesellschaft gehörten mit Sicherheit außer den Brautleuten und mir die Schwiegereltern meines Bruders, meine Eltern und zwei Schwestern seiner Braut sowie der Ehemann einer der Schwestern. Wie groß der Kreis genau war, weiß ich nicht. Ich habe ein schlechtes Personengedächtnis. […] Die Verlobungsgesellschaft löste sich am Sonntag auf. Von da ab war ich mit meinem Bruder, seiner Braut und seinen Schwiegereltern allein in B. Ich hatte noch Urlaub und habe deshalb eine Einladung der Schwiegereltern meines Bruders, noch zu bleiben, angenommen. […] Am Donnerstag, dem 18.10.1962, bin ich mit dem Auto nach Braunschweig gebracht worden.

Da für mich von vorneherein feststand, daß ich nicht meinen gesamten Urlaub – ich mußte am 22.10.1962 (Montag) wieder in Clausthal arbeiten – in G. verbringen wollte, andererseits auch keine festen Pläne hatte, entschloß ich mich, am Mittwoch oder Donnerstag nach München zu fahren. Dies war ein spontaner Entschluß. Ich habe häufiger Rei-

sen unternommen, zu denen ich mich plötzlich entschlossen hatte. Damals machte mir Reisen Spaß. Angemeldet in München hatte ich mich nicht. Auch habe ich keine Reisevorbereitungen getroffen. Ich brauchte nur den Koffer, den ich mit nach G. genommen hatte, zu packen und loszufahren. Ob ich vorher über meine Pläne etwas gesagt habe, weiß ich nicht. [...] In Hannover bin ich in einen D-Zug nach München umgestiegen. Ich weiß nur noch, daß ich nicht lange auf den Anschluß zu warten brauchte. In München bin ich vor 7.00 Uhr morgens angekommen. Wann genau weiß ich nicht. Es kann 6.00 Uhr gewesen sein. Ich bin mit der Vorstellung nach München gefahren, bis Samstag dortzubleiben. Vor der Frage stehend, wie ich mir ein Quartier verschaffen sollte, habe ich einen Taxifahrer nach einem guten, nicht zu teuren Quartier gefragt. Der Taxifahrer lud mich dann ein, und wir fuhren meiner Erinnerung über den Karlsplatz. Wo die Unterkunft lag, zu der ich schließlich gelangte, weiß ich heute nicht mehr. Ich kann auch nicht den Stadtteil näher bezeichnen. Ein Hotel war es nicht, eher eine Pension. Es ist auch möglich, daß es ein Privatquartier war. [...] Ich habe mich dann hingelegt und bis kurz vor 12 Uhr geschlafen. Dann habe ich in der Innenstadt etwas gegessen. Das Lokal lag meiner Erinnerung nach an der Hauptstraße (Kaufingerstr.). Bis hierhin bin ich [...] ¾ Stunden gegangen. Nach dem Essen habe ich vom nächsten Telefonhäuschen aus Nowak angerufen. Diesen kenne ich aus Bonn. [...] Mit Nowak habe ich mich dann verabredet. Wir wollten uns abends treffen. Treffpunkt war der Mathäser. Der Name des Lokals ist mir aber erst später durch Nowak wieder ins Gedächtnis gerufen worden. Ich bin dann in München spazierengegangen und bin dann, ohne meine Pension noch einmal aufzusuchen, abends zum Mathäser gegangen. Noch ehe ich Nowak traf, habe ich zu Abend gegessen. Mit Nowak, der gegen 19.30 Uhr, aber nicht nach 20.00 Uhr eintraf, habe ich dann nicht länger als eine halbe Stunde im Mathäser gesessen. Wir machten dann einen Zug durch die Lokale. In welcher Richtung wir vom Mathäser aus gingen, weiß ich nicht. Ich weiß nur genau, daß wir über den Stachus gegangen sind. Wir sind dann im Hofbräuhaus gelandet, allerdings war dies nicht das erste Lokal, in dem wir einkehrten. Ich weiß noch, daß wir schließlich in Schwabing landeten. In welchem Lokal wir da waren, weiß ich nicht mehr. Sicher weiß ich, daß wir nicht mit der Straßenbahn nach Schwabing gefahren sind. Ob wir zu Fuß gegangen oder mit der Taxe gefahren sind, weiß ich nicht sicher. Ich glaube aber, wir sind zu Fuß gegangen. [...] Wir haben uns nachts ziemlich spät getrennt. Meiner Erinnerung nach in Schwabing. Ich bin mit der Taxe zu meinem Quartier gefahren. Nowak hatte ich vorher weggeschickt, mir wurde an diesem Abend nämlich ziemlich schlecht, und Nowak sollte es nicht merken. Vorher hatten wir uns verabredet, uns anderen Tags noch einmal zu treffen, und zwar in den Bahnhofsgaststätten. [...] Ich bin am anderen Morgen meiner Erinnerung nach zu Fuß zum Bahnhof gegangen. Ich kenne München kaum. Bei den früheren Gelegenheiten bin ich selten in die Stadt gekommen. Ich kann daher nicht sagen, über welche Straßen ich gegangen bin. Ich weiß, daß ich über Straßen ging, in denen zum größten Teil keine Straßenbahn fuhr, und auf dem Wege zum Bahnhof den Stachus passierte. Ich glaube, daß ich gegen 9.00 Uhr am Bahnhof war, vielleicht etwas später. Ich habe zunächst Kaffee getrunken, aber nichts gegessen. Nowak kam, während ich dort saß, zu mir. Wann er genau kam, weiß ich nicht mehr. Er kam schätzungsweise 1 Stunde nach mir. Nowak blieb dann, bis ich abfuhr, allerdings bin ich dessen nicht ganz sicher.

Ich fuhr zurück nach Clausthal und benutzte einen D-Zug, der in Kreiensen hielt. Ich glaube, daß mein Zug vor 12.00 Uhr fuhr.

Ich habe Tausende Seiten von Akten gelesen. Ich bin Hunderte Kilometer mit der Bahn gefahren. Ich habe mit vielen, vielen Menschen gesprochen. Ich habe geflucht, geweint und gebetet. Ich wollte meinen Vater zum Sprechen bringen. Nun spricht er. Und ich bin kein bisschen zufrieden. Das liegt nicht daran, dass er nicht mit *mir* spricht, sondern vor fast sechzig Jahren mit einem Kommissar der Kölner Kripo, und auch nicht in erster Linie daran, dass er nicht die Wahrheit sagt. Ich bin kein bisschen zufrieden, weil es sich falsch anfühlt, das zu lesen. Als hätte ich meinen Vater bei etwas Peinlichem erwischt, das mich nichts angeht. Etwas Intimen.

Dass es Situationen in seinem Leben gab, in denen er mehr oder weniger überzeugende Ausflüchte gesucht hat, das hat er mir nie gezeigt. Immer war er souverän. Immer Herr der Lage. Blaue Briefe, Klassenkonferenzen, medizinische Themen – welches Problem es auch gab, mein Vater hatte eine Meinung, eine Einschätzung, einen Plan und oft genug eine Lösung. Diese Lösungen wurden nicht gemeinsam entwickelt, nicht diskutiert, nicht mit anderen Ideen abgestimmt. Es wurde auch niemand in Gesprächen von ihnen überzeugt. Sie waren gesetzt. Das war weder demokratisch noch respektvoll. Aber es war lösungsorientiert. Schwäche, Orientierungs- und Ratlosigkeit gab es bei meinem Vater nicht. Und erst recht kein Gejammer. Nicht über belastende Situationen, nicht über Schmerzen oder Krankheiten. »Das muss noch besser werden«, pflegte er zu sagen, wenn ich mich nach seinem Befinden nach seinen komplizierten Augenoperationen erkundigte. Und als er sich einmal versehentlich die Kofferraumklappe des blauen Polos, den ich dann später mit Margeriten bemalte, auf eine frisch genähte Schnitt am Daumen schlug, fluchte, weinte und schrie er nicht. Er pfiff eine schnelle und erstaunlich melodische Melodie. Ich habe ihn nie wieder so kunstvoll pfeifen hören.

Wie ist mein Vater so geworden? Eine Frage, vor der ich mich bislang gedrückt habe. Ich hatte die Befürchtung, ein Erklärungsversuch könnte relativieren, das Urteil verwässern. Aber nun werde ich es tun: ich werde mich fragen, wie mein Vater der Mensch wurde, der diese Dinge tat. Aber verstehen heißt nicht verzeihen. Man ist für seine Taten verantwortlich, wenn man ein freier, erwachsener Mensch ist. Mein Vater hat genau das getan hat, was er tun wollte. In seinen Entscheidungen war er frei. Jedenfalls so frei ein Mensch sein kann.

Mein Vater ist 1935 geboren. Er hat seine Volksschulzeit unterm Hakenkreuz verbracht. Ich versuche herauszufinden, wie sein Schulalltag ausgesehen haben könnte, und erfahre Gruseliges. Laut offiziellen Zahlen sind am 1. Mai 1936 siebenundneunzig Prozent der gesamten deutschen Erzieher Mitglied im Nationalsozialistischen Lehrerbund und damit nationalsozialistisch indoktriniert. Ein Blick in Studien zu Schulbüchern offenbart noch tiefere Abgründe. Schulrat Fritz Fink schreibt 1937 in seinen Richtlinien »Die Judenfrage im Unterricht«: »Die Rassen- und Judenfrage ist das Kernproblem der nationalsozialistischen Weltanschauung.« Fink weiß, wie dieses Ziel zu erreichen ist:

Wir können beobachten, daß ein Rudel Gemsen sich nie von einem Hirsch und eine Herde Wildpferde sich nie von einem Wildschwein führen läßt. Art hält zu Art und nimmt aus derselben Gattung sich seine Anführer. […] In einer Schule, in der diese Tatsachen klar herausgestellt werden, muß die Stunde kommen, in der ein Bub oder ein Mädel aufsteht und sagt: ›Ja so ist es in der Natur! So muß es auch unter den Menschen sein. […] Der Mensch allein setzt sich über diesen Willen der Natur hinweg. Er billigt und fördert sogar die Verbindung von schwarzen oder gelben mit weißen Menschen, von Juden und Nichtjuden. [...] Kein rassenbewußter und rassestolzer Weißer paart sich mit einer [N-Wort] oder einer Jüdin, ja kein rassebewußter [N-Wort] gesellt sich einer Weißen zu.[24]

Ein paar Seiten weiter folgert Fink: »Ich möchte den deutschen Erzieher kennen, der aus dieser Fülle von Material, Verbrechen und jüdischen Namen nicht eine Anklage gegen Alljuda erheben könnte, die unseren Buben und Mädels dann noch in den Ohren rauscht, wenn sie längst grau geworden sind.«[25]

Ich weiß nicht, ob mein Vater einen solchen Unterricht erlebt hat. Wenn er diese Anklagen als Kind gehört hat, dann haben sie in seinen Ohren über sieben Jahrzehnte gerauscht.

Arbeitet man sich durch Bücher wie »Schulzeit unter Hitlerbild« oder »Schule der Diktatur«, dann gewinnt man den Eindruck, in jedem Fach habe es belastete Schulbücher gegeben. Im »Kernfundus« des Liedgutes für den Musikunterricht taucht »Siehst du im Osten das Morgenrot« auf, inklusive der Zeile »Deutschland erwache, Juda den Tod«. In Mathematik mussten die Kinder Daten über Rüstungsausgaben samt der Zahl der vorhandenen Flugzeuge studieren, um dann zu berechnen: »Wie viele Kriegsflugzeuge haben die angegebenen Staaten, soweit sie Nachbarn Deutschlands sind, insgesamt?« Und sie mussten Aufgaben wie diese lösen: »Der Bau einer Irrenanstalt kostet etwa 6 Mill. RM. Wieviel Familien könnten dafür eine Wohnung erhalten?«[26]

Nun gut, mein Vater hat wahrscheinlich in seiner Grundschulzeit eine massive Dosis NS-Erziehung abgekriegt. Aber das traf auf Tausende von Kindern zu, die wenigsten werden Holocaust-Leugner, Rassisten und Antisemiten und legen Sprengsätze an Bahnhöfen. Es tut weh, das zu schreiben.

Gerne würde ich etwas anderes über meinen Vater schreiben. Wie er kicherte, bis ihm die Tränen aus den Augen liefen. Wie ein Katzenbaby in der Falte seiner Lodenhose einschlief und er so lange still saß, bis es erwachte, einen winzigen Buckel machte und davonstolzierte. Wie erfreut er meinen Namen sagte, wenn ich anrief.

All das ist wahr. Und es ändert nichts.

Was weiß ich sonst aus der Kindheit meines Vaters? Er wurde auf dem Schulweg von britischen Tieffliegern beschossen. Noch Jahrzehnte danach war er voller Empörung und Wut, hinter der ich heute Angst vermute. Ganz anders mein Onkel, der relativ sachlich mit mir darüber spricht: »Ja, das war eine richtige Gemeinheit. Das war ja auch verboten, auch bei den Engländern und Amerikanern, auf Zivilisten Jagd zu machen. Aber manche von diesen Cowboys fanden das eben irgendwie spannend.«

Bei meinem Onkel klingt auch die Geschichte mit den Kartoffelkäfern anders als bei meinem Vater. Als Grundschulkinder waren mein Vater und mein Onkel auf die Felder geschickt worden, um Kartoffelkäfer einzusammeln. Laut den Erzählungen meines Vaters eine Maßnahme der Verteidigung und der Ernährungssicherung. Er war überzeugt, die Engländer hatten die Käfer als Bio-Waffe über den Feldern in Deutschland abgeworfen, um das Volk »auszuhungern«. Mein Onkel kann kaum glauben, dass mein Vater diese Geschichte für wahr gehalten haben könnte: »Ich meine, dass solche Gerüchte rumgingen, ist schon verständlich, aber in Wirklichkeit ist das Unsinn. Die Kinder haben sich das so erzählt.«

Mein Vater war zehn, als der Krieg zu Ende war. Keine Tiefflieger mehr, keine Nächte im Bunker, keine Propagandagräuelmärchen über die Engländer, aber auch keine Erklärung von den Erwachsenen. Niemand habe mit ihnen über das Kriegsende, Hitlers Tod oder zum Beispiel den Holocaust gesprochen, sagt mein Onkel. Weder in der Familie noch in der Schule.

Hunger litt mein Vater als Kind nicht, auch nicht im berüchtigten Hungerwinter 1946/47. Die familieneigene Schnapsbrennerei lieferte die Währung der Zeit: Schnaps. Der ließ sich immer eintauschen gegen Kartoffeln, Eier, Brot, so erzählt es mein Onkel. Körperlich versorgt war mein Vater. Wie es um die physische und psychische Unversehrtheit stand, ist eine andere Frage. Mein Onkel hat mir erzählt, dass die Mutter ab und zu mal zugeschlagen habe. Das sei damals üblich gewesen, und in der Schule sei es ähnlich gewesen. Ansonsten beschreibt er seine Mutter als gute Köchin und Mutter. Und der Vater? War nach Kriegsende in einem Rheinwiesenlager inhaftiert. Als er nach Monaten zurückkam, war er so abgemagert, dass er ihn nicht erkannt habe, so sagte es mir mein Onkel. In den Rheinwiesenlagern, wo Wehrmachtsangehörige nach Kriegsende inhaftiert gewesen waren, waren die hygienischen Bedingungen katastrophal, viele hungerten und schliefen unter freiem Himmel. Historiker sprechen von zwischen 8000 und 40.000 Toten. Rechtsextreme verbreiten weitaus höhere Opferzahlen.[27]

Tiefflieger, Kartoffelkäfer, Gewalt, ein gebrochener Vater. Sind biografische Erschütterungen der Grund, aus dem mein Vater Halt in dem vertrauten NS-Wertesystem suchte? In einem System, das ihm Stärke und Macht versprach, einfach deswegen, weil er der richtigen »Rasse« angehörte? Und wieder: Tausende von Kindern haben das und Schlimmeres erlebt und sind doch keine Rechtsradikalen geworden. Schon gar keine Rechtsradikalen, die Bomben legen.

Ich schaue mir Fotos aus seiner Kindheit an, die ich an verschiedenen Stellen meines Elternhauses gesammelt habe. Ich finde ein Foto von meinem Vater als vielleicht Sechsjährigem. Er sitzt in einem Pult, den Griffel fest in der Hand, und hat offenbar gerade auf eine Schiefertafel geschrieben. Er schaut direkt in die Kamera, ohne zu lächeln, und ist so entzückend, großäugig und stupsnasig, dass es mit fast das Herz bricht. Auf der Rückseite dieses Fotos steht in ordentlicher Schreibschrift mit Bleistift: Meinem lieben Papa von seinem Heinerlein.

Ich finde Fotos von Urlaubsreisen mit Freunden: Fahrradtouren mit Campinggepäck im Sauerland, an der Nordsee, im Teutoburger Wald. Ich sehe junge Männer am Strand posen, im Freibad liegen, Felsen erklettern, sich mit Sonnencreme einreiben. Ich sehe sie in Shorts Fußball spielen und Grimassen schneiden. Sie sehen aus, wie junge Männer aussehen sollen: fröhlich, sorgenfrei, verspielt. Sie bewegen sich durch intakte Landschaften, vorbei an blühenden Wiesen, an Kühen auf der Weide, an zu Heuböcken aufgeschichtetem Gras. Beim Betrachten der Bilder habe ich eine Ahnung, wie intensiv das Heu gerochen hat, wie laut die Mauersegler gekreischt haben und wie Tausende von Mücken die jungen Männer umschwirrten.

Mein Vater ist selten zu sehen. Er muss die Fotos gemacht haben. Mein Vater hinter der Kamera. So wird es sein Leben lang bleiben. Aber sein weit offenes Fotografenauge hat nicht nur Fachwerkhäuser, Villen und Schlösser, Wiesen, Wälder, Weinberge, Dünen, Wellen, Flüsse, Rinder, Rehe und die Kumpels eingefangen. Sondern auch die Spuren dessen, was diese Landschaft und ihre Bewohner hinter sich haben: Ein dreieckiges Gefahrenzeichen warnt vor Panzerschäden, ein zweites vor »Verschmutzung durch Panzer«. Denkmäler für »Unsere gefallenen Kameraden im Ersten Weltkrieg« hat mein Vater gefunden und fotografiert, ebenso ein Holzkreuz an einem Hopfenfeld, das an einen tödlich verunglückten Sechzehnjährigen erinnert. Auch diese Spuren von Gewalt bilden eine Konstante in den Fotos meines Vaters: Warnungen vor Panzerschäden gab es auf unseren Familienurlauben dreißig Jahre später nicht mehr zu fotografieren, aber keine Mappe von Abzügen kam ohne eine Serie von Bildern von Soldatenfriedhöfen und Denkmälern aus.

Mein Vater hat nicht gehungert. Er hatte Bildung, Freizeit, Freunde, eine Kamera, ein Zelt und Sonnencreme. Und dennoch gab es wohl keinen Frieden für ihn. Seine Wut über den »verlorenen« Krieg, seine Angst um das, was er für kostbar hielt und bedroht meinte, muss allgegenwärtig gewesen sein. Ich muss das vermuten, denn gesagt hat er es nicht. Ich kann es vermuten, denn ich kenne diese Angst selbst. Die Angst vor dem Armageddon. Die Angst, den Kindern keine lebenswerte Welt zu hinterlassen. Im Gegensatz zu seiner hat meine lebenswerte Welt nichts mit dem deutschen Volk zu tun.

Nein, ich habe keine Antwort auf das Warum gefunden. Tausende andere junge Männer haben Ähnliches und Schlimmeres erlebt wie und als mein Vater. Und sie haben keinen Sprengstoff in Koffer gepackt und an Gepäckaufbewahrungen abgegeben, sie haben nicht den Holocaust geleugnet und Menschen rassistisch beleidigt. Keine Antwort hat dieser Ausflug in Schulbücher, Familienanekdoten und Dia-Boxen geliefert, nur die Ahnung, dass es wohl auch nicht immer lustig gewesen ist, mein Vater zu sein …

Frühling 2022, Duisburg

Ich lese, wie mein Vater im Jahr 1966 nach Erklärungen ringt, und habe den Reflex, diese Akten zuzuschlagen und nie wieder zu öffnen. Und doch lese ich weiter. Ich beobachte ihn dabei, wie er versucht, Widersprüche zu klären, nicht zu viele nachprüfbare Details preiszugeben. Warum seine Angaben nicht mit dem hinzugezogenen Winterfahrplan 1962/63 übereinstimmen? »Einen Irrtum über das, was ich am Donnerstag, dem 18. 10. 1962, gemacht habe [...], schließe ich aus. Dagegen ist es möglich, daß ich mich hinsichtlich meiner Zeitangaben um Stunden irren kann.« Ich lese, wie er damit konfrontiert wird, dass ein Kumpel ein paar Tage nach der Verhaftung beim »Express« anrief und völlig entsetzt über die Verhaftung mitteilte, mein Vater habe ihm gesagt, der Zeitzünder sei auf einer Zeit eingestellt gewesen, als keine Menschen auf dem Bahnhof gewesen seien.

Ich halte die Luft an. Wie will er das erklären? Die Antwort meines Vaters ist so souverän wie möglich: der Freund habe offenbar die Berichte über den Prozess in Mailand in der Zeitung verfolgt. Er selbst habe nur allgemein mit ihm über die Attentate gesprochen und dabei die Meinung vertreten, solche Grausamkeiten seien den Südtiroler Terroristen nicht zuzutrauen.

Ich lese, wie er gefragt wird, warum er sich nicht an den Namen der Unterkunft erinnert, in der er in München genächtigt haben will:

Für solche Dinge habe ich kein Gedächtnis. So kann ich mich auch nicht daran erinnern, wo ich gelegentlich meiner jährlichen Dienstreisen Quartier genommen habe. Ich schätze, daß man vom Stachus circa ¾ Stunde bis zu diesem Quartier brauchte. Ich bin diesen Weg einmal gegangen und habe so lange gebraucht. Ob ich den nächsten Weg gegangen bin, weiß ich nicht.

Mein Vater hatte ein unglaubliches Gedächtnis für Details. Jahreszahlen, Kontexte, Situationen, all das war für ihn jahrzehntelang abrufbar. Mein Gedächtnis ist nichts als ein schwacher Abklatsch des Gedächtnisses meines Vaters, und schon ich kann Menschen damit verstören, dass ich noch weiß, worüber wir Jahre zuvor beim Bier gesprochen haben.

Ich lese Verhör um Verhör und stelle allmählich fest: mein Vater ist nicht verloren, er hat eine Strategie. Er bleibt sachlich und kooperativ, gestaltet seine Geschichte so detailliert und so unverfänglich wie möglich und gesteht nichts. Er schiebt nicht seinem Bruder die Schuld in die Schuhe. Er weist nicht darauf hin, dass er sich gegen den angedachten Mord an dem Carabinieri-Chef von Bozen ausgesprochen hat, sollte es diese Diskussion gegeben haben. Oder darauf, dass der Tod von Gaspare E. nicht geplant gewesen ist. Dass er sichergestellt hat, dass es keinen Publikumsverkehr im Bahnhof geben würde, wenn der Zeitzünder zündet. Dass er sich auf die Erfahrung Peter Kienesbergers mit Sprengstoff und Zeitzündern verlassen hat. Er setzt auch nicht darauf, dass politischer Notstand als Hintergrund für die Anschläge angenommen wird, wie in den Verfahren gegen Burger und Kienesberger in Österreich. Er setzt vielmehr darauf, dass es keine Zeugenaussagen gibt, weil Schröder in der DDR einsitzt und nicht vernommen werden kann. Dass das kopierte Melderegister aus dem Weißen Rössl nicht ausreichend Gewicht hat. Dass er ein Alibi hat. Seine Antworten sind ungemein detailreich und voller behaupteter Erinnerungslücken, die jeden, der meinen Vater kannte, staunen lassen und sie reagieren auf jede Fangfrage und jeden Vorhalt.

Mein Vater spielt auf Sieg. Und er kommt durch. Am 11. Januar 1967, nach sechs Monaten Untersuchungshaft, gibt es einen Haftprüfungstermin. Mit folgendem Ergebnis: Der treue Nowak hat das Alibi bestätigt. Dass mein Vater nicht angeben konnte, wo er nach »vielstündigem Zuge durch Münchener Lokale [...] die letzten Nachtstunden verbracht hat, entspricht der Natur der von ihm in Anspruch genommenen Alibis«. Der Meldezettel des Weißen Rössl schließlich lässt mit der »für die Annahme eines dringenden Tatverdachtes zureichenden Wahrscheinlichkeit« nur den Schluss zu, dass damals »eine als der Beschuldigte auftretende, seinen Ausweis vorweisende und dessen Personalbeschreibung ungefähr entsprechende Person dort übernachtet hat«.

Folglich: Dringender Tatverdacht kann nach den aktuellen Ermittlungen »nicht bejaht« werden. Der Haftbefehl wird aufgehoben.

Die Strategie meines Vaters war erfolgreich. Schröder ist unerreichbar hinter dem Eisernen Vorhang. Ohne seine Aussage liegt nicht genug gegen meinen Vater vor. Hat er sich wie ein Superheld gefühlt, als er den Klingelpütz nach sechs Monaten U-Haft verlassen konnte? Als er zurückkehrte in sein Leben mit seiner Verlobten, seinen Bundesbrüdern, seiner Karriere?

Allerdings haben nicht alle auf ihn gewartet: seine Stelle bei Bayer hat er verloren. Seine Klage vor dem Arbeitsgericht bleibt ergebnislos. Mein Vater muss sich eine neue Stelle suchen, und er muss erklären, warum er nicht mehr bei Bayer arbeitet. Das erfahre ich nicht im Landesarchiv NRW, sondern aus Briefen aus dieser Zeit, in denen er von ergebnislosen Bewerbungen spricht, vermutet, die Bayer-Rechtsabteilung würde den Firmen auf Nachfragen Unangenehmes mitteilen, und in denen er sein Netzwerk um Support bittet. Kleinlaut klingt er:

leider liegen die verfügbaren Stellen alle weit außerhalb meines Faches, meistens handelt es sich um Bohnerwachs- und Schuhwichs-Fabriken, die sich nun auch einen Chemiker zulegen wollen. Nun, in der Not frißt der Teufel Fliegen, viel-

leicht kann ich bei einer solchen Firma erst einmal einige Zeit überbrücken, auch wenn die Arbeit unbefriedigend ist und der Marktwert eines Chemikers durch eine solche Tätigkeit sehr sinkt.

Einige Wochen später ist die Talsohle durchschritten. Er sei nun dazu übergegangen, den Grund für das »Ausscheiden« bei Bayer immer direkt anzugeben, schreibt er seinem Rechtsanwalt. »Von nun an bekam ich nur noch Zusagen, so daß ich schließlich noch eine Auswahl zwischen mehreren annehmbaren Stellen treffen konnte. Entschieden habe ich mich dann für eine Stelle bei der Dynamit Nobel AG, um der Staatsanwaltschaft und der politischen Polizei eine kleine Freude zu bereiten.«

Witze machen über Themen, über die außer ihm keiner lachen kann, das war eine Spezialität meines Vaters. Ich glaube heute, das war Selbstermächtigung. Wer den Witz macht, hat die Macht.

Im Januar 1967 wird mein Vater aus der U-Haft entlassen. Im Mai hat er eine neue Stelle, im September heiratet er meine Mutter und bezieht mit ihr eine gemeinsame Wohnung. Job, Ehe, Zukunft. Alles scheint auf Spur. Was im Oktober 1962, was im Juli 1966 geschah, ist Vergangenheit.

TEIL 5

Mai 1975, Rheinland

782.310 Babys kommen im Jahr 1975 in der BRD zur Welt. Eines davon bin ich.

Fünf Jahre vor meiner Geburt reiste mit Willy Brandt der erste westdeutsche Regierungschef in die DDR. In den folgenden Jahren näherten sich Politiker aus Ost- und Westdeutschland vorsichtig an, tauschten Waren, Währung und Menschen aus. Ich wurde geboren, als sich der Eiserne Vorhang zu öffnen begann.

Die Fotos aus dem in orange-grünes Textil eingebundenen Album zeigen mich als ein properes Baby, das gebadet wird, im Laufstall sitzt, herumgetragen wird und das Fläschchen bekommt. Bei oberflächlicher Betrachtung ist nichts an mir oder meinem Umfeld exotisch: Eine schöne junge Mutter, ein erfolgreicher Vater, eine große Schwester, Grillfeste, Ausflüge und Urlaube; ein stattliches Auto, ein kleines Haus.

Dass mein Vater knapp neun Jahre zuvor sechs Monate wegen Verdachts der Beteiligung an Sprengstoffverbrechen, bei denen ein Mensch getötet wurde, in Untersuchungshaft war, sieht man nicht.

Dass sein Bruder trotz Fahndung über Wien nach Südafrika geflohen ist, sieht man nicht.

Noch viel weniger sieht man, dass mein Vater mit rechtsradikalen Szenegrößen der 1970er korrespondiert, dass er Publikationen wie »Nation Europa« und »Missus – Blätter für Politik, Kultur und die Pflege des monarchistischen Gedankengutes« zur Kenntnis nimmt, dass er eine persönliche Einladung zu einem Netzwerktreffen von Henning Eichberg bekommt, der mit seinem »Manifest einer europäischen Bewegung« heute als Vordenker der Neuen Rechten gilt. Man sieht nicht, dass er in England Magnettonbänder mit dem

Titel »Fahne hoch« und der Beschreibung »Nazi Songs including: Deutschland über alles« bestellt.

Man sieht nicht, dass er die Schriften von Thies Christophersen bezieht, unter anderem »Die *Auschwitz-Lüge*«, die ich bei meinem ersten Gang auf den Dachboden meines Elternhauses gefunden habe. Ich habe sie gelesen. Ich erspare uns allen hier die Zitate aus dieser Schrift.

Man sieht nicht, dass mein Vater ein Flugblatt des »National Socialist Movement«, einer der größten neonazistischen Vereinigungen der USA, in einem Ordner abgelegt hat. Auch den Text habe ich gelesen:

Wir wissen, daß es in Deutschland heute, unter der Jüdischen [sic!] Demokratie, keine politische Freiheit gibt. National-Sozialistische Erscheinungen werden strengstens bestraft. Wir bitten Sie nur den Glauben zu behalten [...]. Der Tag wird kommen, wenn die Hakenkreuzfahne wieder weht Wir werden siegen

Sieg Heil Deutschland Erwache

Was hat mein Vater sich für mich gewünscht, als er mich als Baby im Gitterbett betrachtet hat? Dass die Hakenkreuzfahne wieder über Deutschland weht, wenn ich die Schule beende?

Sommer 2023, Berlin-Tiergarten

Im Sommer 2023 gehe ich mit dem Extremismusforscher Gideon Botsch an den Ort, an dem der Rechtsterrorist Ekkehard W. am 7. November 1970 mit einem Kleinkalibergewehr auf den Wachsoldaten am Sowjetischen Ehrenmal schoss und Iwan Iwanowitsch Schtscherbak mit drei Schüssen traf. Ein Anschlag mit Tötungsabsicht. Schtscherbak überlebte schwer verletzt.

Wir sitzen an einem Pavillon am Beethoven-Haydn-Mozart-Denkmal, an dem nach dem Attentat die Worte »Auftakt gegen den Bolschewismus« sowie großformatige Pfeile zu sehen waren, die auf den Tatort wiesen. Es ist August, ein schöner, warmer Tag. Zum Sound einer Häckselmaschine des Berliner Grünflächenamtes erzählt mir Gideon Botsch von der »Aktion Widerstand«, einer Gruppe, zu der W. mutmaßlich gehörte und die massiv und gewalttätig gegen die neue Ostpolitik Brandts mobilmachte. Mit Störmanövern bei Veranstaltungen, mit Parolen wie »Hängt die Verräter, Brandt an die Wand«, mit gewaltsamen Protesten, Fackelmärschen, mit Angriffen auf Büros der Deutschen Kommunistischen Partei und der Außerparlamentarischen Opposition.

Dann nimmt Gideon Botsch eine größere Perspektive ein und beschreibt eine Gesamtgemengelage in den frühen 1970er-Jahren, in der aus rechtsradikaler Sicht alles den Bach runterging: die Gastarbeiter blieben, einige organisierten sich sogar politisch, die Geburtenrate der deutschen Bevölkerung sank, Afrika wurde fortschreitend dekolonisiert.

Ich denke an meinen Vater und wie er die Entwicklung des »deutschen Volkes« mit einer Pyramide verglich. »Jede deutsche Familie bekommt durchschnittlich nur 1,7 Kinder, während die Ausländer fünf bis sechs Kinder bekommen.«

Und dann, so beschreibt Gideon Botsch den Gemütszustand der Rechten, wird Willy Brandt Kanzler, ein linker Sozialdemokrat. Ein Novum in der zwanzigjährigen Kanzlergeschichte der Bundesrepublik. Und dieser Kanzler ist überzeugt, dass der Weg zur deutschen Einheit über Moskau führt. Als Gideon Botsch schildert, wie schmerzvoll Brandts große politische Leistung, die Akzeptanz der Unverletzlichkeit der deutschen Nachkriegsgrenzen, für die Rechten ist, fällt mir wieder ein, wie mein Vater sein Leben lang nicht »nach Polen«, sondern »zu den Polen« fuhr.

»Verzicht ist Verrat«, zitiert Gideon Botsch die Reaktion der Rechten auf die Ostverträge und schildert den Widerstand gegen das Gipfeltreffen zwischen dem DDR-Regierungschef Willi Stoph und Willy Brandt in Kassel 1970: Tausende skandierten, Demonstranten zeigten den Hitlergruß.

Später werde ich einen Ausschnitt aus der UFA-Wochenschau vom 21. Mai 1970 finden. »Der Konvoi nimmt seinen Weg durch ein Spalier fanatisierter Demonstranten. [...] Minderheiten wie die Wiking-Jugend zum Beispiel, wer kennt sie schon. Ihr Gauführer verursachte diesen Zwischenfall auf der Wilhelmshöher Allee«, kommentierte der Sprecher. Man sieht einen jungen Mann, der auf die Staatskarosse springt.

Ich kenne die Wiking-Jugend. Sie war eine der Organisationen, die 1962 zum Pfingstlager auf Burg Stettenfels einlud, auf dem mein Onkel Manfred Schröder kennenlernte. 1994 ist sie wegen Wesensverwandtschaft mit der NSDAP und der Hitler-Jugend verboten worden.

Im Vorfeld des Treffens zwischen Brandt und Stoph in Kassel, so Gideon Botsch im Berliner Tiergarten, sei eine Gruppe in Nordrhein-Westfalen ausgehoben worden, die dieses Treffen gewaltsam stören wollte: die Europäische Befreiungsfront.

Da ist sie wieder. Die Gruppe mit der vermeintlichen Familienähnlichkeit zu der ominösen Geheimen Befreiungsfront, deren Spur ich ums Verrecken nicht verfolgen konnte. Von der Kienesberger behauptet, mein Onkel sei ein führendes Mitglied gewesen. Was mein Onkel bestreitet.

Die Häckselmaschine lärmt, und ich betrachte den Pavillon aus Trümmersteinen, in dem man nach dem Attentat ein Flugblatt der Europäischen Befreiungsfront gefunden hat. Die Europäische Befreiungsfront. Ende der 1960er, Anfang der 1970er in Nordrhein-Westfalen gegründet. Hatte mein Vater Kontakt?

Sommer 2023, Rheinland

Ein paar Tage nach dem Treffen mit Gideon Botsch suche ich in den Hinterlassenschaften meines Vaters nach Hinweisen auf die Europäische Befreiungsfront. Ich kenne die Namen ihrer Gründer. Hat mein Vater mit ihnen korrespondiert, so wie mit Thies Christophersen? Ich wühle eine Weile, finde aber weder Briefe noch Flugblätter. Was ich hingegen finde, ist ein Ausschnitt aus der »Welt« vom 12. Juli 1972, in dem über den Prozess gegen die Europäische Befreiungsfront berichtet wird. Die Anwälte scheinen sehr aggressiv argumentiert zu haben, den Kampf gegen den Kommunismus nennen sie ein »hehres Ziel«. Warum hat mein Vater diesen Artikel archiviert?

Ich notiere die Namen der Anwälte.

Im gleichen Ordner finde ich Material, das mir die Verfassung meines Vaters in den frühen 1970er-Jahren offenlegt: einen Ausschnitt aus der »Rheinischen Post« vom 13. Januar 1973, ebenfalls säuberlich ausgeschnitten und abgelegt. Es geht um die Amnestierungen von DDR-Häftlingen. Die »Rheinische Post« schreibt, bei den mehr als 1700 Personen, die bei der »jüngsten Aktion« in die Bundesrepublik gekommen seien, habe es sich größtenteils nicht um Kriminelle, sondern um politische Häftlinge gehandelt. Hinter diesem kleinen Artikel finde ich eine Literaturliste zu den Themen »Internationaler Rechtshilfeverkehr in Strafsachen«, »Internationales Recht und Asyl«, die mein Vater zusammengestellt und mit Bemerkungen zu den Beständen in verschiedenen Bibliotheken versehen hat.

Mein Vater hat die Amnestierung von Häftlingen in der DDR und die Praxis des internationalen Rechtshilfeverkehrs genau im Auge behalten. Ihm muss klar gewesen sein, dass er nur so lange sicher war, wie Manfred Schröder hinter dem Eisernen Vorhang verschwunden blieb.

Brandts Ostpolitik, die Annäherung an die DDR, das war für meinen Vater nicht nur aus ideologischer Perspektive ein Problem. Sondern auch aus persönlicher.

Juni 1975, Rheinland

Wenige Wochen nach meiner Geburt reiste mein Vater nach Südafrika, um seinen Bruder zu besuchen. Ist es ein seltsames Timing, dass mein Vater genau zu diesem Zeitpunkt diese Reise antrat? Oder war ein solches Timing Mitte der 1970er-Jahre völlig normal für einen patriarchalen Mann mit konservativem Familienbild?

Es gibt mehrere Kästen mit Dias von der Afrikareise meines Vaters: Wie so oft hat mein Vater vor allem Landschaften fotografiert, die Drakensberge zum Beispiel. Außerdem gibt es Fotos von Höhlenmalereien, von Wanderungen, Lagerfeuern, urbanen Straßenszenen, von Basthütten. Keins der Big Five ist ihm vor die Linse gekommen, kein Löwe, kein Leopard, kein Nashorn, Elefant oder Büffel. Er ist überhaupt nicht im Kruger Nationalpark gewesen, zumindest waren in den fünf Dia-Kästen keine entsprechenden Fotos. Stattdessen hat er Enten fotografiert und bunte Schmetterlinge.

Ein Foto zeigt meinen Vater lachend mit Bergstiefeln und Rucksack, eines zeigt Schwarze Menschen, die auf einer Wiese liegen, ein weiteres ein berühmtes Reiterdenkmal in Windhoek, das an die weißen Opfer im Kolonialkrieg gegen die Herero und Nama erinnert. Die Inschrift auf der Widmungstafel kann ich nicht lesen, aber das Internet hilft. »Zum ehrenden Angedenken an die tapferen deutschen Krieger, welche fuer Kaiser und Reich zur Errettung und Erhaltung dieses Landes waehrend des Herero- und Hottentottenaufstandes 1903 bis 1907 und waehrend der Kalahari-Expedition 1908 ihr Leben liessen. Zum ehrenden Angedenken auch an die deutschen Buerger, welche den Eingeborenen im Aufstande zum Opfer fielen. Gefallen, verschollen, verunglueckt, ihren Wunden erlegen und an Krankheiten gestorben, von der Schutztruppe: Offiziere 100, Unteroffiziere 254, Reiter 1180, von der Marine: Offiziere 7, Unteroffiziere 13, Mannschaften 72, im Aufstande erschlagen: Maenner 119, Frauen 4, Kinder 1«, steht auf dem Denkmal.[28] Kein Wort über die Zehntausende ermordeten Herero und Nama. Heute steht das Denkmal offenbar ohne Sockel und Gedenktafel in einem Museum in Windhoek.

Ich habe in den Kisten meines Vaters kein Bild von den Symbolen der Apartheid gefunden: keines von einer Bank mit der Aufschrift »Europeans only«, keines von einem »Non-White-Shop«, keines von einem »Whites only«-Straßenschild. Aber ich habe ein Foto eines anderen Straßenschildes gefunden. Es ist an einem rot-blau gestrichenen Pfahl montiert, von unten aufgenommen, der Himmel dahinter ist blau. Hinter dem Schild ein zweistöckiges Haus mit Veranda. Das Straßenschild sagt dem Betrachter, wo er sich befindet. An der Kreuzung der Göring- und der Lüderitzstraße.

Es gab 1975 in Südafrika eine Göringstraße.

Mein Vater hat sie fotografiert.

Erst viel später erfahre ich, dass der Namensgeber der Straße nicht Hermann Göring, sondern dessen Vater Heinrich Göring ist. Der erste Reichskommissar der Kolonie Deutsch-Südwestafrika.

Nach fünf Wochen Afrikareise kommt mein Vater zurück in das kleine Reihenhaus zu Familie, Arbeit und Vorstadtleben. Die Fotos aus dem orange-grünen Album zeigen, dass er sich in Südafrika einen Vollbart hat wachsen lassen. Es sind niedliche Familienbilder. Ich liege im Arm meiner Mutter auf einem Kissen, mein Vater beugt sich über mich, stupst mir leicht mit dem Finger auf die Nase. Stolz sieht er aus. Die Familie wuchs, und es fehlte ihr an nichts. Beruflich lief für meinen Vater alles nach Plan. Er hatte für Dynamit Nobel Produkte entwickelt, die patentiert wurden: Die »Schmelztauchmasse für Leberwürste«, außerdem ein Kunstfaservorprodukt, das Rohstoffersparnis ermöglichte. Eine Beförderung zum Vorstandsassistenten war bereits erfolgt, eine noch höhere Position war in Aussicht.

3. September 1975, Rheinland

Der 3. September 1975 ist ein regnerischer Mittwoch, wie ich aus einem historischen Wetterbericht weiß. Mein Vater ist auf dem Weg zur Arbeit, als ihn eine Polizeistreife anhält. Ein bekannter Kriminalbeamter nimmt seine Personalien auf und zeigt ihm einen Haftbefehl.

Die alte Geschichte, die alte Geschichte.

Soll der Kriminalbeamte laut meinem Onkel gesagt haben.

Sommer 2022, Duisburg

Es ist der Sommer, in dem Corona uns aus ihren Krallen entlässt und wir auf die große Erleichterung warten – die Champagnerkorken, die Polonaisen, die Menschen, die Brüder werden –, in dem ich mal wieder im heißen Duisburg bin und im unerschöpflichen Fundus des Landesarchivs NRW den zweiten Haftbefehl gegen meinen Vater und Frank Berger finde. Ich bin nicht überrascht darüber, dass sie pink sind.

Was ist passiert?

Das Archiv kennt die Antwort. Während mein Vater heiratete, seine Karriere wieder auf Kurs brachte, eine Familie gründete, einen weißen VW K70 mit dunkelblauen Cordbezügen kaufte und mit Frau und Kind ein Reihenhaus bezog, war die Staatsanwaltschaft Köln nicht untätig:

Sie bestellte ein Schriftgutachten zu Frank Bergers mutmaßlichem Bekennerschreiben von April 1963, da der erste Gutachter verstorben war, sie untersuchte Fritz Büngers Kraftfahrzeug kriminaltechnisch, stellte Rechtshilfegesuche an das Landesgericht Innsbruck zur Vernehmung Burgers und Kienesbergers, Rechtshilfegesuche an den Generalstaatsanwalt der DDR, mit der Bitte, die Anhörung Schröders im Beisein der Staatsanwaltschaft zu ermöglichen, bat das Bundeskriminalamt, international nach Fritz Bünger zu fahnden, verhörte Mitglieder der Burschenschaft Danubia zur Klärung des Verhältnisses zwischen Fritz Bünger und Norbert Burger an verschiedenen Orten des Bundesgebietes, observierte Fritz Büngers Ehefrau mit dem Ziel, Hinweise auf seinen Aufenthalt zu erlangen.

Alles mit mäßigem Erfolg: am Kraftfahrzeug Fritz Büngers wurden »wegen Zeitablaufs« keine verwertbaren Spuren gefunden; Interpol lehnte die internationale Fahndung nach Fritz Bünger ab, wegen »des politischen Charakters« der Tat; Burger verweigerte die Aussage; Kienesberger bestritt, Fritz Bünger zu kennen; weitere Rechtshilfe lehnte der österreichische Bundesminister für Justiz unter Bezugnahme auf den politischen Charakter der Straftaten ab; die Aussagen der Mitglieder der Burschenschaft Danubia brachten keine neuen Erkenntnisse, die Observation von Fritz Büngers Ehefrau und weitere intensive Nachforschungen keinen Hinweis auf seinen Aufenthaltsort.

Immerhin: Frank Berger war auch nach dem neuen Gutachten zweifelsfrei der Verfasser des Bekennerschreibens.

Im Jahr 1972 erfuhr das Gericht, dass Fritz Bünger sich in Südafrika aufhielt. Aber: mangels vertraglicher Vereinbarung zwischen Deutschland und Südafrika und unter Berücksichtigung der südafrikanischen Auslieferungsgesetze konnte keine Auslieferung erfolgen.

Im Jahr 1973 wurde ein weiteres Rechtshilfegesuch an den Generalstaatsanwalt der DDR gestellt. Dieses Mal mit der Bitte, Manfred Schröder durch einen Beamten der DDR vernehmen zu lassen und der Staatsanwaltschaft Köln die Ergebnisse zu übermitteln. Es war das Jahr, in dem das erste russische Gas per Pipeline die BRD erreichte. Drei Jahre zuvor hatten Willy Brandt und Willi Stoph zum ersten Mal persönlich miteinander gesprochen. Und das Wunder geschah: Manfred Schröder wurde in der DDR als Zeuge vernommen und seine Aussage an die Staatsanwaltschaft Köln geschickt. Schröder wiederholte sein Geständnis und lieferte ein neues Detail: der Referendar, der den Brief geschrieben hatte, trug den Vornamen Frank.

Nun wurde der Sachbearbeiter des Verfahrens aus seinen anderen Tätigkeiten abgezogen und komplett auf diese Sache angesetzt, sein Name ist mir sehr vertraut.

Am 9. April 1974 teilte das Generalkonsulat der BRD in Durban mit, die südafrikanischen Behörden hätten die Abschiebung Fritz Büngers erwogen, sich aber dagegen entschieden. Mein Onkel hat mir erzählt, die Polizei habe ihn abschieben wollen, aber er habe einen »höheren Chargen« gefunden, der sich für ihn eingesetzt habe und der die Abschiebung habe verhindern können.

Aber dann, am 18. Dezember 1974, löst das Tauwetter zwischen Ost und West ein Ereignis aus, das zeitgeschichtlich eine Bagatelle ist, aber in dieser Geschichte eine entscheidende Wendung bewirken wird: Manfred Schröder wird aus der DDR-Haft entlassen und in die BRD abgeschoben. Am

23. Dezember erreicht die Information per Fernschreiben die Staatsanwaltschaft Köln. Bereits eine Woche später, Feiertage hin oder her, wird Manfred Schröder verhört. Er sagt aus. Alles: Taten, Daten, Namen. Nun hat der Staatsanwalt mehr als Indizien – er hat einen Zeugen und damit ausreichend Material für einen Haftbefehl.

Ich setze dieses Bild der Aktivitäten der Staatsanwaltschaft Köln aus vielen Seiten Archivmaterial im Sommer 2022 im Landesarchiv Nordrhein-Westfalen in Duisburg zusammen. An einer Seite mit der Paginierung 679 bleibe ich hängen. Denn auf dieser Seite steht mein Name. In einem Observationsbericht aus dem Sommer 1975 sind die Bewohner und Bewohnerinnen eines kleinen Reihenhauses im Rheinland aufgeführt. Meine Mutter, mein Vater, meine Schwester und ich. Oft werde ich fälschlicherweise mit e geschrieben. Aber hier ist alles korrekt: Traudl Bünger. Das ist mein Name.

September 1975, Justizvollzugsanstalt Köln

Vorgeführt aus der Untersuchungshaft erscheint

Herr Dr. Karl Heinrich Bünger. In Begleitung seines Verteidigers.

Manfred Schröder (Personalien bekannt)

Frage: Herr Bünger, erläutern Sie bitte Ihr politisches Engagement.

Heinrich Bünger: Ich habe mich im Sinne der 1848er für die Einheit Deutschlands engagiert und in diesem Sinne an Straßensammlungen, Vortragsveranstaltungen und Ähnlichem teilgenommen. Ich möchte hier keine weiteren Erklärungen abgeben, außer, daß ich auf meine frühere Darstel-

lung Bezug nehme. Einer Gegenüberstellung mit Manfred Schröder sehe ich beruhigt entgegen.

Frage an Manfred Schröder: Kennen Sie den Herrn, der neben seinem Anwalt am Fenster des Zimmers sitzt?

Antwort: Ja.

Frage: Wer ist dieser Herr?

Antwort: Er wurde mir am 15. Oktober 1962 mit einem Decknamen namens »Willi« von seinem leiblichen Bruder, Fritz Bünger vorgestellt.

[…]

Frage an Dr. Heinrich Bünger: Sie haben den vollen Wortlaut der Aussage von Herrn Schröder mitgehört. Kennen Sie Manfred Schröder?

Antwort: Nicht persönlich! – lacht.

Ich lese dies im Landesarchiv Duisburg und denke: Ich weiß, was das für ein Lachen ist: ein leicht unterdrücktes Kichern. So, als sei ihm gerade eine besonders lustige Anekdote eingefallen, die er aber um nichts in der Welt mit den Anwesenden zu teilen beabsichtigt. Dieses Lachen wird immer Teil der Strategie meines Vaters bleiben, wenn er auf den Oktober 1962 angesprochen wird. Es ist eine mächtige Waffe. Denn es hat den paradoxen Effekt, die Kommunikationssituation auf den Kopf zu stellen: Es entmachtet den Fragenden und stärkt den Befragten. Lachend verweigert der Befragte nicht nur die Kooperation, die sinnvolle Antwort, sondern lässt sein Gegenüber sogar mit mehr Fragen zurück als zuvor. Zum Beispiel mit dieser: Was ist so lustig?

Die Strategie hinter der Antwort »nicht persönlich« kommt mir ebenfalls bekannt vor. Eine Spitzfindigkeit. Einmal schwänzte ich aus irgendeinem Grund die Schule, ein gebilligtes Schwänzen, für das mein Vater mir eine Entschuldigung schrieb. Als Begründung wählte er: großer Schwindel.

»Hier wurde also geschwindelt«, sagte der Lehrer, als er die Entschuldigung las.

Im September 1975 behauptete mein Vater, Manfred Schröder »nicht persönlich« zu kennen. Ein großer Schwindel. Und eine Spitzfindigkeit. »Nicht persönlich«: ich habe ihn nie getroffen, war nie mit ihm in einem Raum, saß schon gar nicht mit ihm gemeinsam in einem marokkogrünen Ford – so muss man das verstehen. Mein Vater aber würde behaupten, er habe gesagt: Ich kenne ihn nicht persönlich unter dem Namen Manfred Schröder.

Sommer 2022, Köln

Dieses Mal, 1975, war mein Vater nur vier Wochen in Untersuchungshaft. Ich sitze in meinem heißen Arbeitszimmer, der Ventilator läuft, und ich erinnere mich an eine Erzählung aus dieser Zeit. Denn über seine U-Haft hat mein Vater gesprochen. Ganz gerne sogar. Allerdings kann ich nicht behaupten, dass ich engagiert nachgefragt hätte. Ich habe diese Erzählung eher vorbeirauschen lassen. Eine bockige Reaktion auf sein Schweigen. Im Sinne von: wenn du mir nicht die ganze Geschichte erzählst, dann will ich auch die halbe nicht hören.

Die Geschichte spielt sich im Aufenthaltsraum der Justizvollzugsanstalt Köln-Ossendorf ab, im September oder Oktober. Mein Vater sitzt neben einem ihm unbekannten Häftling, beide schauen Nachrichten. »Heute« oder »Tagesschau«. Es wird über den Prozess gegen Günter Guillaume berichtet, den Stasi-Spion, der so dicht an Willy Brandt herankam, dass seine Enttarnung dessen Kanzlerschaft beendete. Meinem Vater fällt auf, dass einige der anderen Häftlinge ihm und seinem Sitznachbarn Blicke zuwerfen.

»Warum gucken die denn alle?«, fragt er ihn.

»Na, ich bin doch der Guillaume!«, antwortet dieser.

Günter Guillaume stand im Herbst 1975 in Düsseldorf vor Gericht. Das Urteil wurde im Dezember verkündet. Ein sympathischer Mann sei er gewesen, sagt mein Vater. Ich hatte aber immer den Eindruck, dass sich kein intensiverer Kontakt ergeben hat. War es meinem Vater eine Genugtuung, dass Brandt, der ›Verräter der Ostgebiete‹, nun selbst verraten worden war? Ich kann mir das vorstellen, habe ihn das aber nie sagen hören.

Herbst 2022, Duisburg

Langsam kommt es mir vor, als wäre das Landesarchiv Nordrhein-Westfalen mein Arbeitsplatz und ich würde fortan jeden Tag hierherfahren, bis zur Rente. Manchmal trinke ich einen Kaffee mit der wunderbaren Archivarin. Immer habe ich das passende Kleingeld für den Snack-Automaten dabei, und vertraut sind mir die Wellen von Ungeduld und Mutlosigkeit, die mich erfassen, weil ich immer noch nicht alles gelesen habe, ebenso wie der fatale Gedanke, dass ich eigentlich direkt von vorne anfangen müsste, wenn ich irgendwann mal mit den achtzig Akten fertig sein sollte. Denn erst dann würde ich die Hinweise verstehen, mit denen ich beim ersten Lesen nichts anzufangen wusste.

Im Herbst 2022 trennen mich nur noch wenige Hundert Seiten von den Akten, die den Prozess protokollieren. Ich habe zu viel »Die zwölf Geschworenen«, »Erin Brockovich« und »Zeugin der Anklage« geschaut, um nicht sehr neugierig auf diese Akten zu sein. Wie werden Peter Kienesberger und Frank Berger vor Gericht auftreten? Manfred Schröder? Mein Vater?

Aber der Reihe nach. Ich arbeite mich brav schrittweise

weiter vor und erfahre, warum mein Vater nach vier Wochen aus der Untersuchungshaft entlassen wurde. Sein Anwalt überzeugte das Gericht, dass keine Fluchtgefahr bestand: Mein Vater habe eine enge Bindung an seine Eltern, seine Ehefrau und Kinder, er habe eine verantwortliche Position bei der Firma Dynamit Nobel. Der Haftrichter stimmte zu. Er legte Meldeauflagen fest. Mein Vater musste seinen Reisepass abgeben, durfte seinen Wohnort nicht ohne Erlaubnis des Haftrichters verlassen und musste sich zweimal wöchentlich auf der Polizeiwache melden.

Wow, denke ich. Ich habe keine einzige Erinnerung an einen dieser Gänge zur Polizeiwache. Gut, man nimmt wohl nicht seine Tochter mit, wenn man seine Meldeauflagen erfüllt. Aber wurden sie tatsächlich nie erwähnt? Oder habe ich sie vergessen?

Außerdem legte der Haftrichter eine Kaution von 100.000 DM fest. Ich denke, die Summe ist so hoch ausgefallen, weil mein Onkel geflohen war. 50.000 DM wurden von meinen Großeltern garantiert, 50.000 DM von der Deutschen Bank mit Hinweis auf die langjährige Geschäftsverbindung mit meinem Großvater. Das kann kein angenehmer Gang gewesen sein, den mein Großvater da übernommen hat.

Seine Stelle bei Dynamit Nobel konnte mein Vater behalten. Allerdings wurde er aus dem Vorstandsbereich in eine andere, weniger exponierte Position versetzt. Zum zweiten Mal bescherten seine Taten vom Oktober 1962 seiner Karriere einen Knick. Mein Vater war sehr ehrgeizig, das muss hart für ihn gewesen sein.

Aus diesen Akten erfahre ich, dass auch Peter Kienesberger in Köln in Untersuchungshaft genommen wurde. Bei seiner Verhaftung wurden laut Bericht der Polizei Nürnberg unter anderem eine Eierhandgranate, ein Magazin für Maschinenpistolen und ein gefälschter Personalausweis gefunden. Und ich finde einen Vermerk zur Gegenüberstellung von Kienesberger und Schröder: »Die Gegenüberstellung fand in zwei Auftritten statt. Der erste Auftritt erfolgte bis auf einen der Beamten mit Brille. Beim zweiten Auftritt trugen alle Gegenübergestellten keine Brille.«

Schröder erkannte den Mann, der ihm im Herbst 1962 als »Walter« vorgestellt worden war, souverän: »Aufgrund der Kopfform und seiner Augen glaube ich mit an Sicherheit grenzender Wahrscheinlichkeit, daß es sich bei der Person, die die Nr. 4 trug, um Peter Kienesberger handelt.«

Es gibt Fotos von der Szene, wie Schröder sie gesehen haben muss: sechs Männer in Hemden und Anzughosen mit minimalem Schlag, Nummern in der Hand. Einer der Männer hat die Nummer in seinen Hosenbund gesteckt. Peter Kienesberger hält die Nummer vier.

Mein Onkel erzählt mir später ein Detail, das man nicht aus den Akten erfahren kann: Kurz bevor Kienesberger verhaftet wurde, flog mein Onkel von Südafrika mit einem falschen Pass nach Nürnberg, wo Kienesberger inzwischen wohnte. Er suchte ihn auf und schwor ihn ein, vor Gericht die gleiche Strategie zu fahren wie mein Vater und Frank Berger: Wir haben uns nie gesehen, wir haben keine Sprengstoffattentate begangen.

Immerhin, er hat meinen Vater die Suppe nicht ganz alleine auslöffeln lassen, denke ich, als er mir das erzählt.

Kienesbergers Anwalt schrieb eine Flut von Briefen an den Staatsanwalt, um Kienesberger aus der U-Haft zu bekommen. In diesen Briefen kann man Sätze lesen, bei denen es einen gruselt. Zum Beispiel diesen: »Ist der betreffende Mann überhaupt tot? Ist die betreffende angebliche Leiche überhaupt exhuminiert? Es wird hiermit beantragt, eine Exhumierung der angeblichen Leiche, des angeblichen Mannes, der überhaupt nicht tot ist, vorzunehmen.« Womit Gaspare E. gemeint ist. Oder Sätze wie dieser: »Es ist nicht zu verantworten, daß mein Mandant auch nur einen Tag in der Untersuchungshaft sich befindet.«

Der Staatsanwalt konterte die Anträge souverän, wehrte Argumente ab, ignorierte andere. Ein schnelles, hartes Tennismatch in Briefform.

Die Briefe von Kienesbergers Rechtsanwalt lese ich an einem regnerischen Tag im Herbst 2022, als mich noch immer circa zweihundert Seiten von den verheißungsvollen Protokollen des Verfahrens trennen. Der Name des Anwaltes kommt mir bekannt vor. Trotz meiner Ungeduld nehme ich mir die Zeit für einen kurzen Gang entlang des Duisburger Hafens, der mir schon oft Gedanken und Ideen zugeflüstert hat. Und wirklich, mir fällt ein, wo ich den Namen gelesen habe: In dem Zeitungsartikel im Ordner meines Vaters über das Verfahren gegen die Europäische Befreiungsfront. Wieder daheim schaue ich nach. Tatsächlich: Peter Kienesbergers Anwalt hat auch einen der Angeklagten vertreten.

Letztendlich wurde auch Kienesberger aus der Untersuchungshaft entlassen. Wie hat er die Kaution aufgetrieben?

Im Stasi-Archiv liegt das Protokoll eines Verhörs mit dem Rechtsterroristen Udo Albrecht. Albrecht sagte aus, er hätte 5000 DM für diese Kaution beigesteuert, und sie hätten aus Banküberfällen gestammt. Man muss bei Stasi-Verhören skeptisch sein. Ich gebe nur wieder, was ich gelesen habe. Aber wenn Albrecht der Stasi die Wahrheit gesagt haben sollte, dann wäre Geld aus einem Banküberfall einer der schillerndsten Figuren des bundesdeutschen Rechtsterrorismus auf einem Kautionskonto der Kölner Staatsanwaltschaft gelandet.

Späte 1970er-Jahre, Rheinland

Ich feiere meinen ersten, meinen zweiten, meinen dritten und vierten Geburtstag, und noch immer ist kein Verfahren eröffnet. Während ich die ersten Schritte mache, eine lebenslange Liebe zu Schlagsahne entdecke und ungern in den Kindergarten gehe, schwebt das Verfahren. Erst am 4. Oktober 1979 wird es eröffnet. Genau vier Jahre nachdem mein Vater aus der Untersuchungshaft entlassen worden war. Fast siebzehn Jahre, nachdem in Verona Gaspare E. zu Tode kam.

Warum hat es so lange gedauert, bis das Verfahren eröffnet wurde? Offenbar wurde ein Prozess gegen einen ehemaligen SS-Hauptscharführer am Landgericht Köln vorrangig behandelt. Außerdem haben Frank Berger und Peter Kienesberger bzw. ihre Anwälte einen Zuständigkeitsstreit mit dem Landgericht Köln ausgefochten. Sie wollten lieber in München vor Gericht stehen als in Köln. Aus praktischen Gründen? Beide wohnten in Süddeutschland. Oder haben sie sich im Süden mehr Verständnis für ihr »Engagement« in Südtirol erhofft?

Was in all diesen Jahren im Hintergrund lief, erfahre ich erst viel später, als ich im Sommer 2023 Reproduktionen aus den Berichtakten zu diesem Verfahren und aus den Akten, die mich eine weitere wunderbare Archivarin aus dem Wiener Kreisky-Archiv reproduzieren ließ, nach Datum sortiere und nebeneinanderlege. Briefe, die einen kleinen Ausschnitt einer vielstimmigen Kommunikation zeigen. Privatpersonen, Anwälte, Angeklagte wenden sich an Beamte, Staatssekretäre, bundesrepublikanische und österreichische Justizminister, sogar an Regierungschefs. Sie beschwören eine drohende Gefahr für den Frieden in Südtirol, für das ungetrübte Verhältnis zwischen der BRD, Österreich und Italien und variieren dabei die Motive »Verschwörung«, »rote Gefahr« und »verfolgte Unschuld«. Und sie werden gehört.

Die erste Stimme, die ich finde, datiert vom 4. November 1976. Einen Monat nachdem mein Vater und Frank Berger aus der Untersuchungshaft entlassen worden waren, schreibt man im Justizministerium Nordrhein-Westfalen an das Bundesjustizministerium: Aus Österreich sei man von »ernst zu nehmender Seite« darauf hingewiesen worden, dass das Verfahren Aufregung verursachen und »die eingetretene Befriedung [in Südtirol] ernsthaft gefährden« würde. Das würde dann der BRD angelastet. Es stelle sich die Frage, ob man nach 153c Strafprozessordnung einstellen könnte.

In diesem Bericht begegnet mir der § 153c zum ersten Mal. Er fasst die Gründe zusammen, aus denen von der Verfolgung einer Straftat im Ausland abgesehen werden kann. Laut Absatz 3 wäre ein solcher Grund gegeben, »wenn die Durchführung des Verfahrens die Gefahr eines schweren Nachteils für die Bundesrepublik Deutschland herbeiführen würde oder wenn der Verfolgung sonstige überwiegende öffentliche Interessen entgegenstehen«[29]. Dieser Paragraf wird noch eine amtliche Karriere in dieser Geschichte machen.

Die Antwort aus Bonn ist eindeutig: Nö, es gibt keine Bedenken gegen die Durchführung des Verfahrens, nicht ersichtlich, wie dadurch Nachteile entstehen könnten.

Nun beginnen Kienesberger und sein Anwalt – nicht der, der auch die Europäische Befreiungsfront verteidigte, sondern einer, dessen Namen ich aus den Materialien zum Bund Nationaler Studenten kenne – eine Kampagne, die mich an die unzähligen Briefe denken lässt, die Harry Potter von der Zauberschule Hogwarts bekommt, als er sein erstes Schuljahr antreten soll:

Der erste mir bekannte Brief dieser Kampagne ist vom 20. Dezember 1976. Offenbar hat Kienesbergers Anwalt sich an Silvius Magnago, Landeshauptmann von Südtirol und zentrale Gestalt bei der Verhandlung der Autonomielösung, gewandt. Magnago übermittelt ein Schreiben des Anwaltes an Bundesjustizminister Hans-Jochen Vogel und lässt ihn wissen, er teile die Einschätzung von Kienesbergers Anwalt: Ein Prozess würde Aufsehen erregen, in Südtirol die Epoche der Sprengungen wieder wachrufen, alte Wunden aufreißen. Sollte Vogel als Justizminister Einfluss nehmen oder sogar Weisung geben können, dann wäre er, Magnago, dankbar, »wenn das Verfahren gegen Herrn Kienesberger eingestellt werden könnte«.

Ich muss den Reflex unterdrücken, mich darüber zu wundern, dass Magnago es für denkbar hält, Vogel könnte »Weisung geben«, ein Verfahren einstellen zu lassen. Aber wer bin ich, dem Architekten des Friedens in Südtirol Unterricht in Gewaltenteilung zu geben?

Was war 1976 in Südtirol los, frage ich mich lieber und stelle fest, dass das Zweite Autonomiestatut 1972 verabschiedet worden ist. Fortan bleiben zum Beispiel ein Großteil der Steuereinnahmen in der Region. Seit Oktober 1969 gab es keinen Anschlag mehr. Die 1970er waren nach den dramatischen 1960ern tatsächlich ein friedliches Jahrzehnt in Südtirol.

Der nächste Hinweis auf die Hintergrundaktivitäten, den ich gefunden habe, kommt aus den obersten Etagen der österreichischen Politik. Am 8. Februar 1977 schreibt Bruno Kreisky, österreichischer Kanzler, an den »lieben Freund« Bundesjustizminister Hans-Jochen Vogel. Er halte die Auffassung von Kienesbergers Anwalt, das Verfahren könne das Verhältnis der Südtiroler zu Italien bzw. umgekehrt belasten, »nicht für vollkommen falsch« und bittet Vogel zu prüfen, ob das Verfahren nicht eingestellt werden könne.

Ziemlich genau vier Wochen später, am 9. März 1977, kommt Vogels Antwort an den »lieben Freund« Kreisky. Die zuständigen Stellen »erachten« die Voraussetzungen für eine Einstellung nicht »als vorliegend«.

Und nun? Gibt Kienesberger sich geschlagen und lässt die Dinge ihren Lauf nehmen? Mitnichten. Er greift selbst zur Feder und schreibt am 23. April 1977 an Kreiskys juristischen Sekretär. Ich kann mir vorstellen, dass dieser die Briefe von Kienesberger in den folgenden Jahren fürchten lernte. Es ist ein langer Brief, in dem Kienesberger behauptet, den Prozess in keiner Weise zu fürchten. Da er aber »von Südtiroler Seite« gedrängt werde – von wem, erwähnt er nicht –, zähle er noch einmal die Argumente auf, die gegen eine Eröffnung sprächen: Der Staatsanwalt habe »Offiziere der Carabinieri und Polizei« als Zeugen benannt, die in die »Folterungen verwickelt« seien. Es werde Kienesberger in der Konsequenz nichts anderes übrig bleiben, als auch deren Opfer in den Zeugenstand zu berufen. Wie er das vor Gericht begründen will, schreibt er ebenfalls nicht. Aber er malt die erste Gegenüberstellung von italienischen Folterern und gefolterten Häftlingen in dramatischen Worten aus und garantiert, die Carabinieri, »diese Lumpen in Uniform«, würden nicht ungeschoren davonkommen. Ohnehin habe der ganze Prozess nur einen einzigen Zweck: zu beweisen, dass man in der BRD nicht nur gegen die RAF, sondern auch »gegen rechts« vorgehe. Um zu beweisen, dass der RAF-Vergleich nicht stimmt, werde er nun endlich doch offenlegen, welche »Querverbindungen zwischen offiziellen Stellen [in Wien] und uns bestanden haben«.

Kienesberger schreibt diesen Brief fünf Tage vor der Urteilsverkündung in Stammheim gegen die RAF. Am 28. April 1977 werden Andreas Baader, Gudrun Ensslin und Jan-Carl Raspe zu lebenslänglich verurteilt. Ein Prozess, der die Republik in Atem hält. Kein schlechter Moment, um offiziellen Stellen eines Nachbarlandes zu drohen.

Ob und gegebenenfalls wie viel Kreisky von den Attentaten gewusst hat, war Thema auf einer Tagung anlässlich von Kreiskys 25. Todestag. Der Journalist und Historiker Christoph Franceschini kam zu dem Ergebnis, dass Kreisky »über die Aktivitäten des BAS [...] weit besser und detaillierter informiert war, als man bisher annahm«. Dass er aber zugleich in Akten und seinen Memoiren klargestellt habe, spätere Attentäter in persönlichen Gesprächen »dringend vor solchen Aktionen gewarnt« zu haben.[30]

Einen dieser Aktenvermerke habe ich gefunden: Am 9. August 1977 hält Kreisky fest, die von Kienesberger angeführten persönlichen Begegnungen »haben sich in einer Weise abgespielt, die mich in keiner Weise belasten«.

Am 19. Oktober 1977 geht ein weiterer Brief aus dem österreichischen Kanzleramt an »Freund« Vogel: »Angesichts des langen Zeitraums, der seit diesen ohne Zweifel politisch motivierten Handlungen zu verzeichnen ist, schien mir persönlich eine Abolition des Verfahrens gerechtfertigt. Ich wäre Dir sehr verbunden, wenn Du die Angelegenheit neuerlich einer wohlwollenden Prüfung unterziehen könntest.«

Ob dieser Brief Einfluss auf die folgenden Ereignisse hatte – ich weiß es nicht und will es nicht behaupten. Klar ist nur, dass Ende des Jahres 1977, dieses Jahres, in dem Elvis starb, der erste Teil von »Star Wars« in die Kinos kam und die Sex Pistols »God Save the Queen« performten, des Jahres, in dem Generalbundesanwalt Siegfried Buback, dessen Fahrer Wolfgang Göbel und Arbeitgeberpräsident Hanns Martin Schleyer ermordet wurden und die Lufthansamaschine »Landshut« entführt wurde, im Justizministerium der BRD irgendwas passiert sein muss. Denn: In Bonn befürchtet man nun einen Nachteil für die BRD und hat Zweifel, ob das Verfahren durchgeführt werden soll.

Ich weiß das, weil ich die Notiz vom 10. Januar 1978 vom österreichischen Justizminister Christian Broda gesehen habe. Er notiert einen Anruf von Vogel: »Heute hat mich der Bundesminister der Justiz Dr. Vogel (Bonn) angerufen und mir mitgeteilt, daß [...] die Einstellung des in der Bundesrepublik

Deutschland anhängigen Strafverfahrens gegen Kienesberger [...] befürwortet wird. Es wird demnach [...] ein Strafverfahren gegen Kienesberger nicht durchgeführt werden.«

Am 20. Januar 1978 schreibt Kreiskys juristischer Berater an Kienesberger und teilt ihm die frohe Kunde mit, »daß die Bemühungen des Herrn Bundeskanzlers, eine Einstellung zu erwirken, erfolgreich waren«.

Ich nehme an, dass Kienesbergers Anwalt diese Information an Frank Bergers Anwalt und an den meines Vaters weitergab. Ende Januar 1978 hätte es dann Grund zur Erleichterung für meinen Vater gegeben. Vielleicht hat er mit seinem Anwalt gefeiert, vielleicht mit seinen Bundesbrüdern aus der Studentenverbindung. Vielleicht auch mit uns, seiner Familie. Hatte mein Vater und hatten damit meine Mutter, meine Schwester und ich ein unbeschwertes Frühjahr 1978? Ich mit meinem orangen Puky-Dreirad? Meine Schwester mit ihrem Roller?

Im Januar 1978 wird das Justizministerium Nordrhein-Westfalen informiert. In Bonn ist man zu der Auffassung gekommen, »daß eine Fortsetzung des Verfahrens die Gefahr eines schweren Nachteils für die Bundesrepublik Deutschland herbeiführen würde«. Man regt daher an, »eine Einstellung [...] gemäß § 153c zu erwägen«.

Im Landesarchiv in Duisburg finde ich den Vermerk, der sich mit dieser Anregung beschäftigt. Er bietet einen exklusiven Einblick in die Mechanik der Justizverwaltung, der mir große Freude bereitet. Mögliche Effekte einer Einstellung werden abgewogen: Genaue Beobachtung des Verfahrens durch die DDR, der Vorwurf der Blindheit bei der Strafverfolgung von Straftaten rechter Terroristen könnte laut werden. Man sieht sich im Dilemma, denn entscheiden müsse der Generalstaatsanwalt NRW, die Verantwortung trage der Justizminister in Bonn. Eine »übereinstimmende

Auffassung aller Instanzen« sei erstrebenswert. Die Lösung: der Ball der Entscheidung wird zurück ans Bundesjustizministerium gespielt: Man möge bitte in einer weiteren Zuschrift zum Ausdruck bringen, dass die Bundesregierung es für »dringend erwünscht« halte, dass die Staatsanwaltschaft »zur Vermeidung einer schweren Gefährdung der Bundesrepublik Deutschland von der ihr in § 153c eingeräumten Befugnis Gebrauch macht« und das Verfahren nicht eröffnet.

Sollte mein Vater im Januar 1978 erleichtert gewesen sein, dann zu früh. Denn im Justizministerium Nordrhein-Westfalen ist nie eine »erneute Zuschrift« des Bundesjustizministeriums eingetroffen, in der der dringende Wunsch der Bundesregierung nach Niederlegen des Verfahrens zum Ausdruck gebracht wurde.

In NRW war seit dem 9. Februar 1978 Inge Donnepp Justizministerin. Sie war die erste Justizministerin eines deutschen Bundeslandes und schrieb im Dezember 1978 einen recht klaren Brief an Bundesjustizminister Hans-Jochen Vogel. Im Landesarchiv kann man sehen, dass sie zunächst »Sehr geehrter Herr Bundesminister Dr. Vogel« geschrieben hat, dann aber zu »Sehr geehrter Herr Kollege« korrigierte. Nie, so schrieb Inge Donnepp, habe es, trotz mehrfacher telefonischer und schriftlicher Nachfrage, eine Antwort auf den salomonischen Vorschlag vom 26. Januar 1978 gegeben. Daher »bitte ich Sie sehr dringend, nunmehr um eine baldige Entscheidung bemüht zu sein«.

Die Entscheidung kam in Form von keiner Entscheidung, und das konnte Kienesberger, Frank Berger und meinen Vater nicht gefreut haben: Am 6. Dezember 1978 teilt das Bundesjustizministerium mit, dass: »mit weiteren Äußerungen der Bundesregierung« derzeit nicht zu rechnen sei.

Denn am 3. Juli 1978 beschloss das Kölner Landgericht, das Hauptverfahren zu eröffnen.

Ein paar Tage später wandte sich Peter Kienesberger erneut an Kreiskys juristischen Berater. Seine »Rücksprache mit einem Abgeordneten im Bundestag« habe ergeben, dass »auf dem Weg von Bonn zum Justizministerium in Düsseldorf eine ›Panne‹ paasiert [!] sei. [...] Vielleicht sollte ich hinzufügen, daß eine Einstellung des Verfahrens in jedem Stadium möglich ist.« Was für eine Panne soll das gewesen sein? Ich weiß es nicht.

Kreisky und sein juristischer Berater bekamen noch sehr viele Briefe. Von Kienesberger, seinem Anwalt, von Freunden von ihm, die ich aus den Akten kenne, vom CSU-Abgeordneten Carl-Dieter Spranger, von einem führenden Politiker der rechtspopulistischen österreichischen FPÖ, vom Obmann des Südtiroler Heimatbundes. Auch Inge Donnepp wurde in den Verteiler aufgenommen. Kienesberger adressierte einen Brief an »Inge Dönkopp«.

In diesen Briefen war vor der »Terroristenhysterie« der BRD die Rede, es wurde gewarnt vor der Belastung der Beziehungen zwischen Österreich, Italien und der BRD, die das Verfahren nach sich ziehen würde. Sorgen um den mühsam erreichten Frieden in Südtirol wurden geäußert.

Am 5. Juni 1979 wird im Kanzleramt am Ballhausplatz in Wien ein Brief verfasst. Mir liegt eine Kopie vor. Er ist verfasst auf Briefpapier mit dem Briefkopf des Bundeskanzlers der Republik Österreich. Adressiert ist er an »Sehr geehrter Herr Bundeskanzler! Lieber Freund!«. Bundeskanzler der BRD ist an diesem 5. Juni 1979 Helmut Schmidt und er wird gebeten, »die erforderlichen Interventionen zur Erreichung einer Einstellung zu unternehmen«.

All diese Bemühungen waren nicht von Erfolg gekrönt. Am 4. Oktober 1979 war der erste Verhandlungstag im Verfahren gegen Kienesberger, Berger, Schröder und meinen Vater. Weil Vogel nie an Inge Donnepp schrieb und einen »dringenden Wunsch« zum Ausdruck brachte? Oder gab es irgendwo in den tiefen Winkeln der Verwaltung der BRD noch ein anderes Hemmnis, das keine Spuren hinterlassen hat oder dessen Spuren ich nicht gefunden habe? Wäre diese Geschichte eine andere gewesen, wenn Vogel einen dringenden Wunsch geäußert hätte? Wäre das Verfahren dann nicht eröffnet worden? Dann würde es keine achtzig Akten im Landesarchiv Nordrhein-Westfalen geben. Ich hätte keine Chance gehabt, das eiserne Schweigen meines Vaters zu überwinden und diese Geschichte aufzuschreiben. Hätte mein Vater offen mit mir gesprochen, wenn er nicht dem jahrelangen Druck eines dräuenden Verfahrens ausgesetzt gewesen wäre?

Das Verfahren läuft. Was aber nicht bedeutet, dass Kienesberger und seine Crowd aufhören, »Verschwörungen«, »rote Gefahr« und »verfolgte Unschuld« zu inszenieren. Aber sie wechseln das Medium. Vorbei ist die Zeit der Briefe und der Telefonate. Nun wird auf der großen Bühne inszeniert: in Bonn, im hohen Haus des Bundestages.

Die Ouvertüre bildet noch einmal ein Brief. Nur wenige Tage nach den ersten Anhörungen in Köln schreibt der CSU-Bundestagsabgeordnete Carl-Dieter Spranger an Hans-Jochen Vogel. Er habe die Information bekommen, dass die BRD das Verfahren auf Druck der DDR eröffnet habe. Dort werde das Verfahren missbraucht, um zu beweisen, dass es neben der RAF auch Terror von rechts gäbe. Spranger deutet an, dass er es für angemessen hält, diese Fragen im Bundestag zu stellen. Er gehe aber davon aus, dass Vogel sich weiterhin um Einstellung bemühe. Daher dürfe eine »öffentliche Erörterung der Angelegenheit zumindest vorerst unzweckmäßig sein«.

Sprangers öffentliche Intervention erfolgt erst am 7. November 1979, in der 182. Sitzung des Deutschen Bundestages. Er fragt: Trifft es zu, dass der Bundesjustizminister der Meinung ist, dass das Verfahren eingestellt werden sollte? »Aus welchen Gründen nimmt die Bundesregierung die Durchführung hin?« »Sind die mir in diesem Zusammenhang zugegangenen Informationen zutreffend, daß in dem Verfahren nur deshalb keine Einstellung erfolgte [...], weil die Bundesregierung von Stellen der DDR unter Druck gesetzt wurde?« »Ist bekannt, daß Frau Justizminister Donnepp geäußert haben soll, das Verfahren könne eingestellt werden, aber sie sei daran durch Intervention der DDR gehindert?« Der parlamentarische Staatssekretär aus dem Bundesjustizministerium kontert: die Entscheidung, das Verfahren zu öffnen, hätte der Staatsanwalt getroffen, es hätte keinen Druck vonseiten der DDR gegeben, und nach seiner Kenntnis lägen keine Anhaltspunkte für eine Einflussnahme auf Inge Donnepp vor. Überhaupt sei diese Frage im NRW-Landtag besser aufgehoben.

Ich finde, er hätte Inge Donnepp engagierter gegen die Anschuldigung verteidigen können, eine DDR-Marionette zu sein.

Einen Effekt hat Sprangers Intervention nicht, zumindest keinen offensichtlichen: Das Verfahren wird durchgeführt. Ob der Vorwurf, die oberste Dienstherrin der Justiz des Bundeslandes NRW habe dem Systemfeind das Ohr geliehen, in der Atmosphäre der späten 1970er mit ihrer RAF-Traumatisierung einen atmosphärischen Effekt auf das Verfahren hatte, darüber kann man nur spekulieren.

Winter 2022, Köln

Für den achtzigsten Geburtstag meines Vaters habe ich ein paar seiner Super-8-Filme digitalisieren und auf CD brennen lassen, um bei seinem Fest einen kleinen Ausschnitt aus seinem filmischen Werk zu zeigen. Das fällt mir Ende des Jahres 2022 wieder ein, und ich muss ein paar Schubladen durchsuchen, bis ich die CD schließlich wiederfinde. Urlaubsszenen in diesem zauberhaften Super-8-Look, Sommerszenen mit Badehosen, Bikinis und Gummitieren, Winterszenen mit Skihosen, Mützen, Schals und Schlitten. Meine Mutter sieht fantastisch aus.

Die Sommerbilder mit ihrem Geplansche, den kleinen Wellen und bunten Gummiringen interessieren mich weniger, ich bin auf der Suche nach einem Mini-Spielfilm mit meiner Schwester und mir in den Hauptrollen, der auf meinen Kindergeburtstagen gezeigt wurde. Mit heruntergelassenen Rollladen und surrendem Projektor, und der ein großer Hit war.

Der Übergang von Sommer zu Winter ist in diesem Material nichts als ein Wimpernschlag. In der einen Sekunde stehe ich noch mit Badehose knietief in einem See, in der nächsten sieht man dann tief verschneite Wege, Fichten. Ich im Alter von vielleicht vier Jahren in dunkelblauer Lifthose mit ein paar anderen Kindern auf Skiern dem Skilehrer hinterherfahrend, wie Gänseküken hinter der Mutter. Eine erste Schussfahrt. Ein Sturz. Schnitt. Ordentlich stecke ich die Stöcke in den Schnee. Schnitt. Meine Mutter in Kniebundhose, dicken Socken und kurzer Skijacke, mit Sonnenbrille und leuchtend rotem Kopftuch, schleudert mich durch die Winterluft, legt mich über die Schulter, lachend. Meine Schwester mit einem Schlitten, einen Jungen im Schlepptau, beide schieben den Schlitten an, springen drauf und verschwinden in schneller Fahrt aus dem Blickfeld.

Mein Vater wie immer hinter der Kamera. Ein unsichtbarer Beobachter. In Köln läuft ein Strafverfahren gegen ihn. Er muss diesen Urlaub beim Haftrichter beantragt haben. Szenenwechsel. Eine Kutschfahrt mit zwei Haflingern, dicke Mützen und Schals, meine Schwester vorne beim Kutscher, sich zur Kamera umdrehend, ich neben meiner Mutter auf der hinteren Bank. Szenenwechsel. Ein Tierpark, ein Uhu hinter Gittern.

Und dann die Sequenz, auf die ich gewartet habe: keine hintereinandermontierten Szenen, sondern ein kleiner, kunstvoller Film, geschnitten und montiert, mit Kamerafahrten, Fokussierungen. Das Eröffnungsbild zeigt ein Wirtshaus, die Kamera nimmt den Namen in den Fokus: »Zur Bärenhöhle«, eine Speisekarte hinter Glas, ein Wurst- oder Käsebrot für 2,50 Mark. Ein lebensgroßer ausgestopfter Bär, die Kamera verharrt. Mein Vater etabliert sein Motiv. Schnitt. Ein lebendiger Bär im Schnee, schnuppernd, das Gitter zwischen ihm und den Besuchern ist nicht zu sehen. Schnitt. Meine Schwester und ich, die sich vorsichtig an etwas herantasten, das unsichtbar hinter dem rechten Bildrand sein muss, ein unsicherer Blick in die Kamera. Schnitt. Der Bär witternd nach links. Schwenk auf meine Schwester und mich, laufend. Immer schneller werden die Schnitte. Der Bär richtet sich auf die Hinterbeine auf, wittert. Meine Schwester und ich noch schneller laufend von der Seite. Der Bär, sich in Bewegung setzend, springend. Meine Schwester von hinten, sie läuft meiner Mutter in die Arme, die in der Tür des Gasthofs steht. Die Kamera verharrt einen Moment. Der Bär, sich entfernend, ein pelziger Hintern. Schnitt. Ein langsamer Kameraschwenk, Schneereste, erste Schneeglöckchen, es ist Frühling. Die Kamera zeigt ein Holzhaus mit Schindeln und Türmchen, meine Schwester, die eine Brücke über einen kleinen Bach baut, meine Mutter, die ihr zuschaut. Ein weiterer Schwenk, und die Kamera zeigt mich, wie ich aus einem Brunnen Wasser trinke, den Mund unter dem Strahl, lachend. Auch ich bin entkommen.

Wie bin ich entkommen?

Ich habe mich oft gefragt, warum mir bei der Arbeit an diesem Buch so wenig Misstrauen entgegenschlug. Keiner von den vielen Menschen, die dieses Projekt begleitet haben, den Archivarinnen und Archivaren, den Förderinnen und Förderern, den Historikerinnen und Historikern, meinem Agenten, meiner Lektorin, Redakteurin, meiner Familie und meinen Freunden und Freundinnen, hat daran gezweifelt, dass ich bereit bin, in meinem Vater das zu sehen, was er ist: ein Rechtsradikaler, ein Täter. Obwohl ich seine Tochter bin. Obwohl ich ihn liebe.

Warum bin ich so anders als mein Vater? Woher kommt mein Vertrauen in die Medien, die Institutionen, die Wissenschaft? Warum sind mir Holocaust-Leugner ein solcher Gräuel? Warum ist die Würde eines jeden Menschen unverrückbar unantastbar für mich? Wo es mir doch in prägenden Kindheitsjahren anders vermittelt wurde? Ich habe keine Antwort auf diese Fragen, nur eine Idee, eine Ahnung, eine Annäherung.

Zum einen war die gesellschaftliche Haltung zum Nationalsozialismus in meiner Kindheit eindeutig und präsent. Im Jahr 1979 hatte die US-Serie »Holocaust« ein Millionenpublikum erreicht. Medienhistoriker bezeichnen das als prägendes Momentum für die Erinnerungskultur der 1980er-Jahre. Claude Lanzmanns »Shoah« im Jahr 1985 war eine weitere Wegmarke. Ich habe als Kind weder »Holocaust« noch »Shoah« gesehen. Aber das Entsetzen über die Verbrechen des Nationalsozialismus, ihre Verurteilung war mit Händen zu greifen. Meine Lehrerinnen und Lehrer strahlten es aus, die Eltern meiner Freundinnen.

Im Deutschunterricht lasen wir »Das Tagebuch der Anne Frank« und »Damals war es Friedrich«. Später im Geschichtsunterricht die Posener Rede, die Heinrich Himmler im Oktober 1943 vor SS-Gruppenführern hielt. Nie habe ich diesen Satz vergessen: »Ob bei dem Bau eines Panzergrabens 10.000 russische Weiber an Entkräftung umfallen oder nicht, interessiert mich nur insoweit, als der Panzergraben für Deutschland fertig wird.« Nie habe ich meinen Widerstand gegen diesen Satz vergessen. Das kann nicht sein, habe ich gedacht. Sicher ist das gelogen.

An diesem Punkt hätte es anders ausgehen können, als es ausgegangen ist. Warum? Meine Freundinnen sind ein Grund. Es waren Lehrerinnen-Kinder, Rechtsanwaltskinder. Sie zogen die Augenbrauen hoch, als ich sie fragte, ob sie sich vorstellen können, dass die Posener Rede gefälscht ist. Ich möchte mir nicht vorstellen, was geschehen wäre, wenn ich meine Freundinnen im Bund Heimattreuer Jugend gefunden und denen diese Frage gestellt hätte.

Ein weiterer Grund ist meine Mutter. Sie hat nicht mit meinem Vater diskutiert. Sie hat ihm nicht verboten, ihren Kindern sein ideologisches Gift zu spritzen. Aber sie hatte ein Gegenmittel: Mitgefühl. Ein großes, tief empfundenes Mitleiden, bei dem es für meine Mutter keinen Unterschied gab. Sie hat mit mir Päckchen für »die Ostzone« gepackt. Sie hat mir Bilder der »Biafra-Kinder« gezeigt, die seit den späten 1960ern Symbol des Hungers in der »Dritten Welt« waren. Sie hat mir Interviews mit Karlheinz Böhm vorgelesen, der über den Hunger in Äthiopien sprach. Ich glaube, wir sind gemeinsam zur Sparkasse gegangen und haben gespendet.

Das Mitleiden meiner Mutter mit Menschen in Not war vollkommen universell. Man konnte es physisch spüren, wenn sie über das Leid in der Welt sprach. Als Kind überschwemmte mich dieses Mitleid, setzte sich fest und wurde zur Impfung gegen die Ideologie meines Vaters. Kein intellektueller, ein emotionaler Widerstand. Noch heute ist dieses Mitleiden mir ein Wesenskern.

Ich möchte mir nicht vorstellen, was geschehen wäre, wenn meine Mutter die gleiche Verachtung für Schwarze Menschen empfunden hätte, die ich im Gesicht meines Vaters las.

Winter 2022, Duisburg

Im Winter 2022 ist es so weit. Ich bin angekommen bei dem Ordner, in dem das Protokoll des ersten Verhandlungstages im Schwurgerichtssaal der 11. Strafkammer des Landgerichtes Köln auf mich wartet.

Angaben zu Ort und Zeit, zu den Anwesenden. Wie im Theater, denke ich. Gleich geht der Vorhang hoch. Ich stelle mir meinen Vater in der Rolle des sachlichen Akademikers vor, Kienesberger als Querulanten und Frank Berger als eine Mischung aus beiden plus ein bisschen wehleidiges Lamento. Meine Vorfreude macht mich misstrauisch mir selbst gegenüber. Ich bin ja nicht im Kino. Aber nachdem ich so viele Seiten mit versprengten Informationen, mit ins Leere laufenden Handlungsfäden und Einzelfragmenten gelesen habe, sehe ich mir die Vorfreude auf einen klar gesteckten Rahmen, eine konsistente Erzählung nach.

Ich schlage auf – und erlebe eine kolossale Enttäuschung. Was sich vor mir entfaltet, ist viel mehr Kafka als »Die zwölf Geschworenen«. Ich erfahre, dass Beweisanträge gestellt werden, aber nicht welche. Ich erfahre, dass Zeugen vernommen werden, aber nicht, was sie aussagen. Ich erfahre, dass Gutachten verlesen werden, aber nicht, zu welchem Ergebnis sie kommen. Ich erfahre, dass Belehrungen abgegeben werden, aber nicht, wer worüber belehrt wird. Ich erfahre, dass Rügen verteilt werden, aber nicht an wen und warum. Kein »Einspruch, Euer Ehren«, keine Dialoge zwischen Staatsanwalt und Anwalt, keine Zeugenbefragungen. Keine Rollen. Keine Figuren. Keine Narration. Nur rätselhafte Metatexte. Die Protokolle halten nicht fest, was passiert. Sie halten nur fest, *dass* etwas geschieht. Nachdem ich Hunderte von Sätzen wie diesen gelesen habe: »Rechtsanwalt W. legte eine Aktennotiz vor und beantragte, diese Aktennotiz zu verlesen. [...] Rechtsanwalt H. widersprach der Verlesung. Oberstaatsanwalt C. widersprach ebenfalls der Verlesung«, fühle ich mich ein bisschen wie damals, in den 90ern, als ich mit einem Freund zum Spaß bei einer Pornohotline anrief und uns Viertelstunde um Viertelstunde mit sachlicher Stimme mitgeteilt wurde, die heißesten Frauen würden sich in versautester Ekstase winden. Wir aber nicht das kleinste Stöhnen zu hören bekamen.

Ich bin empört. So empört, dass ich aus dem Lesesaal stürme und eine Freundin anrufe, die Juristin ist, und mich bei ihr über die Protokolle beschwere. Jaja, sagt sie. Beim Landgericht gibt es keine Inhaltsprotokolle. Nur der Gang des Verfahrens und die Formalia werden im Protokoll festgehalten. Schau dir mal die Beweisanträge an, darüber kannst du vielleicht etwas rückschließen.

Ich fluche laut, gehe zurück in den Lesesaal und beginne, Beweisanträge zu lesen und aus ihnen zu schließen, was in diesem Prozess geschieht. Außerdem studiere ich die Presseartikel in der Pressemappe und finde heraus, was Gerichtsreporter über den Prozess schreiben. Eine vage Erzählung wird das, auf indirekten Quellen aufgebaut, in der ich oft nur wiedergeben kann, was ich gelesen habe.

Das Bild, das sich ergibt, ist löchrig, aber sein Gegenstand ohne Frage spektakulär. Es zeigt ein turbulentes Verfahren, in dem hart gekämpft und gnadenlos ausgeteilt wird: Befangenheitsanträge werden gestellt, weil der Vorsitzende den italienischen Namen »Bolzano« statt »Bozen« für die Landeshauptstadt Südtirols verwendet. Die Schöffen bekommen anonyme Postsendungen mit einem Protokoll einer Fragestunde des Bundestages. Ich nehme an, es handelt sich um die *Intervention Sprangers.*

Der Anwalt von Kienesberger bezeichnet den Vorsitzenden Richter laut »Kölnische Rundschau« als »widerlichen Rufmörder«. Bergers Anwalt soll sich dieser Wertung angeschlossen haben. Der meines Vaters offenbar nicht.

Das Gericht reist nach Italien, um einige Zeugen persönlich zu befragen. In Mailand berichtet ein Zeuge unter Eid, er sei telefonisch bedroht worden: »Beim ersten Anruf wurde mir unter anderem gesagt: ›Wo gehst du hin, kümmere dich um deine eigenen Sachen.‹ Im zweiten Anruf hat man mir gesagt: ›Bestie, gehe nicht zum Justizpalast.‹«

Das Gericht wird mit Anträgen überschüttet. Es wird beantragt, »eine österreichische Straßenkarte aus der Zeit von 1962 beizuziehen, damit man sich über die Fahrtmöglichkeiten Innsbruck–Semmering ein zutreffendes Bild machen kann.« Es wird beantragt, den Leiter des Instituts für Zeitgeschichte in München hinzuzuziehen. Der bezeugen möge, dass es für die italienischen Neofaschisten »politisch sinnvoll« gewesen sei, den Sprengstoff von ihrer Parteizentrale in Bozen zum Istituto Galileo Galilei zu schaffen. Es wird beantragt, den italienischen Senator Mario Tedeschi als Zeugen zu laden. Er habe öffentlich behauptet, das italienische Inspektorat zur Terrorbekämpfung habe wiederholt selbst Anschläge auf Eisenbahnanlagen durchgeführt und dabei auch mit östlichen Geheimdiensten zusammengearbeitet.

Nicht jeder dieser Anträge wahrt den Anschein, ein konstruktiver Beitrag zur Wahrheitssuche zu sein. Man könnte auf die Idee kommen, es gehe darum, dem Gericht auf die

Nerven zu gehen. Es kann aber auch sein, dass die Anwälte schon für eine Revision vorausplanen: Je mehr Beweisanträge, desto mehr Angriffspunkte für Verfahrensrügen im Revisionsantrag. Konfliktverteidigung heißt diese Strategie bei den Juristen, lerne ich. Ausgefuchste Strategien von hoch engagierten Anwälten.

Zwei spektakuläre Gerichtsdrama-Momente beschert mir die Lektüre der Meta-Protokolle dann doch. Den ersten stiftet eine Episode, die ich fortan die »Sex-Affäre« nenne. Laut eines Zeitungsartikels hat sich rund um das Verfahren eine Eins-a-Romantic-Comedy mit Slapstick-Effekten und pikanten Szenen abgespielt.

Ausgangslage ist eine Affäre des Staatsanwaltes. Die offenbar so gemütlich wurde, dass er sich bei seiner Geliebten häuslich niederließ. Und ein bisschen Arbeit mitbrachte. Unter anderem vertrauliche Akten aus dem Verfahren. Irgendein Organisationsfehler brachte die Affäre ans Licht: der Ehemann der Geliebten des Staatsanwaltes kam ihr auf die Schliche und fand auch die Akten. Er übergab die Akten mit dem Hinweis auf den Fundort an Frank Berger. So wurde der gesamte Vorgang mit allen pikanten Details öffentlich, und ich kann mehr als vierzig Jahre später in der Zeitung darüber lesen. Und darf mir die Szene bildlich vorstellen: Ein erzürnter Ehemann erwischt seine Frau beim Sex mit dem Staatsanwalt, dieser flieht aus der Wohnung, zieht im Laufen seine Hose hoch, drückt seine Aktentasche an die Brust. In der Wohnung entdeckt der Mann, während er mit »Oh, womit hab ich das verdient?« auf seine Frau einschreit, einen Stapel Akten. Beim nächsten Termin im Schwurgerichtssaal des Kölner Landgerichts zieht der Ehemann Frank Berger, den er aus der Zeitung kennt, zur Seite und gibt ihm die Akten. Ein schadenfrohes Grinsen erscheint auf Bergers Gesicht …

Solche Bilder hat mein Gehirn produziert, als ich den

Artikel las. Manchmal war es wirklich lustig im Lesesaal in Duisburg.

Konsequenzen für den Staatsanwalt hatte die Sex-Affäre nicht.

»Solche Leute wie die Angeklagten und ihre Verteidiger sind ihrem Typ nach zu den Leuten zu rechnen, die unter der Nazi-Herrschaft Massenmorde begingen und dies teilweise unter Belohnung mit Orden, teils auch in Wehrmachtsuniform.« Dieser Satz bildet den Nukleus des zweiten Gerichtsdrama-Momentes, den ich bei der Lektüre der Protokolle erlebe und der überhaupt nicht lustig ist. Ein Schöffe hat diesen Satz öffentlich gemacht und behauptet, der Vorsitzende Richter habe ihn in einer internen Besprechung ausgesprochen.

Wie so oft in dieser Geschichte und überhaupt ist der Hergang verwickelt. Ich versuche ihn aus Informationen aus der »Kölnischen Rundschau«, dem »Kölner Stadt-Anzeiger« und den Beweisanträgen zu rekonstruieren. Offenbar fing alles an mit einem anonymen Brief aus Italien, der an einen oder mehrere der Verteidiger oder Angeklagten gegangen sein muss. In dem Brief wurde der Vorsitzende Richter zitiert, der in Bozen gesagt habe, die Angeklagten würden in Köln nicht so lasch behandelt wie in Österreich. Ein Befangenheitsantrag ist die Folge, der in einer internen Beratung abgelehnt wird. Durch dieses Vorgehen fühlt sich einer der Schöffen übergangen. Er beschwert sich bei Gericht. Nun befürchtet der Vorsitzende Richter seinerseits Befangenheit, allerdings beim Schöffen, und stellt einen Antrag, der erfolgreich ist. Der abgelehnte Schöffe wendet sich nun ans Gericht und offenbar auch an die Anwälte und macht ebenjene angebliche Äußerung des Richters öffentlich.

Alle Anwälte stellen Befangenheitsanträge.

»Die Herrschaft von Willkür und Unrecht, die Herrschaft der Freislers hat in diesem freiheitlich-demokratischen

Rechtsstaat keinen Platz«, schreibt der Anwalt Frank Bergers.

Der Richter weist alles von sich. Kollegen werden beigerufen, um über den Befangenheitsantrag zu entscheiden, und lehnen ab. Für zu »unwahrscheinlich« halten sie die Behauptungen des Schöffen. Das Verfahren geht weiter. Die »Kölnische Rundschau« zitiert Prozessbeobachter, die überzeugt sind, dass »da [...] etwas gesagt worden [ist], in der Richtung, wie es der Schöffe gesagt hat«.

Mir steht über diese merkwürdige Schöffen-Affäre kein Urteil zu. Einmal habe ich versucht, den Mann zu finden, aber nur erfahren, dass er bereits verstorben ist. Ich kann höchstens festhalten, dass der Fortgang dieser Geschichte nicht den Eindruck macht, der Richter sei derartig voreingenommen gewesen, wie der Schöffe behauptet. Und ich kann feststellen, dass diese ganze Affäre Stoff für genau die Art von Verschwörungstheorien bietet, die gerade der AfD so viel Freude bereiten: »Die da oben machen doch ohnehin, was sie wollen.«

Wer auch immer den Satz von den Massenmördern in die Welt gesetzt hat, der Demokratie hat er keinen Gefallen getan.

Winter 2022, Duisburg

Wenig überraschend: Mein Vater und Frank Berger bleiben im Verfahren bei ihren Alibis. Mein Vater war in München, Frank Berger auf einer Geburtstagsparty und mit einem Freund in Saarbrücken unterwegs. Peter Kienesberger scheint als Alibi eine geheime Sitzung des Befreiungsausschusses Südtirol angegeben zu haben, an der er teilgenommen haben will. Als Beweis legt er ein Protokoll dieser Sitzung vor und gibt Norbert Burger als Zeugen an. Der muss nun in Köln aussagen. Die Beschreibung seines Auftritts vor Gericht im »Kölner Stadt-Anzeiger« klingt spektakulär: er tritt im Trachtenanzug auf, behauptet, »die Annexion rein deutschen Gebietes« (Südtirol) widerspreche dem Völkerrecht. Und zur Zeit seines Auftritts im Gerichtssaal kandidiert er offenbar für eine »rechtsradikale Splittergruppe« als österreichischer Bundespräsident.

Alibis von guten Freunden sind nicht ausreichend, wenn es einen Belastungszeugen gibt, der bei jeder Gegenüberstellung treffsicher die Täter identifiziert und sich auch nach fast zwanzig Jahren noch an viele Details zweier Fahrten nach Italien in den 1960ern erinnert. Manfred Schröders Aussage ist das Problem. Manfred Schröder muss unglaubwürdig gemacht werden. Dazu entwickeln die Anwälte im Schwurgerichtssaal des Kölner Landgerichts eine alternative Erzählung, die ich langsam aus dem Wust der Protokolle, Beweisanträge und Artikel herausschäle. Wichtigstes Motiv: eines der größten Schreckgespenster der RAF- und Guillaume-geplagten BRD: Infiltration durch die DDR.

Im November 1979 stellt Kienesbergers Anwalt einen Antrag, der »die mangelnde Zuverlässigkeit der Bekundungen des Mitangeklagten Schröder« beweisen soll. Fix stellt er die Behauptung in den Raum, Schröder sei ein DDR-Agent:

Die DDR ist für ihren drakonischen Strafvollzug gegen Bürger der Bundesrepublik Deutschland bekannt. Es ist deshalb ungewöhnlich im höchsten Maße, daß ein Bürger der Bundesrepublik Deutschland, der […] in der DDR zu einer lebenslänglichen Freiheitsstrafe […] verurteilt worden ist, […] in die Bundesrepublik Deutschland entlassen worden ist. Das erweckt den dringenden Verdacht, daß Schröder […] von den Behörden der DDR als ein Werkzeug zu Intrigen in die Bundesrepublik Deutschland entsandt worden ist.

Ich habe diese Unterstellung immer für Unsinn gehalten. Manfred Schröder erscheint mir vor dem Gericht in Ostberlin und in den Aussagen seiner Mithäftlinge überzeugend verächtlich der DDR gegenüber. Außerdem konsistent in seiner Haltung und nahezu halsbrecherisch offen in seinen Aussagen. Wohl eher nicht die Persönlichkeit, die die Stasi als IM auswählen und die so ein Angebot annehmen würde. Aber in der linksparanoiden BRD macht die Behauptung Karriere. »Im Dienste Ost-Berlins?«, fragt der »Bayernkurier« und führt aus: »Der Verdacht, daß er [Schröder] in die Bundesrepublik eingeschleust wurde, um hier den letzten europäischen Südtirolprozess in Gang zu halten und damit das Verhältnis zwischen der Bundesrepublik und Italien aufs Neue zu belasten, ist nicht von der Hand zu weisen.« Die »Deutschen Nachrichten«, das Parteiorgan der NPD, behaupten, Schröder habe dem MfS seine Mitarbeit angeboten, sein Geständnis sei »Teil seines Auftrages«.

Den Beweis, dass die Schröder-ist-DDR-Agent-Geschichte nichts weiter als eine postfaktische Behauptung ist, habe ich im Stasi-Archiv in Form eines »Überprüfungsvermerks« gefunden: »Vor und während seiner Haftzeit gab es keinerlei Aktivitäten für eine inoffizielle Zusammenarbeit.«

Das Motiv der roten Gefahr ruft natürlich förmlich danach, die altbekannte Behauptung zu wiederholen, Inge Donnepp habe das Verfahren auf Druck der DDR eröffnet. Frank Berger scheint den »Deutschen Nachrichten« ein entsprechendes Statement abgegeben zu haben, denn er wird ausführlich zitiert: »Ich beschuldige die Landesregierung von Nordrhein-Westfalen, sich von den ›DDR‹-Machthabern unter Druck setzen zu lassen. Ein Emile Zola steht mir nicht, wie einst Alfred Dreyfus, zur Verfügung. Das ›J'accuse‹ muß ich deshalb selbst ausrufen. Ich klage an!«

Ob es am intertextuellen Bezug liegt? Ich weiß es nicht.

Jedenfalls wird diese Behauptung ein sehr langes Leben haben. Noch in einem Nachruf auf meinen Vater vom Obmann des Südtiroler Heimatbundes aus dem Jahr 2016 taucht sie auf:

Dass Stasi-Chef Erich Mielke und das DDR-Regime an der Durchführung eines Südtirolprozesses in Westdeutschland Interesse zeigten, ist heutzutage erstaunlich. Sie wollten deren faschistisch-revanchistischen Geist in der Weltöffentlichkeit kundgeben. Auf diese Weise wurde die Anklage gegen Bünger erst durchführbar.

Der nächste große Coup in der alternativen Erzählung über die Attentate und die angebliche Unschuld der Angeklagten wird ebenfalls von Peter Kienesbergers Anwalt eingebracht. Es ist die sogenannte »Geheimdiensttheorie«. Ich muss gestehen, dass ich mich kurz gefragt habe, ob ich sie glauben kann, als ich sie zum ersten Mal hörte. Hauptfigur der Geheimdiensttheorie ist Josef Frolík, ein ehemaliger tschechoslowakischer Spion, der in die USA übergelaufen ist und in einem Interview mit dem ZDF behauptet, der tschechoslowakische Geheimdienst sei für Attentate innerhalb des Südtirol-Konfliktes verantwortlich.

Auch diese Theorie findet außerhalb des Gerichtssaals Gehör: »Südtirol-Terror war Werk des Prager Geheimdienstes«, schreibt die »Berliner Morgenpost«. Im Frühling 2023 finde ich die Theorie in einem kleinen Museum in Bozen mit dem Namen »BAS. Opfer für die Freiheit«, in dem der »Freiheitskampf« in Südtirol mit viel Folklore dargestellt wird. Ich zitiere die Homepage, die unter der Kategorie »Opfer« Folgendes zu Gaspare E. vermerkt: »Der Bahnbeamte verliert durch eine Sprengladung am Bahnhof Verona sein Leben. Täter unbekannt. Italien beschuldigt bis heute den BAS. Tatsächlich weist vieles auf eine geheimdienstliche Aktivität hin, möglicherweise der tschechoslowakischen ›Staatssicherheit‹ (Státní Bezpečnost; StB).«[31]

Das Gericht in Köln lehnt den Antrag, Frolík in den Zeugenstand zu berufen, mit einer grammatikalisch abenteuerlichen Begründung ab: »weil in das Wissen des Zeugen keine konkreten Kenntnisse zur Ausführung der hier in Rede stehenden Taten gestellt sind.«

Keine Einladung an Frolík. Sicher wäre er ohnehin nicht gekommen.

Auch ich habe die Geheimdiensttheorie schnell ins Reich der Legenden und Verschwörungstheorien geschoben.

Zwar passt Kreiskys angebliche Verstrickung mit den Attentätern nicht so ganz in die Erzählung, Kienesberger sei unschuldig, Schröder ein DDR-Agent und der tschechoslowakische Geheimdienst für das Attentat verantwortlich, dennoch kann es Kienesbergers Anwalt offenbar nicht lassen:

Im Besonderen wird der Beweis angetreten [...], Bundeskanzler Kreisky hat als Außenminister bereits den Südtiroler Freiheitskampf im Planungsstadium gutgeheißen. Die Gesprächsbereitschaft der Italiener war derart verhärtet, daß erst nach den Anschlägen eine halbwegs vernünftige Lösung gefunden werden konnte. [...] Die Aussagen der genannten Zeugen werden erweisen, daß mein Mandant sie größtenteils persönlich kennt und aufgrund ihrer Mitwirkung zu keiner Zeit annehmen konnte, Unrecht zu tun. Er konnte vielmehr überzeugt sein, im geheimen Auftrag Österreichs zu handeln.

Kienesbergers Anwalt fordert nichts Geringeres als die Vorladung des amtierenden österreichischen Bundeskanzlers als Zeugen.

In den Akten der Staatsanwaltschaft kann man die Spuren der mittelgroßen Aufregung finden, die dieser Antrag auslöste: Ein promptes Telex des Leitenden Oberstaatsanwaltes ans Bundesjustizministerium, ein Schnellbrief als Antwort mit der Bitte um eine Gelegenheit zur Stellungnahme, falls dem Antrag stattgegeben werden sollte. Und zwar bitte, bevor Kreisky geladen wird.

Als der Leitende Oberstaatsanwalt dem Justizministerium die Entscheidung des Gerichts bezüglich Kreisky mitteilt, hat man sich wohl wieder beruhigt. Der Antrag wurde abgelehnt – »die in diesem zusammenhang behaupteten tatsachen sind für die entscheidung ohne bedeutung«, steht in einem Schnellbrief ans Ministerium.

Kreisky muss nicht in den Zeugenstand.

Mein Vater bzw. sein Anwalt beteiligt sich nicht an der Gestaltung der großen Alternativerzählung. Die Anträge aus dieser Ecke sind eher nerdy als schöpferisch: Einmal möchten sie beweisen, dass die Uhr, die beim Istituto Galilei Galileo gefunden wurde, nicht, wie Schröder aussagte, in Bozen, sondern in München gekauft worden ist. Einmal, dass die Kopie des Gästebuchs des Hotels Weißes Rössl gefälscht ist. Vielleicht vom Geheimdienst? Beide Anträge werden abgelehnt. Ein dritter Beweisantrag verlangt, die Besitzerin einer Münchener Pension zu der Frage zu vernehmen, ob mein Vater vom 19. auf den 20. Oktober 1962 bei ihr übernachtet haben könnte. Vier Pensionen kämen aufgrund der kryptischen Aussage meines Vater für die Übernachtung in München infrage. Drei seien von der Staatsanwaltschaft überprüft worden, aber diese nicht. Offenbar hatten die Ermittler nicht herausgefunden, wo sich die ehemalige Inhaberin aufgehalten hat. Also ist sie nicht befragt worden, ob mein Vater in ihrer Pension übernachtet hat und ob sie noch ein Gästebuch hat. Mein Vater oder sein Anwalt aber hat die ehemalige Besitzerin gefunden. Diesem Antrag hatte die Kammer offenbar zunächst stattgegeben. Als man jedoch erfuhr, dass die Pensionsbesitzerin für einen längeren Trip nach Australien aufgebrochen war und ihr Nachfolger keine Unterlagen mehr aus ihrer Zeit besaß, wies die Kammer den Antrag zurück. Nach »allgemeiner Lebenserfahrung erscheine es unmöglich«, dass sich die fünfundsiebzig Jahre alte Zeugin noch an einen Gast erinnert, der vor beinahe achtzehn Jahren bei ihr übernachtet haben will.

Diese Entscheidung wird zu einem weiteren Wendepunkt in dieser Geschichte und im Leben meines Vaters führen. Auch in meinem. Im Februar 1982 vor dem Bundesgerichtshof in Karlsruhe.

Ende 1979, Köln

Udo Albrecht, der Rechtsterrorist, der laut seiner Aussage bei der Stasi Kienesberger 5000 Mark zu seiner Kaution zugeschossen haben soll, ist nach mehreren Haftaufenthalten auf freiem Fuß. Und, so wird er später der Stasi berichten, er ist in einer »schwierigen finanziellen Situation«. In dieser habe er sich, ich gebe auch hier nur wieder, was ich in den Stasi-Unterlagen gelesen habe, telefonisch an Kienesberger gewandt, der ihm Unterstützung zugesichert habe. Wenig später haben sie sich in Köln getroffen, wo Kienesberger gerade mit zwei »anderen Personen, deren Namen mir jetzt entfallen sind« vor Gericht stand. »Während einer Gerichtspause habe ich zusammen mit Kienesberger, seinen Mitangeklagten sowie seinem Verteidiger Rechtsanwalt [redacted] eine Gaststätte aufgesucht, und dort übergab mir Kienesberger einen Betrag von 2000,– DM.«

Frühling 2023, Köln

Ich habe in den Unterlagen meines Vaters einen Stapel Notizen zum Prozess gefunden, den ich mir nach der Lektüre der anstrengenden Prozessakten vornehme. Seitenweise hat er mit Druckbleistift Strategien und Feststellungen notiert. »Herr Schröder bringt seinem eigenen Erinnerungsvermögen gegenüber nicht dasjenige Mindestmaß an Kritik auf, das für eine zuverlässige Aussage notwendig ist.« »Tatsächlich gibt Herr Schröder den 19. als Abreisetag an, die angeblichen Hotelregisterkopien geben den 20. als Abreisetag an.« Das war mir auch schon aufgefallen. Ich finde auch einen Versuchsaufbau, der beweisen soll, wie einfach man ein Gästebuch fälschen kann: Auf einem Streifen Papier, der mit einer Heftklammer auf einer Kopie der Gästebuchseite des Weißen Rössl fixiert ist, hat jemand in perfekter Imitation der Handschrift andere Namen eingetragen. Würde man dieses Werk durch einen Kopierer der 1970er-Jahre schicken, die Fälschung würde wohl wirklich nicht auffallen.

Hat mein Vater in den acht Monaten, in denen das Verfahren lief, eigentlich irgendetwas anderes gemacht, als sich mit dem Prozess zu beschäftigen?

Ich erinnere mich, dass ich einmal sein Arbeitszimmer aufgeräumt habe. Es lag stapelweise Papier auf dem Teppich, und es ging darum, dass einmal gesaugt werden sollte. Ich kannte das Thema gut von den Legostädten, die meine Schwester und ich gerne bauten: Lauter Einfamilienhäuser mit Gärten, in denen ordentlich aufgereiht Blumen standen, dazu eine Polizeistation und eine Tankstelle. Irgendwann, wenn die Staubflocken über die Straßen wehten, wie fliegende Strohballen in Westernfilmen, musste es sein: die Häuser wurden abgebaut und die Steine in ihre Kisten verstaut. Ähnlich machte ich es im Arbeitszimmer meines Vaters: ich stapelte die Blätter zu einem ordentlichen Haufen und steckte sie in den Zeitungsständer aus Kastanienfurnier, der neben seinem Schreibtisch stand.

Ich war sehr stolz, als ich meinen Eltern mein Werk präsentierte.

Wenn ich heute an diese Szene denke und mich frage, ob ich vielleicht diese Strategiepapiere aufgeräumt habe, muss ich es meinem Vater hoch anrechnen, dass er nicht ausrastete, sondern nur gequält und nicht einmal unfreundlich grinste.

25. April 1980, Köln

Ende April 1980 ist der Prozess in Köln in der Zielgeraden. Am 7. Mai soll das Plädoyer der Staatsanwaltschaft gehalten werden. Und dann wartet dieses an überraschenden Wenden nicht gerade arme Verfahren mit einer weiteren Überraschung auf: Peter Kienesberger wird festgenommen und in die Justizvollzugsanstalt Köln eingeliefert. Bei einem seiner Kumpel in Nürnberg waren Waffen und Munition entdeckt worden. Auf »einer dieser funktionsfähigen alten Waffen« war ein Fingerabdruck von Kienesberger gefunden worden, schreibt die »Kölnische Rundschau«. Ein Verstoß gegen das »Kriegswaffenkontrollgesetz«, so teilt es der Leitende Staatsanwalt dem Justizministerium in Düsseldorf per Telex mit.

Mai 1980, Landgericht Köln

Am 7. Mai 1980 dieses ersten Jahres in dem genialen Jahrzehnt, in dem Kate Bush »Running Up That Hill« und AC/DC »Hells Bells« sangen, in dem Charles und Diana heirateten, die Berliner Mauer fiel und an dessen Ende wirklich geglaubt wurde, es könnte nun alles gut geworden sein, hielt der Staatsanwalt sein Plädoyer am Landgericht Köln. Planmäßig. Die U-Haft Kienesbergers hatte das Verfahren nicht weiter verzögert.

Ich weiß nicht, ob mein Vater erleichtert war, als er den Schlussvortrag hörte. Ich bin es, als ich ihn lese. Denn der Staatsanwalt glaubte Schröder, dass niemand getötet werden sollte. Dass niemand, nicht Schröder, nicht Kienesberger, nicht mein Onkel und nicht mein Vater sich vorstellen konnte, dass der Zeitzünder versagen würde. Alle Angeklagten hatten versichert, sie würden Gewalt gegen Personen zur Durchsetzung politischer Ziele ablehnen. Auch mein Onkel hat darauf in den Gesprächen mit mir immer wieder Wert gelegt. Der Staatsanwalt hielt das für glaubwürdig. Eine Erleichterung. Das Gespenst »Mord« hing über mir, seit ich zum ersten Mal den Titel der achtzig Duisburger Akten gelesen habe: »wegen Sprengstoffattentaten und Mord in Verona, Trient, Bozen, Genua, Mailand, Cesano-Maderno und Como/Italien«. Viele Tage und viele Tausend Seiten Akten später weiß ich: Das Gericht hat meinen Vater nicht für einen Mörder gehalten. Aber dennoch: er hat diesen Sprengstoff eingesetzt, der jemanden getötet hat, der viele Menschen verletzt und noch mehr erschüttert hat. Kein Mord und dennoch unverzeihlich.

Der Staatsanwalt plädiert für eine siebenjährige Haftstrafe für meinen Vater wegen Herbeiführens einer Sprengstoffexplosion in einem besonders schweren Fall (Verona) und wegen vollendeten und versuchten Herbeiführens einer Sprengstoffexplosion jeweils in einem Fall.

Zweiundzwanzig Tage später, am 29. Mai 1980, sechs Tage nach meinem fünften Geburtstag, wird das Urteil verlesen. Es ist eine 286 Seiten lange Essenz der Ermittlung und Verhandlung. Alibis, Indizien, Zeugenaussagen und Beweisanträge werden bewertet. Von Nowaks »Vasallentreue« ist die Rede, von den Widersprüchen in den Erzählungen von Bergers Alibizeugen und davon, dass Norbert Burger keine Skrupel hatte, den Versuch zu unternehmen, Kienesberger »herauszupauken«.

Selbstverständlich sei ein Geheimdienst in der Lage, ein Gästebuch zu fälschen, hält das Gericht fest. Allerdings hätte er dann vorhersehen müssen, was fast achtzehn Jahre später in einem Verfahren in Deutschland relevant sein würde. »Seherische Fähigkeiten dieser Art gehen Menschen und auch Geheimdiensten ab.« Für ein »Tätigwerden« östlicher Geheimdienste haben sich in der umfangreichen Beweisaufnahme keine Anhaltspunkte ergeben.

Kein Zweifel hat das Gericht an der Glaubwürdigkeit Manfred Schröders. »Vielmehr sah sich das Gericht zu seinem Erstaunen einem selbstbewußten, ernsthaften, intelligenten, bisweilen eigenwilligen Mann gegenüber, der temperamentvoll, gefühlsmäßig-beteiligt, konsequent und gradlinig seine Sache vertrat.«

Eine Passage in dem Urteil habe ich mit Anspannung gelesen. Denn es geht um Schuld. Um die Größe der Schuld. War mein Vater leichtfertig? Nach Monaten der Verhandlung hält das Gericht fest, mein Vater habe den Tod Gaspare E.s fahrlässig verursacht, aber nicht »gewollt und billigend in Kauf genommen«.

Was bedeutet das für mich? Keine Absicht, okay. Nach Auffassung des Gerichts auch kein Vorsatz. Aber dennoch: mein Vater war unendlich pingelig und genau. Er hat immer alles doppelt und dreifach geprüft. Wie konnte er bei dieser wichtigsten Sache seines Lebens so leichtsinnig sein? Und wie ist er in seinen weiteren vierundfünfzig Lebensjahren mit den Folgen dieses Leichtsinns umgegangen? Soweit ich weiß, hat er keinen Fonds für die Opfer eingerichtet.

Manfred Schröder wird zu zwei Jahren auf Bewährung verurteilt.

Frank Berger wird zu drei Jahren verurteilt.

Peter Kienesberger wird zu drei Jahren und sechs Monaten verurteilt.

Mein Vater wird zu drei Jahren und sechs Monaten verurteilt.

Das Urteil wird nicht vollzogen. Denn Peter Kienesberger, Frank Berger und mein Vater beantragen Revision beim Bundesgerichtshof in Karlsruhe. Einundzwanzig Monate und ein paar Tage später wird der seine Entscheidung fällen.

In diesen einundzwanzig Monaten feiere ich meinen sechsten Geburtstag und werde eingeschult.

In diesen einundzwanzig Monaten tötet der Rechtsextremist Gundolf Köhler bei einem Anschlag auf das Münchener Oktoberfest dreizehn Menschen und verletzt mehr als zweihundert. Ein paar Tage später widmet der »Spiegel« der vielgestaltigen deutschen Neonazi-Szene mit ihrer internationalen Verstrickung einen langen Artikel:

Sicher aber ist, daß die verschiedenen Neonazi-Gruppen miteinander in Verbindung stehen, daß manche ihrer Aktionen und Anschläge international geplant und durchgeführt werden – ein gänzlich neues Phänomen für die auf grenzüberschreitenden Terror der Linksextremen fixierten Fahnder.[32]

Dieses Phänomen hätte nicht gänzlich neu sein müssen. Man hätte sein Entstehen bereits in den 1960er-Jahren beobachten können.

29. Juli 1981, österreichische Botschaft Bonn

Botschaftsrat Zumtobel hatte eine anstrengende Nacht. Dennoch hat er den österreichischen Botschafter ausführlich über die Vorkommnisse informiert: Um 23 Uhr wurde Botschaftsrat Zumtobel von der Nachtschaltung der Botschaft davon in Kenntnis gesetzt, dass ein Rechtsanwalt telefonisch eine »Warndrohung« abgesetzt habe. Es gehe um Peter Kienesberger, der voraussichtlich innerhalb der nächsten zwölf Stunden zur Verbüßung seiner Haftstrafe von der BRD nach Italien ausgeliefert werde. Dies würde, wie bekannt sei, eine »Katastrophe« bedeuten.

Botschaftsrat Zumtobel informierte daraufhin um circa 23.10 Uhr den Bereitschaftsdienst im österreichischen Bundesministerium für Auswärtige Angelegenheiten und skizzierte den erkennbaren Prioritätenrahmen und alle ihm bekannten Querverweisungen, um eine realistische Einschätzung der objektiv vielleicht gegebenen Gefahrensituation zu ermöglichen. Der nach Rücksprache mit dem Missionschef um circa 23.25 Uhr unternommene Versuch, einen Botschaftsrat Zumtobel persönlich bekannten Sicherheitsbeamten für Objektschutz im Wege des Polizeinotrufes direkt zu erreichen, scheitert an dem Unverständnis des Telefondienst tuenden deutschen Polizeibeamten.

Um 23.45 Uhr kontaktierte Botschaftsrat Zumtobel den Bereitschaftsdienst des Bonner Auswärtigen Amtes, um die Einleitung erforderlicher Sicherheitsmaßnahmen der durch Extremisten gefährdeten Personen und Einrichtungen zu erwirken.

Um 00.20 Uhr bzw. 00.55 Uhr erfolgten Rückrufe aus Wien vom Amt für Auswärtige Angelegenheiten und dem

Ministerium für Inneres, die Botschaftsrat Zumtobel über die ihrerseits eingeleiteten Maßnahmen informierten.
Um 5.30 Uhr stellte Botschaftsrat Zumtobel bei einem Kontrollanruf fest, dass der diensthabende Kriminalkommissar der Polizeidirektion Bonn keine Kenntnis von aktuellen Maßnahmen in der Auslieferungssache Kienesberger hat und die Gefahr als eher gering einschätzt.
Ab 8 Uhr in der Botschaft, gelang es Botschaftsrat Zumtobel um 9.40 Uhr, den Anwalt Kienesbergers bei den Wagner-Festspielen zu kontaktieren. Er konnte ihn von der Korrektheit des Vorgehens der befassten österreichischen Dienststellen überzeugen, und der Anwalt verbürgte sich, alles in seinem Einfluss Stehende unternehmen zu wollen, um Kurzschlusshandlungen rechtsstehender Extremisten gegen Österreicher und österreichische Einrichtungen zu verhindern. Derartige Gewaltakte könnten, wenn überhaupt, nur irrtümlich geschehen.
Um 10.54 Uhr bestätigte zum ersten Mal eine offizielle deutsche Stelle, und zwar der von Botschaftsrat Zumtobel durch aktive Telefonrückfragen identifizierte Fachreferent vom Bonner Auswärtigen Amt, dass um 11 Uhr eine Verhandlung in der Angelegenheit Kienesberger anberaumt sei.
Die weitere Berichterstattung darf vorbehalten bleiben.
Der Botschafter

Was ist das?, frage ich, als ich den für diese Szene nur minimal bearbeiteten Bericht im Frühjahr 2023 in den Beständen des Kreisky-Archivs finde. Kienesberger war in Auslieferungshaft? Sein Anwalt raubt dem armen Botschaftsrat mit fantasievollen »Warndrohungen« über »Kurzschlusshandlungen rechtsstehender Extremisten« gegen Österreicher und österreichische Einrichtungen den Schlaf und veranlasst diesen, die Bereitschaftsdienste von österreichischen und deutschen Institutionen mit Telefonanrufen, Querverweisungen und Prioritätenrahmen zu überziehen? Und scheint damit bei den Österreichern Reaktionen und Aktionen zu bewirken, jedoch nicht bei dem verständnislosen diensttuenden deutschen Polizeibeamten?

Was war denn da los, im Sommer 1981, als mein Vater auf die Entscheidung über seine Revision aus Karlsruhe wartete und ich meine ersten Tage in der Grundschule verbrachte und mich über die Kürze der großen Pause wunderte?

Ich sichte das Material über Peter Kienesberger aus dem Jahr 1981 und finde Folgendes heraus: Offenbar war Kienesberger, nachdem er wegen des Verstoßes gegen das Kriegswaffengesetz aus der U-Haft entlassen worden war, Ende Juli 1981 in Nürnberg erneut verhaftet worden. Grund war ein Auslieferungsgesuch Italiens. Denn er war 1971 in Florenz in Abwesenheit zu lebenslänglich verurteilt worden. Schuldig gesprochen, im Juni 1967 durch eine Sprengmine an einem Passübergang von Osttirol nach Belluno vier italienische Soldaten getötet und einen weiteren schwer verletzt zu haben. Eine jüngere Forschung behauptet, Kienesberger hätte niemanden getötet und das Attentat auf die Soldaten sei ihm angehängt worden.[33]

Diese Forschung lag in den 70ern noch nicht vor. Dennoch wurde ein österreichisches Verfahren zu diesem Anschlag auf Vorschlag des Justizministers Christian Broda »vom Herrn Bundespräsident [...] gnadenweise niedergeschlagen«, so schreibt Broda selbst an seinen deutschen Amtskollegen Jürgen Schmude. Und dann also ein Auslieferungsgesuch Italiens und Auslieferungshaft am 28. Juli 1981.

Und, wurde Kienesberger ausgeliefert?, frage ich meine Akten. Ich muss sie ein wenig bitten, bevor sie einen Beschluss des Oberlandesgerichts Nürnberg vom 9. August 1982 ausspucken, der die Antwort bereithält. Sie lautet: nein. Auch den Grund erfahre ich aus dem Beschluss: Das Bundesverfassungsgericht hat erklärt, dass »wegen der Schwierigkeit der Sach- und Rechtslage in naher Zukunft eine Sachentscheidung noch nicht möglich ist«. Da Kienesberger sich bereits seit einem Jahr in Haft befindet, kann das Gebot »äußerster Verfahrensbeschleunigung« nicht umgesetzt und Kienesberger nicht abgeschoben werden. Soll heißen: es geht alles nicht schnell genug.

Nun sind meine Akten ins Plaudern gekommen und präsentieren mir Fundstücke, die zeigen, was zwischen der Verhaftung und dieser Entscheidung passiert ist. Zum Beispiel einen Brief vom 9. September 1981, in dem sich Kienesberger in dramatischen Worten an Kreisky wendet: »Für eine Tat, die ich bei Ehre und Gewissen nicht begangen habe, soll [...] ich eine lebenslange Freiheitsstrafe verbüßen. Sie wissen genau so gut wie ich, daß dies bei der Lage der Dinge der Vollzug eines Todesurteils ist!«

Seine Crowd hat er auch aktiviert, teilen die Akten mir beflissen mit und zeigen einen Sonderdruck der rechtsextremistischen Monatszeitschrift »Unabhängige Nachrichten«. »Kienesberger noch immer in Haft! Rufen Sie Ihren Bundestagsabgeordneten an!«, kann man da lesen.

Was hätte Kienesberger mit einem Twitter-Account anstellen können oder einer Telegram-Gruppe, denke ich, während die Akten mir weitere Fundstücke präsentieren: einen Brief von Gerhard Frey. Der Verleger der rechten »National-Zeitung« schreibt an Bruno Kreisky. Er wisse um dessen »rechtsstaatliche Haltung auch gegenüber dem politisch Andersdenkenden« und bittet ihn, sich bei den »bundesdeutschen Regierungschefs« für Kienesberger einzusetzen.

Und wieder, so teilen mir die Akten mit, wird Kienesberger bzw. seine Crowd gehört: Der österreichische Justizminister Christian Broda spricht von dem Schlussstrich, der unter die unglückseligen Ereignisse in Südtirol gezogen werden soll, von den humanitären Gesichtspunkten und bittet den Kollegen Bundesjustizminister Schmude brieflich, diese »Erwägungen in den Entscheidungsprozeß einfließen zu lassen«.

Und auch am Ballhausplatz wird wieder ein Brief verfasst, auf Briefpapier mit einem Briefkopf des Bundeskanzlers der Republik Österreich. Adressiert ist er an Bundeskanzler Helmut Schmidt. Schmidt wird gebeten, »wenn irgendwie möglich – von der Auslieferung Abstand zu nehmen«. Man sei sich der »Problematik des Falles und der Besonderheiten der Persönlichkeit des Genannten voll bewußt. Aus allen unseren Erfahrungen heraus weiß ich jedoch, daß eine ›Märtyrerrolle‹ nur jenen gedanklichen Strömungen nützt, denen wir aufgrund unserer gemeinsamen politischen Überzeugungen stets entgegenzuwirken uns bemühen.«

Nun, denke ich. Man kann Vertreter »jener gedanklichen Strömungen« nicht strafrechtlich belangen, weil sie dann Märtyrer werden? Aber wer bin ich, über Kreisky zu urteilen. Nur eine Autorin, die die Geschichte ihres Vaters aufarbeitet, kein Jahrhundertpolitiker.

Zuletzt präsentieren mir die Akten einen Aktenvermerk von Christian Broda, der den Besuch des Obmanns der FPÖ notiert. Der Obmann habe mit dem deutschen Bundesaußenminister Hans-Dietrich Genscher telefoniert. Genscher habe sich sehr aufgeschlossen gezeigt, sei »keinesfalls ein Freund von Auslieferungen dieser Art« und hoffe, dass sich »eine formelle Entscheidung der Bundesregierung vielleicht überhaupt erübrigen könnte, wenn der italienischen Seite nahegebracht werden könne, die Auslieferung nicht weiter zu betreiben, bzw. ›einschlafen‹ zu lassen«.

Den größten Klopper aber sparen sich meine Akten bis ganz zum Schluss auf. Als ich schon denke, alles verstanden zu haben, präsentieren sie mir mit bedeutungsschwerer Miene einen vertraulichen Bericht des österreichischen Bundesministers für Inneres an Kreisky aus dem September 1981. Nur wenige Wochen nach Kienesbergers Verhaftung Ende Juli 1981 gibt der einen Überblick über Terrorfälle in den letzten Jahren in der Provinz Bozen und Erkenntnisse zu einer möglichen österreichischen Beteiligung …

Moment. Was war da los in Südtirol in den späten 1970ern und frühen 1980ern? Ich schaue auf die Zeittafel eines Standardwerkes zur Geschichte Südtirols und entdecke einen Anschlag am 31. März 1978 auf einen italienischen Soldatenfriedhof. Es ist der erste seit zehn Jahren. Es folgen Anschläge auf die Villa des Südtiroler Landeshauptmanns Silvius Magnago, auf faschistische Denkmäler, Baustellen von Volkswohnungen, Strommasten, Kasernen und Autonomie-Institutionen.

Irgendjemand war nicht zufrieden mit dem mühsam verhandelten Südtirolpaket.

Zurück zum Bericht des österreichischen Innenministeriums: Er hält fest, dass es nicht möglich sei, »konkrete Verantwortlichkeit« von Österreichern bei den Anschlägen nachzuweisen. Und er hält fest, dass sich in Nürnberg die »Kameradschaft ehemaliger Südtiroler Freiheitskämpfer« gebildet hat, die aktive Propaganda gegen Italien betreibe. Sie habe jede Verbindung zu den Attentaten dementiert. Zugleich gäbe es Quellen, die berichten, dass »[redacted] und Kienesberger die Inspiratoren der Attentate, die in den letzten Jahren in Südtirol verübt wurden, seien«.

Im August 1982 wird Peter Kienesberger aus der Auslieferungshaft entlassen, der Haftbefehl wird aufgehoben, und es werden keine Auflagen festgelegt.

3. Februar 1982, Bundesgerichtshof Karlsruhe

Der 3. Februar 1982 war unbestreitbar ein guter Tag für meinen Vater. Der Bundesgerichtshof hebt das Urteil gegen ihn, Kienesberger und Berger auf und gibt die Sache zur weiteren Verhandlung und Entscheidung an das Landgericht Bonn.

Die Strategie der zahllosen Beweisanträge, des ausführlichen Revisionsantrags hat verfangen. Im Falle meines Vaters wird die Inhaberin der Münchener Pension, die in den Ermittlungen nicht aufzufinden war, zum Gamechanger. In Karlsruhe befindet man, die Kölner hätten ihre Vernehmung nicht ablehnen dürfen. Auch wenn sie in Australien war, als das Verfahren lief, auch wenn sie bereits fünfundsiebzig Jahre alt war. Zwar träfe es zu, befindet der BGH, dass die Zeugin sich im Alter von fünfundsiebzig Jahren nach allgemeiner Lebenserfahrung nicht an einen Gast erinnern könne, der vor zwanzig Jahren bei ihr übernachtet haben will. Aber mein Vater oder sein Anwalt hatten auch beantragt, Einträge eines eventuell vorhandenen Gästebuchs vorlesen zu lassen. Und wenn es nun ein Gästebuch gegeben hätte, dann hätte es als Gedächtnisstütze wirken können, und die Zeugin hätte sich möglicherweise doch erinnert, »deshalb hält die Ablehnung des Beweisantrages der *rechtlichen Prüfung* nicht stand«.

Das Urteil gegen meinen Vater wird aufgehoben.

Peter Kienesberger und Frank Berger hatten sich unter anderem über den Vorgang beschwert, mit dem der befangene Schöffe im Zuge der Schöffen-Affäre ersetzt worden war. Die Beschwerde ging durch. Denn der erste Schöffe hatte bereits am 10. März Anlass zur Ablehnung gegeben, war aber erst am 12. März abgelehnt worden. Zu spät. So was muss unverzüglich passieren.

Ein paar Seiten widmet der BGH dem Vorwurf der »überlangen Verfahrensdauer«. Jaja, es ist ein komplizierter Stoff, ein Mitangeklagter flüchtig, ein zweiter in der DDR in Haft, internationale Verflechtungen, aber dennoch: es verstößt gegen Artikel 6 der Menschenrechtskonvention (Recht auf ein faires Verfahren), ein Verfahren sechseinhalb Jahre ruhen zu lassen. Das müsse bei der »Strafzumessung« berücksichtigt werden. Das Urteil wird aufgehoben und das Verfahren zur Neuverhandlung an das Landgericht Bonn gegeben.

In den Unterlagen meines Vaters habe ich einen Vermerk gefunden, den Kienesberger am 18. August 1980 dem Anwalt meines Vaters zukommen ließ und in dem es heißt: »Da ja nach Vorliegen des Aktes bei BGH die Bundesregierung zuständig ist und dorthin auch seitens Österreichs leichter Einfluß genommen werden kann …« Ich habe keinen Hinweis darauf, dass diese Einflussnahme stattgefunden hat, dass sie einen Einfluss auf die Entscheidung hatte, und kann und will das nicht behaupten. Aber man kann wohl daraus ableiten, dass Kienesberger der Meinung war, die österreichische Regierung sei in der Lage, Einfluss auszuüben.

Frühe 1980er-Jahre, Autobahn

Wie so viele westdeutsche Familien in den 1980ern sind wir oft mit dem Auto in die Ferien gefahren. Allerdings nicht nach Italien.

Pakete mit Proviant und gelbe Europa-Hörspielkassetten, von denen einmal einige in der Hitze unter der Heckscheibe geschmolzen sind. Mein Platz war hinten rechts. Wenn wir über die Autobahn fuhren, habe ich mir oft vorgestellt, dass ich ein Gerät besitze, das alles, was von Menschen gemacht wurde, verschwinden lässt. Ich stellte mir vor, wie ich es aus dem Fenster halte und sich alles verflüchtigt: Leitplanken, Schilder, Brücken, Raststätten. Übrig blieben nur Büsche und Bäume, Blumen und Tiere.

Wenn wir unserem Ziel näher kamen, verließen wir die Autobahn und fuhren über schmale Straßen in Richtung Berge. Immer in Richtung Berge. Haarnadelkurven, Übelkeit bei uns Kindern, Anhalten auf einem Parkplatz, meine Mutter, die mit mir so lange spazieren ging, bis es mir besser ging. Dann weiter auf der schmalen Straße mit der durchgezogenen Linie in der Mitte. Rechts und links Bäume, dann eine Wiese, ein flaschengrüner Fluss, ein See, auf der anderen Seite Felsen. Neben mir tauchten dreieckige rot-weiße Schilder auf, die vor Steinschlag warnen. Verstörend. Was soll man mit der Information anfangen, dass jederzeit ein riesiger Felsbrocken auf das Autodach fallen kann? Damals habe ich das nicht hinterfragt. Ich habe hingenommen, dass vor einer Gefahr gewarnt wird, auf die man nicht reagieren kann. Steinschlag von oben. Unvorhersehbar, schnell und ohne Ankündigung. Ich sprach nie über die Schilder.

Manchmal, wenn es spät wurde, legte ich mich in den Fußraum. Meine Schwester lag auf der Rückbank. Nicht in den Haarnadelkurven der Landstraßen, auf der Autobahn. Die Mulden im Fußraum waren mit Gepäck und Decken ausgefüllt, sodass sich eine fast glatte Fläche bildete. Ich spürte die Vibration, sah die Lampen der Autobahnbeleuchtung in den Seitenfenstern auftauchen und wieder verschwinden, und es hätte gemütlich sein können, wenn ich nicht Angst gehabt hätte, dass das Auto während der Fahrt auseinanderbrechen könnte. Mein Kopf produzierte Bilder, was dann geschehen würde. Mit den Europa-Kassetten, dem Proviant, den Koffern, mit uns.

Irgendwann habe ich meinem Vater von dieser Angst erzählt. Er hat sich meine Befürchtungen ruhig angehört und mir dann versichert, das könne nicht passieren. Das Auto werde regelmäßig gründlich vom TÜV geprüft, um genau solche Dinge auszuschließen. Nach diesem Gespräch war ich voller Vertrauen. In den TÜV, das Auto und in meinen Vater.

5. Oktober 1982, Bonn

Das Verfahren wird eingestellt. In der Begründung der Staatsanwaltschaft heißt es, die Strafen würden wohl im Falle einer weiteren Verurteilung deutlich geringer ausfallen, da der BGH auf die überlange Verfahrensdauer und die daraus resultierende Strafminderung hingewiesen hätte. Außerdem könne im Falle einer neuen Verhandlung erst 1983 mit der Hauptverhandlung begonnen werden, und sie würde dann wohl sehr lange dauern. Daher gäbe es Zweifel, ob eine Fortführung des Verfahrens »von Verfassungs wegen statthaft« sei, da laut Verfassung ein Verfahren mit »der gebotenen Beschleunigung« durchgeführt werden müsse. Und wenn etwas gegen die Verfassung verstößt, dann steht das dem öffentlichen Interesse entgegen. Also Einstellung nach § 153c.

Oh ja, ich habe eine Vorstellung, wie mein Vater triumphiert hat. Er hat durchgezogen, er hat recht bekommen, er hat gesiegt. Er muss sich gefühlt haben wie Siegfried in seiner Drachenhaut.

Was halte ich von dieser Einstellung? Ich habe keine Hinweise auf Hintergrundaktivitäten gefunden. Was nicht heißt, dass es keine gab. Und ja, es war ein langes Verfahren. Dennoch: es ist jemand gestorben, Menschen wurden verletzt. Niemand wurde dafür bestraft. Schuld ohne Sühne. Weiß das die Tochter von Gaspare E.? Wäre es leichter für sie, wenn es anders wäre? Ich nehme es an. Und vielleicht stünde dann unter dem Namen ihres Vaters in der Ausstellung in Bozen nicht diese absurde Geheimdiensttheorie.

Was danach geschah

Am 7. Dezember 1982, gut zwei Monate nach der Einstellung, wurde in Nürnberg gegen Peter Kienesberger wegen Verstößen gegen das Kriegswaffengesetz verhandelt. Er wurde zu achtzehn Monaten Haft verurteilt, und die Strafe wurde zur Bewährung ausgesetzt. Das Gericht stellte fest, dass er eine Eierhandgranate, vier Maschinenpistolen, vier Reizstoffwurfkörper, zwei mit Sprengstoff gefüllte Konservendosen, zweiundachtzig Patronen und diverses Feuerwerk in der Wohnung eines Bekannten gelagert hatte. Dass er vorbeigekommen war, um die Waffen zu putzen.

Strafmildernd wirkte sich aus, dass Kienesberger »nicht bzw. nicht in relevanter Weise vorbestraft« war, dass er in »sozial gesicherten Verhältnissen« lebte und dass die Waffen »offenbar nicht für kriminelle Zwecke verwendet werden sollten«. Ein »Abgleiten in die eigentliche Kriminalität steht nicht zu befürchten«, befand das Gericht. Auch, dass er die Waffen von einem »›Kameraden‹ aus der Zeit des Südtiroler Widerstands empfangen hatte« und er eine »besondere emotionale Beziehung« zu ihnen hatte, sie »nicht einfach aus der Hand geben« wollte, war strafmildernd berücksichtigt worden.

Aus all diesen Gründen wurde das Urteil zur Bewährung ausgesetzt. Erstaunlich.

Im Mai 1983 wurde auch das Verfahren gegen meinen Onkel eingestellt. Das Gericht führte die gleichen Gründe an wie bei den anderen Angeklagten.

Mein Onkel verließ Südafrika und kehrte zurück in die BRD.

Mein Vater hat im Mai 2003 erfahren, dass seine Taten nun auch in Italien verjährt sind und nicht mehr nach ihm gefahndet wird. Er hat eine Anwaltskanzlei in Mailand beauftragt, ihm die entsprechenden Unterlagen zu besorgen. Er hat sich außerdem erkundigt, ob er davon ausgehen konnte, dass die italienische Polizei über die Einstellung informiert ist. Von da an reiste er wieder nach Südtirol. Gerne im Herbst, zum Wandern. Ich war ein paarmal dabei und habe eine lebenslange Liebe zu Südtirol im Herbst davongetragen. Der Nebel, der lange in den Fichten hängt, der nach Pilz duftende Wald, die Nadeln der Lärchen golden im Sonnenlicht, abends am Stehtisch Spritz trinken und Maroni essen.

Mein Vater war auch in Südtirol oft angespannt, wie immer. Er war überfordert mit seinem Kartenmaterial, mit den unterschiedlichen Symbolen der Wanderwege, wollte sich aber auch nicht von mir führen lassen. Einmal reagierte er erstaunlich gelassen, als er von einem grummeligen Hüttenwirt angemotzt wurde. Ich war erstaunt. Normalerweise reagierte er mit Zähnen und Klauen auf solche Angriffe. Heute frage ich mich, ob er in dem Hüttenwirt den alten Kampfgenossen vermutet hat oder das Opfer von Übergriffen oder ob er das stolze »deutsche Bauerntum« in ihm gesehen hat.

Eine dieser Reisen wäre eine schöne Gelegenheit gewesen für die Wahrheit. »Weißt du, Traudl, ich muss dir etwas erzählen …« Ich wäre nicht einverstanden gewesen mit dem, was er mir erzählt hätte. Nicht mit der Tat, nicht mit der Motivation. Bücher, Korrespondenzen, Tonbänder und ein Ehrendolch der SS sind meine Zeugen: Mein Vater war bis an sein Lebensende rechtsradikal. Keineswegs geläutert wie Manfred Schröder, keineswegs gemäßigt, wie ich meinen Onkel erlebe.

Aber dennoch, wenn er sein Schweigen gebrochen hätte, dann hätte er mir seine Geschichte erzählt. Ich hätte so gerne von ihm gehört, dass er nie die Absicht hatte, jemanden zu töten. Ich hätte ihn so gerne gefragt, was er von Menschen hält, die Gewalt anwenden, um ihre politischen Ziele zu erreichen. Vielleicht hätte er »Ich denke, die Leute sind nicht ganz dicht« gesagt, wie mein Onkel es getan hat.

Es wäre schön gewesen, das zu hören.

Wenn er mir in Südtirol, in einer getäfelten Wirtsstube, an einem Gipfelkreuz oder auf einem Waldweg alles erzählt hätte, dann hätte ich ihn fragen können, wie er mit der Schuld lebt.

So wie die Dinge liegen, konnte ich auch das nur meinen Onkel fragen. »Da kriege ich Gewissensbisse, wegen der Opfer«, hat der geantwortet.

Hatte mein Vater Gewissensbisse? Ich weiß es nicht. Denn er hat nie auch nur das kleinste Wort darüber verloren.

Hat er so eisern geschwiegen, um sein schlechtes Gewissen zu ignorieren? War es das Schweigen des davongekommenen Täters? War es ein unbelehrbares Schweigen? Oder war es eine Möglichkeit, die Schuld nicht einzugestehen? Mir nicht, meiner Schwester nicht, meiner Mutter und seinen Freunden nicht und auch nicht sich selbst?

Wenn es so war, was war der Preis dafür? Er konnte sich niemals jemandem anvertrauen. Er konnte nie um Vergebung bitten.

Und so stand immer etwas zwischen uns. Nicht nur seine unsäglichen Ansichten, auch dieses Schweigen bzw. das, was es ummantelte. Ich habe es immer gespürt. Als er meine verschwundenen Kuscheltiere suchte. Als er mich Vokabeln abhörte. Als er mit mir zu einem Konzert der Band »Erste Allgemeine Verunsicherung« ging. Als wir in einem kleinen Castle in Cornwall zwei Stücke Torte aßen. Als wir zusammen einen Stadtbaum in Köln gossen, um den ich mir Sorgen machte. Als wir gemeinsam im Sonnenuntergang im Mittelmeer schwammen.

Hätte ich es meinem Vater gesagt, wenn ich die Gelegenheit gehabt hätte? Dass ich die Aggression unverzeihlich finde, dass ich die rechte Menschenverachtung unverzeihlich finde. Dass ich ihn liebe. Trotz allem.

Ich weiß es nicht.

Es wäre einfacher, wenn es einfacher wäre.

Nachwort

Dies ist die Geschichte meines Vaters. Es ist meine und die meiner Familie. Aber es ist auch die Geschichte Deutschlands und Südtirols. Ein kleiner Ausschnitt, eine kleine Zeitspanne in der langen und turbulenten Historie dieses Landes und dieser Region – aber alles andere als ein Fliegenschiss.

Wie ist es weitergegangen? In Südtirol? In Deutschland? Man könnte darüber viele weitere Bücher schreiben. Das werde ich nicht tun. Aber ich will den Status quo beschreiben. Aus meiner Perspektive und zu dem Zeitpunkt, als ich dieses Buch beende.

Dazu besuche ich im Frühjahr und Sommer 2023 zwei Orte, die für diese Geschichte zentral sind: Bozen und Berlin. Ich laufe mit dem Journalisten und Südtirol-Experten Christoph Franceschini und dem Rechtsextremismusforscher Gideon Botsch durch diese Städte. In Berlin fahren wir außerdem Tram und S-Bahn und einmal trampen wir. Wir suchen Orte auf, die in dieser Geschichte eine Rolle spielen: das Rote Rathaus, das Gerichtsgebäude in der Littenstraße, das Ministerium für Außenhandel und Innerdeutschen Handel, wo Manfred Schröder 1963 seine Sprengsätze ablegte. Den Glienicker Volkspark, in dem der Bund Nationaler Studenten 1960 eine Sonnenwendfeier abhielt. Das Hotel Weißes Rössl in Bozen, in dem im Oktober 1962 vier Männer abstiegen, das Istituto Galilei Galileo, vor dessen Portal ein Sprengsatz gefunden wurde. Ich spreche mit den beiden Experten, die mir immer wieder wichtige Impulse gegeben haben. Wie sieht die Situation heute aus? Wo stehen wir? Frage ich sie und mich.

Ich komme an einem wunderschönen Frühlingstag mit dem Zug in Bozen an und gebe meinen Koffer im Bahnhof ab. Als Kölnerin bin ich nicht verwöhnt von intakten historischen

Straßenzügen, und obwohl ich schon einige Male in Bozen war, bin ich so geflasht von den neobarocken Bauten, den Laubengängen und Fresken, dass ich die Spuren des Faschismus fast übersehe. Aber sie sind da: der Justizpalast, das Siegesdenkmal. Abweichend, anders. Zugleich wirken sie eingehegt und stören den Gesamteindruck kaum. Ein satter, prächtiger und friedlicher Eindruck: die Sonne freundlich, die Platanen saftig, die Mauersegler zahlreich, die Knödel und Pasta in friedlicher Koexistenz auf den Speisekarten, das Deutsch und Italienisch in den Straßen, die Dolomiten seit 250 Millionen Jahren genau hier.

»Es ist so schön in Bozen«, sage ich zu Christoph Franceschini. Kaum vorstellbar sei es, dass hier vor sechzig Jahren ein Konflikt blutig ausgetragen wurde. Derzeit sei alles sehr befriedet, antwortet er. Der Reichtum der Provinz sei einer der Gründe. Südtirol sei eine der reichsten Regionen Europas. Das decke viel zu. Wieder daheim werde ich noch einmal nachlesen: seit dem zweiten Autonomiestatut bleibt ein Großteil der Steuereinnahmen in der Region.

Christoph Franceschini und ich gehen über eine Brücke über die mineralisch grün leuchtende Talfer, und Franceschini sagt, es käme dennoch immer wieder zu kleinen Spannungen und Reibereien zwischen den Sprachgruppen. Und dass er befürchte, die Konflikte könnten schnell wieder aufbrechen, sollte die finanzielle Situation sich verschlechtern.

Ich gehe noch ein paar Stunden durch Bozen. Ich freue mich über Elektrobusse, Fairtrade-Mode und das Kulturprogramm. Lange stehe ich vor dem Istituto Galilei Galileo und dem ehemaligen Hotel Weißes Rössl. Das Istituto ist heute eine technische Oberschule. Ein Erweiterungsbau wurde 2022 abgeschlossen. Das Portal und die Treppe sind aber noch dieselben wie in den 1960ern. Das Weiße Rössl ist nur noch ein Restaurant. Hier kann kein Fremder mehr übernachten, und es werden keine Gästebücher mehr geführt. Aber die

Fassadenmalerei und das Wirtshausschild sind exakt die, die mein Vater 1962 gesehen haben muss. Und doch weht mich kein Hauch von Geschichte an, als ich vor diesen Gebäuden stehe. Die Elektrobusse, die Fairtrade-Mode, das Kulturprogramm – sie sind Requisiten meiner Welt, sie verstellen mir den Zugang zu der meines Vaters.

In Berlin wird gebaut. Rund um den Alex, wo ich mit Gideon Botsch verabredet bin, ist der Baulärm lauter als der Verkehr. Am Roten Rathaus und am Gerichtsgebäude in der Littenstraße versperren Zäune den Blick auf die Fenster, an denen Manfred Schröder seine Sprengsätze ablegte. Das Ministerium für Außenhandel ist kernsaniert und heißt heute Otto-Wels-Haus. Abgeordnete haben hier ihre Büros. Kapitalismus, Wiedervereinigung und Gentrifizierung sind über Schröders Tatorte hinweggefegt. Aber nicht nur das: Diese laute, volle und sehr bunte Stadt scheint im Sommer 2023 insgesamt nichts mehr gemein zu haben mit dem Berlin der Trümmer, der Bauzäune und leeren Straßen, das die kühlen, schwarz-weißen Tatortfotos der Stasi zeigen.

Auf dem Weg zum Volkspark Glienicke kommen wir an der Glienicker Brücke vorbei. Das Bild der »Agentenaustauschbrücke« mit ihrer Stahlkonstruktion hat sich ins kollektive Gedächtnis eingegraben, auch in mein individuelles. Ein Hauch von Geschichte, medial geformt. Der Park ist still und angenehm schattig. Links von uns der Jungfernsee, vereinzelte Badende. Hier sind in den vier Jahrzehnten DDR Menschen in den Westen geflohen. Hier traf sich 1960 der Bund Nationaler Studenten zu einer Sonnenwendfeier. Laut Gideon Botsch war dieser Ort damals symbolträchtig für junge Rechtsradikale: die Teilung Deutschlands, das »Unrechtsregime«, die »Fremdherrschaft« in Sichtweite. Zudem war es ein entlegener Ort voller dichtem Wald, noch nicht gartenarchitektonisch restauriert wie heute, so führt er weiter aus. Geschützt von Einsamkeit und Unterholz sei es der ideale Schauplatz gewesen, für das Entzünden von Fackeln, das Singen von Kampfliedern, das Einschwören auf den Kampf für Deutschland. Auch in den folgenden Jahren und Jahrzehnten habe es Rechtsradikale immer wieder hierher gezogen, so Gideon Botsch. Er beschreibt mir Symbole und Parolen, die heute verwittert sind, die er aber als Kind und junger Mann noch gesehen hat. Parolen wie »Danzig, Königsberg, Stettin sind deutsche Städte«.

Als wir die Stelle erreichen, wo im Januar 1960 Fackeln entzündet und Lieder gesungen worden sind, beschreibt Gideon Botsch die rechtsradikale Szene im Westberlin der 1960er, ihr Selbstbewusstsein, ihren Trotz, ihren Willen loszuschlagen.

Irgendwann kommen wir auf die Frage, wie das Gewaltpotenzial der rechtsradikalen Szene heute einzuschätzen ist. Gideon Botsch beschreibt eine Situation, in der die Radikalisierung oft im Internet stattfindet und die im Polizeijargon als »unspezifisch konkrete hohe Gefährdungslage« bezeichnet wird. Antisemitismus und Rassismus seien weiterhin auf einem hohen Niveau. Neu sei die Hetze gegen Klimaaktivistinnen und -aktivisten, gegen Wissenschaftlerinnen und Wissenschaftler bis hin zu niedergelassenen Ärztinnen und Ärzten. »Das ist eine Ausweitung der Kampfzone, die schon frappierend ist.«

Unter den Sohlen meiner Flipflops knistert trockenes Laub, ein Motorboot stört die Stille. Hinter dem Jungfernsee liegt Potsdam. Wenn man heute vom Glienicker Volkspark nach Osten schaut, ist kein geteiltes Land mehr zu sehen. Man sieht ein freies Land, das von Demokratie und Handel profitiert hat. Und dennoch bezeichnen es Rechtsradikale als Unrechtsregime, als Fremdherrschaft, etabliert und kontrolliert von politisch korrekten Gender-Fanatiker:innen und grünen Landesverräter:innen.

Die Parolen im Glienicker Volkspark sind verwittert. Die Hetze hat andere dunkle Orte gefunden. Auch ich fürchte, dass wieder jemand ein Gewehr in die Hand nehmen könnte. Oder einen Sprengsatz.

Köln, August 2023

Dank

Immer wenn ich am Zustand der Welt verzweifele, denke ich an die Unterstützung, die ich bei der Arbeit an diesem Projekt bekommen habe. Von Institutionen, vor allem von Menschen.

Als Erstes möchte ich all den fantastischen Archivaren und Archivarinnen danken, die Bestände durchforstet und Anträge bearbeitet haben. Ein ganz besonders herzlicher Dank geht an Sabine Eibl aus dem Landesarchiv Nordrhein-Westfalen und an Christian Schwack aus dem BStU.

Ich danke dem Fritz Bauer Institut und seinen Mitarbeiter:innen. Ohne sie hätte ich diese Reise nicht antreten können. Ich danke dem Literaturhaus Köln und der Stadt Köln, der Kunststiftung NRW und dem Ministerium für Kultur und Wissenschaft des Landes Nordrhein-Westfalen.

Ein Riesendank geht an Jutta Doberstein: Du warst und bist eine unfehlbare Begleiterin, Diskussionspartnerin und Dramaturgin und nebenbei auch eine ziemlich versierte Zaunbauerin. Danke an Paula Schwarze für unbezahlbare Hilfe bei der Organisation und Recherche, an Dennis Straub, Morris Kappes, Hannah Burgmann, Karlotta Krüger und Jan Schröder. Und an Melanie Andernach.

Danke an Gideon Botsch für die Informationen, die Einschätzungen, den moralischen Support und eindrucksvolle Wege durch Berlin. Du hast dir den Titel des Expeditionsführers durch die rechte Szene mehr als verdient. Danke an Christoph Franceschini, der mir kostbare Antworten gegeben hat, sogar wenn Landtagswahl war. Danke an Enrico Heitzer, Johannes Tuchel und Menno Metselaar.

Ich danke meinem wunderbaren Agenten Alfio Furnari für das Vertrauen in dieses Projekt und die unerschütterliche Ruhe in jeder Phase. Auch Tobias Philippen und Isabel Platthaus danke ich schon an dieser Stelle.

Einen besonders großen Dank an meine Lektorin Ilka

Heinemann, die nie den Überblick verloren hat, nicht über Decknamen, nicht über pinke oder blassrosa Aktendeckel. Und die nie den Glauben daran verlor, dass dies hier tatsächlich ein Buch wird.

Ich danke Sven Krüger fürs Rechtschaffen, Martin fürs Autorinnenempowerment, Helge fürs jährliche Nachfragen im Kneipenkarneval und noch mal Martin, für Pizza. Ich danke Jan für musikalische Sozialisation und den schönsten Satz, Corinna für Loyalität, Klugheit und große Kunst. Danke an Petra und Kerstin, zwei der sechs unverzichtbaren Freunde und Freundinnen. An Mela, Kerstin, Rania, Susanne und Sarah. Ich danke Jan für Freundschaft, Rat und Schnaps in stürmischen Zeiten. Marc für Zeitreisen in die 80er und für »Don't Stop Believin'«. Ich danke Tillman, Babsi und Silke, Mori und Lulu.

Ich danke meiner Therapeutin. Ich hätte das Ziel dieser Reise nicht erreicht ohne Sie.

Danke meinem Onkel für die Antworten. Und Manfred Schröder.

Ich danke meinem Mann. Fixstern, Boje und vieles mehr. Ich wäre verloren und würde untergehen. Ich hoffe wirklich, irgendwann wird es mal langweilig. Und ich danke meinen Kindern. Ihr habt mehr geholfen, als ihr ahnt.

Mein größter Dank gebührt meiner Schwester und meiner Mutter. Ohne Euer Vertrauen, Eure Liebe, Klugheit und Euren Mut hätte ich nicht eine einzige Zeile schreiben können.

Literaturverzeichnis

Primärliteratur

Fink, Fritz: Die Judenfrage im Unterricht, Der Stürmer/Abteilung Buchverlag, Nürnberg 1937.

Kienesberger, Peter/Alois M. Euler: Sie nannten uns Terroristen. Freiheitskampf in Südtirol. Wien: Südtirol-Informations-Zentrum 1971.

Rüdiger Schütte: Wir bekennen ... Wir glauben ... Wir sind bereit. 15 Jahre heimattreue Jugendbewegung, 1951/1966. Braunschweig: Bund Heimattreuer Jugend 1967.

Sekundärliteratur

Botsch, Gideon: »Taten statt Worte«. Das Attentat in der Geschichte rechtsextremer Gewalt 1919–2019. In: Martin Sabrow (Hrsg.): Attentat und Gesellschaft. Göttingen: Akademische Verlagsanstalt 2023, S. 141–161.

Botsch, Gideon: Die »Hakenkreuzschmierwelle« 1960 und das Verbot des Bundes Nationaler Studenten. In: Zeitschrift für Geschichtswissenschaft, 65. Jahrgang 2017, Heft 10, 855–874.

Botsch, Gideon: Die extreme Rechte in der Bundesrepublik Deutschland 1949 bis heute. Darmstadt: Wissenschaftliche Buchgesellschaft 2012.

Botsch, Gideon/Friedrich Burschel/Christoph Kopke/Felix Korsch: Rechte Ränder. Faschismus, Gesellschaft und Staat. Berlin: Verbrecher Verlag 2023.

Botsch, Gideon/Josef Haverkamp: Jugendbewegung, Antisemitismus und rechtsradikale Politik. Vom »Freideutschen Jugendtag« bis zur Gegenwart. Berlin/Boston: Walter de Gruyter 2014.

Bundesregierung Bonn (Hrsg.): Die antisemitischen und nazistischen Vorfälle. Weißbuch und Erklärung der Bundesregierung. Bonn 1960.

DDR-Justiz und NS-Verbrechen. Sammlung ostdeutscher Strafurteile wegen nationalsozialistischer Tötungsverbrechen. Das

Urteil gegen Hans Josef Maria Globke. Amsterdam: University Press 2003.
Dudek, Peter/Hans-Gerd Jaschke: Entstehung und Entwicklung des Rechtsterrorismus in der Bundesrepublik. Zur Tradition einer besonderen politischen Kultur. Opladen/Leverkusen: Westdeutscher Verlag 1984.
Feit, Margret: Die »Neue Rechte« in der Bundesrepublik. Organisation – Ideologie – Strategie. Frankfurt/Main: Campus Verlag 1987.
Flessau, Kurt-Ingo: Schule der Diktatur. Lehrpläne und Schulbücher des Nationalsozialismus. Frankfurt/Main: S. Fischer 1984.
Franceschini, Christoph: Bruno Kreisky und die Attentäter. Mythos und Wirklichkeit. In: Pfeifer, Gustav, Maria Steiner: Bruno Kreisky und die Südtirolfrage/Bruno Kreisky e la questione dell'Alto Adige. Veröffentlichungen des Südtiroler Landesarchivs. Bozen: Raetia Verlag 2017, S. 123–152.
Franceschini, Christoph: Geheimdienste, Agenten, Spione. Südtirol im Fadenkreuz fremder Mächte. Band 1. Bozen: Raetia Verlag 2020.
Franceschini, Christoph: Segretissimo – Streng geheim! Südtirol im Fadenkreuz fremder Mächte. Band 2. Bozen: Raetia Verlag 2021.
Hans Karl Peterlini: Südtiroler Bombenjahre. Von Blut und Tränen zum Happy End? Bozen: Raetia Verlag 2005.
Koop, Volker: Rudolf Höß: Der Kommandant von Auschwitz. Eine Biographie. Köln/Weimar/Wien: Böhlau Verlag 2014.
Mecklenburg, Jens (Hrsg.): Handbuch deutscher Rechtsextremismus. Berlin: Elefanten Press 1996.
Moré, Angela: Die unbewusste Weitergabe von Traumata und Schuldverstrickungen an nachfolgende Generationen. Journal für Psychologie. Jg. 21 (2003), Ausgabe 2.
Lemke, Michael: Kampagnen gegen Bonn. Die Systemkrise der DDR und die West-Propaganda der SED 1960–63. In: Vierteljahresschrift für Zeitgeschichte, Jg. 41 (1993), H. 2, 153–174.
Ortmeyer, Benjamin: Schulzeit unterm Hitlerbild. Analysen, Berichte, Dokumente. Frankfurt/Main: S. Fischer 1996.
Pfeifer, Gustav, Maria Steiner: Bruno Kreisky und die Südtirolfrage/Bruno Kreisky e la questione dell'Alto Adige. Veröffentlichungen des Südtiroler Landesarchivs. Bozen: Raetia Verlag 2017.

Riegler, Thomas: »Werwölfe«, Geheimbündler und Südtirol-»Bumser«. Die Anfänge des Rechtsterrorismus in Österreich. JIPSS, Vol. 10, Nr. 2/2016, S. 81–118.

Riegler, Thomas: »Wir setzen uns rein und mischen da richtig mit.« Die DDR-Staatssicherheit und der Südtirolkonflikt. Zeitgeschichte 3, Jg. 40 (2013), S. 166–181.

Speckner, Hubert: »Zwischen Porze und Roßkarspitz …«: Der »Vorfall« vom 25. Juni 1967 in den österreichischen sicherheitsdienstlichen Akten. Schorndorf: Gra & Wis 2013.

Steurer, Leopold: Südtirol zwischen Rom und Berlin 1919–1939. Wien: Europaverlag 1980.

Steurer, Leopold: Südtirol 1943–1946. Von der Operationszone Alpenvorland zum Pariser Vertrag. In: Heiss, Hans/Gustav Pfeifer (Hrsg.): Südtirol – Stunde Null? Kriegsende 1945–1946, Innsbruck/Wien/München: Studienverlag 2000, S. 52–53.

Steininger, Rolf: Südtirol zwischen Diplomatie und Terror 1947–1969. Darstellung in drei Bänden. Bd. 1: 1947–1959. Bozen: Athesia 1999.

Steininger, Rolf: Südtirol zwischen Diplomatie und Terror 1947–1969. Darstellung in drei Bänden. Bd. 2: 1960–1962. Bozen: Athesia 1999.

Steininger, Rolf: Südtirol zwischen Diplomatie und Terror 1947–1969. Darstellung in drei Bänden. Bd. 3: 1962–1969. Bozen: Athesia 1999.

Steinke, Ronen: Terror gegen Juden. Wie antisemitische Gewalt erstarkt und der Staat versagt. Eine Anklage. Berlin: Berlin Verlag 2020.

Virchow, Fabian: Nicht nur der NSU. Eine kleine Geschichte des Rechtsterrorismus in Deutschland. Erfurt: Landeszentrale für politische Bildung Thüringen 2016.

Weidinger, Bernhard: »… daß deutscher Boden deutsch bleibt.« Österreichische Burschenschaften und der Südtirol-Konflikt nach 1945. Aus: Pallaver, Günter/Giergio Mezzalira (Hrsg.): Der identitäre Rausch. Bozen: Raetia Verlag 2019, S. 57–69.

Medienberichte

Aisslinger, Moritz/Christian Fuchs/Astrid Geisler/Malte Henk/Paul Middelhoff/Daniel Müller/Yassin Musharbash/Karsten Polke-Majewski/Holger Stark/Tanja Stelzer/Wolfgang Uchatius: Die lange Spur des rechten Terrors. 26.2.2020. https://www.zeit.de/2020/10/rechtsterrorismus-rechtsextremismus-gewalt-deutschland, abgerufen am 20.10.2023.

Bargh, John: At Yale we conducted an experiment to turn conservatives into liberal. The results say a lot about political divisions. https://www.washingtonpost.com/news/inspired-life/wp/2017/11/22/at-yale-we-conducted-an-experiment-to-turn-conservatives-into-liberals-the-results-say-a-lot-about-our-political-divisions/, abgerufen am 2.8.2021.

Grill, Bartholomäus/Fritz Schaap: Gangs, Korruption, Zerfall. Wie Südafrika kaputtgeht. 2.9.2023. https://www.spiegel.de/ausland/suedafrika-wie-sich-das-land-durch-gangs-korruption-und-zerfall-zum-failed-state-entwickelt-a-50754c02-3f18-4ec2-b257-1aecf793f68a, abgerufen am 20.9.2023.

Rosbach, Jens: Vom Rabbinersohn zum antisemitischen SED-Propagandisten. https://www.deutschlandfunkkultur.de/vom-rabbinersohn-zum-antisemitischen-sed-propagandisten-100.html, abgerufen am 13.1.2023.

Kühle, Alex: Sie sind wieder da. Aber eigentlich waren sie nie weg. Die Historikerin Barbara Manthe erforscht die Kontinuitäten rechtsextremer Gewalt. Süddeutsche Zeitung Nr. 49, 28.2.2020.

NN: »Vertriebenenminister Krüger tritt zurück«. FAZ, 1.2.1964.

NN: »Es lebe der Faschismus«. Der Spiegel, 41/1980, 5.10.1980.

NN: Opferzahlen in Rheinwiesenlagern waren um ein Vielfaches niedriger. Presseportal 28.2.2020, https://www.presseportal.de/pm/133833/4533754, abgerufen am 19.10.2023.

NN: Tritte in der Nacht. Der Spiegel, 5/1962, 30.1.1962.

Riegler, Thomas: Wie der US-Geheimdienst Ex-Nazis anheuerte und so die FPÖ-Gründung förderte. Profil, 4.12.2013. https://www.profil.at/oesterreich/wie-der-us-geheimdienst-ex-nazis-anheuerte-und-so-die-fpoe-gruendung-foerderte/400864754, abgerufen am 18.10.2023.

Steinmayer, Jochen/Rolf Gillhausen: Die DDR von innen. Unter Holzhammer und Sichel, Stern Nr. 48, 1.12.1963

Wrede, Jesko: Nicht bloß harmlose Pfadfinder. Völkische Jugendbünde, https://www.bpb.de/themen/rechtsextremismus/dossier-rechtsextremismus/229984/nicht-bloss-harmlose-pfadfinder-voelkische-jugendbuende, abgerufen am 12.3.2023.

Internetquellen

https://autonomie.provinz.bz.it/de/das-autonomiestatut, abgerufen am 20.10.2023.

https://bas.tirol/opfer/, abgerufen am 16.10.2023.

https://dejure.org/gesetze/StPO/153c.html, abgerufen am 12.6.2023.

https://dserver.bundestag.de/btp/04/04097.pdf, abgerufen am 13.8.2023.

https://www.freiburg-postkolonial.de/Seiten/Zeller-Reiterdenkmal-1912.htm, abgerufen am 1.10.2023.

Quellenverzeichnis

Behörde des Bundesbeauftragten für die Unterlagen des Staatssicherheitsdienstes der ehemaligen DDR (Stasi-Archiv)

BArch, MfS, AIM Nr. 4691, Nr. 91, Bd. 1–8
BArch, MfS, AIM Nr. 868, Nr. 91, Bd. 1
BArch, MfS, AOP Nr. 8854, Nr. 68, Bd. 1, 4
BArch, MfS, AOPK Nr. 25579, Nr. 91, Bd. 1–2
BArch, MfS, AP Nr. 6044, Nr. 91
BArch, MfS, AP Nr. 8993, Nr. 82, Bd. 7, 9
BArch, MfS, AU Nr. 13107, Nr. 64, Bd. 1–11
BArch, MfS, AU Nr. 17523, Nr. 64, Bd. 1–19
BArch, MfS, AU Nr. 17523, Nr. 64, Bd. 5–9
BArch, MfS, DOS Nr. 3423, Nr. 92
BArch, MfS, HA, Nr. IX Nr. 11, Nr. AS 5, Nr. 69
BArch, MfS, HA, Nr. IX Nr. 1803
BArch, MfS, HA, Nr. IX Nr. 18685
BArch, MfS, HA, Nr. IX Nr. 5018
BArch, MfS, HA, Nr. IX, RF Nr. 19834
BArch, MfS, HA, Nr. IX, RF Nr. 19836
BArch, MfS, HA, Nr. II Nr. 40788
BArch, MfS, HA, Nr. IX Nr. 24781
BArch, MfS, HA, Nr. IX Nr. 3385
BArch, MfS, HA, Nr. XX Nr. 515
BArch, MfS, HA, Nr. XXI Nr. 1043
BArch, MfS, HA, Nr. XXII Nr. 1436
BArch, MfS, HA, Nr. XXII Nr. 5529, Nr. 5
BArch, MfS, KS Nr. 6453, Nr. 90
BArch, MfS, ZAIG Nr. 10744
BArch, MfS, ZAIG Nr. 10745
BArch, MfS, ZAIG Nr. 10758
BArch, MfS, ZAIG Nr. 10761
BArch, MfS, ZAIG Nr. 10866, T, Nr. 1

Bundesarchiv Koblenz

BArch, DP 1-BILD, Nr. 172
BArch, B141, Nr. 12757
BArch, B141, Nr. 30831
BArch, B141, Nr. 35218
BArch, B141, Nr. 35219
BArch, B141, Nr. 35220
BArch, B141, Nr. 35221–23
BArch, B141, Nr. 521062
BArch, B237, Nr. 12065
BArch, B237, Nr. 184455
BArch, B237, Nr. 45579
BArch, B285, Nr. 5564
BArch, B305, Nr. 24522
BArch, B362, Nr. 6606
BArch, B453, Nr. 341, 1–3

Historisches Archiv der Universität Köln

UAK, 28 Nr. 860
UAK, 8 Nr. 58

Landesarchiv Berlin

LAB, Rep. 002 Nr. 13327
LAB, Rep. 002 Nr. 13335
LAB, Rep. 002 Nr. 9943
LAB, Rep. 004 Nr. 1655
LAB, Rep. 004 Nr. 3605
LAB, Rep. 020 Nr. 9607
LAB, Rep. 058 Nr. 4855
LAB, CRep. 736 Nr. 67
LAB, CRep. 902 Nr. 1266
LAB, DRep. 258_02 Nr. 5180

Landesarchiv NRW

LAV NRW R, NW 0875 Nr. 14362
LAV NRW R, BR Nr. 2206
LAV NRW R, Ger Rep. 248 Nr. 387–96
LAV NRW R, Ger Rep. 248 Nr. 409–515
LAV NRW R, Ger Rep. 248 Nr. 396
LAV NRW R, Ger Rep. 248 Nr. 293–94
LAV NRW R, Ger Rep. NW Nr. 212, 214
LAV NRW R, Ger Rep. 231 Nr. 1405–6
LAV NRW R, Ger Rep. BR 2206 Nr. 2

Literaturarchiv Marbach

DLA Marbach, A: Grimm, Hans: Hans Grimm an Höhne, Brief vom 26. April 1958.

Politisches Archiv des Auswärtigen Amtes

PA AA, B305 Nr. 24522
PA AA, B453 Nr. 341 Bd. 2
PA AA, B 24 Nr. 533
PA AA, B 25 Nr. 579
PA AA, B 24 Nr. 488

Staatsarchiv Nürnberg

StANu, AU 115

Stiftung Bruno Kreisky Archiv

StBKA, KA, Nr. VII, Box 1, Nr. M, 42

Tiroler Landesarchiv

TLA, VR757 Nr. 66 Karton 1–6
TLA ATLR Referat Südtirol Karton 5, 7, 12, 13

Anmerkungen

1 https://autonomie.provinz.bz.it/de/das-autonomiestatut.
2 Kienesberger, Peter/Alois M. Euler: Sie nannten uns Terroristen. Freiheitskampf in Südtirol. Wien: Südtirol-Informations-Zentrum 1971, S. 13.
3 Tritte in der Nacht. Der Spiegel, 5/1962, 30.1.1962.
4 Botsch, Gideon: Die »Hakenkreuzschmierwelle« 1960 und das Verbot des Bundes Nationaler Studenten. In: Zeitschrift für Geschichtswissenschaft, 65. Jahrgang 2017, Heft 10, S. 865.
5 Dudek, Peter/Hans-Gerd Jaschke: Entstehung und Entwicklung des Rechtsterrorismus in der Bundesrepublik. Zur Tradition einer besonderen politischen Kultur. Opladen/Leverkusen: Westdeutscher Verlag 1984, S. 403.
6 ebd., S. 411.
7 Steinke, Ronen: Terror gegen Juden. Wie antisemitische Gewalt erstarkt und der Staat versagt. Eine Anklage. Berlin: Berlin Verlag 2020, S. 159.
8 ebd., S. 145.
9 Bundesregierung Bonn (Hrsg.): Die antisemitischen und nazistischen Vorfälle. Weißbuch und Erklärung der Bundesregierung. Bonn 1960, S. 62 f.
10 Rüdiger Schütte: Wir bekennen … Wir glauben … Wir sind bereit. 15 Jahre heimattreue Jugendbewegung, 1951/1966. Braunschweig: Bund Heimattreuer Jugend 1967, S. 56.
11 Wrede, Jesko: Nicht bloß harmlose Pfadfinder. Völkische Jugendbünde, https://www.bpb.de/themen/rechtsextremismus/dossier-rechtsextremismus/229984/nicht-bloss-harmlose-pfadfinder-voelkische-jugendbuende.
12 Hans Karl Peterlini: Südtiroler Bombenjahre. Von Blut und Tränen zum Happy End? Bozen: Edition Raetia 2005, S. 201.
13 Kienesberger, Peter/Alois M. Euler: Sie nannten uns Terroristen. Freiheitskampf in Südtirol. Wien: Südtirol-Informations-Zentrum 1971, S. 115.
14 Koop, Volker: Rudolf Höß: Der Kommandant von Auschwitz. Eine Biographie. Köln/Weimar/Wien: Böhlau Verlag 2014, S. 262 f.
15 Rosbach, Jens: Vom Rabbinersohn zum antisemitischen SED-

Propagandisten. https://www.deutschlandfunkkultur.de/vom-rabbinersohn-zum-antisemitischen-sed-propagandisten-100.html. Deutschlandfunkkultur.

16 Lemke, Michael: Kampagnen gegen Bonn. Die Systemkrise der DDR und die West-Propaganda der SED 1960–63. In: Vierteljahresschrift für Zeitgeschichte, Jg. 41 (1993), H. 2, S. 163.

17 DDR-Justiz und NS-Verbrechen. Sammlung ostdeutscher Strafurteile wegen nationalsozialistischer Tötungsverbrechen. Das Urteil gegen Hans Josef Maria Globke. Amsterdam: University Press 2003, S. 75.

18 Bargh, John: At Yale we conducted an experiment to turn conservatives into liberal. The results say a lot about political divisions. https://www.washingtonpost.com/news/inspired-life/wp/2017/11/22/at-yale-we-conducted-an-experiment-to-turn-conservatives-into-liberals-the-results-say-a-lot-about-our-political-divisions/.

19 Jochen Steinmayer/Rolf Gillhausen: Die DDR von innen. Unter Holzhammer und Sichel, Stern Nr. 48, 1.12.1963.

20 »Vertriebenenminister Krüger tritt zurück«. Frankfurter Allgemeine Zeitung, 1.2.1964.

21 https://dserver.bundestag.de/btp/04/04097.pdf.

22 Grill, Bartholomäus/Fritz Schaap: Gangs, Korruption, Zerfall. Wie Südafrika kaputtgeht. Der Spiegel, 2.9.2023.

23 Hans Karl Peterlini: Südtiroler Bombenjahre. Von Blut und Tränen zum Happy End? Bozen: Edition Raetia 2005, S. 294 f.

24 Fink, Fritz: Die Judenfrage im Unterricht, Der Stürmer/Abteilung Buchverlag. Nürnberg 1937, S. 8.

25 Fink, Fritz: Die Judenfrage im Unterricht, Der Stürmer/Abteilung Buchverlag. Nürnberg 1937, S. 32.

26 Flessau, Kurt-Ingo: Schule der Diktatur. Lehrpläne und Schulbücher des Nationalsozialismus. Frankfurt/Main: S. Fischer 1984, S. 198 ff.

27 vgl. https://www.presseportal.de/pm/133833/4533754.

28 https://www.freiburg-postkolonial.de/Seiten/Zeller-Reiterdenkmal-1912.htm.

29 https://dejure.org/gesetze/StPO/153c.html.

30 Franceschini, Christoph: Bruno Kreisky und die Attentäter. My-

thos und Wirklichkeit. In: Pfeifer, Gustav, Maria Steiner: Bruno Kreisky und die Südtirolfrage/Bruno Kreisky e la questione dell'Alto Adige. Veröffentlichungen des Südtiroler Landesarchivs. Bozen: Raetia Verlag 2017, S. 219.

31 https://bas.tirol/opfer/.

32 Der Spiegel, 41/1980, 5.10.1980.

33 Speckner, Hubert: »Zwischen Porze und Roßkarspitz ...«: Der »Vorfall« vom 25. Juni 1967 in den österreichischen sicherheitsdienstlichen Akten. Schorndorf: Gra & Wis 2013.

FSC
www.fsc.org
MIX
Papier | Fördert gute Waldnutzung
FSC® C083411

1. Auflage 2024

Covergestaltung Marion Blomeyer/Lowlypaper
Coverabbildung © privat
Gesetzt aus der Sabon, Courier und Nexus Typewriter
Satz Buch-Werkstatt GmbH, Bad Aibling
Druck und Bindung CPI books GmbH, Leck
ISBN 978-3-462-00490-8

Die Geschichte vom Attentat ihres Vaters erzählt die Autorin auch gemeinsam mit vielen Zeitzeugen und Beteiligten im WDR-Podcast »Eisernes Schweigen«.
Jetzt scannen und kostenlos in der App der ARD Audiothek hören.